Umberto Saxer

BEI ANRUF ERFOLG

Das Telefon-Powertraining für Manager und Verkäufer

REDLINE WIRTSCHAFT
bei ueberreuter

Die Deutsche Bibliothek – CIP-Einheitsaufnahme

Saxer, Umberto:
Bei Anruf Erfolg : das Telefon-Powertraining für Manager und Verkäufer /
Umberto Saxer. – 2., aktualisierte und erweiterte Auflage
Frankfurt/Wien : Redline Wirtschaft bei Ueberreuter, 2001
ISBN 3-8323-0814-8

Unsere Web-Adressen:
http://www.redline-wirtschaft.de
http://www.redline-wirtschaft.at

2 3 4 / 2004 2003 2002

Umschlag: INIT, Büro für Gestaltung, Bielefeld

Druck: FINIDR, s.r.o.
Printed in the Czech Republic

Inhalt

Der Wille zum Erfolg
Ein Vorwort von Thomas Frei

An einem Sonntagmorgen, es war so gegen 9 Uhr, lief ich wie gewohnt meine Runden im nahe liegenden Waldstück. Dabei fiel mir ein junger Bub auf, der komischerweise an diesem doch ziemlich frischen Morgen auf der großen Wiese ganz alleine Fußball spielte. Die ganze Zeit lang schoss er vom selben Punkt aus aufs Tor. Er versuchte bei jedem Schuss, den Ball in den Winkel zu zirkeln, was erstaunlich oft gelang. Ich ging zu ihm und fragte, was er denn hier alleine so früh am Morgen mache. Er antwortete selbstbewusst: »Ich möchte einmal ein Fußballprofi werden und trainiere deshalb bei jeder Gelegenheit. Heute zum Beispiel übe ich Freistöße, ich werde 200-mal auf dieses Tor schießen.«

Wow, dieser Wille, dachte ich. Beeindruckt und von Neugier erfüllt fragte ich, woher er die Einstellung habe. Mit Stolz erzählte er mir: »Tja, mein Vater pflegt immer zu sagen: Ohne Fleiß kein Preis! Er hat nämlich auch Fußball gespielt und es sogar bis in die Profiliga geschafft. Aber ohne intensives Training wäre dies nie möglich gewesen.« Ich verabschiedete mich und lief meine Runden weiter. Doch der Junge ging mir einfach nicht mehr aus dem Kopf. Dieser starke Glaube, seine Einstellung und erst die Motivation, die er aufbrachte, am Morgen alleine zu trainieren, wo andere junge Buben in seinem Alter noch schlafen, brachte mich ganz schön ins Grübeln. Und wie Recht er doch hatte. Je mehr ich mich mit dieser Situation auseinander setzte, desto klarer wurde mir: Im Verkauf ist es genau gleich! Gesprächstechniken, Einwände, Abschlüsse sind doch alles Dinge, die ich lernen und trainieren kann. So startete ich meine »neue« Karriere im Verkauf. Wie der Junge ein Fußballprofi werden wollte, war es mein größter Wunsch, ein Verkaufsprofi zu werden und in der »Profiliga« mitzuspielen.

Ich begann Bücher zu lesen und zu hören, besuchte etliche Seminare, beobachtete andere erfolgreiche Verkäufer und wurde so immer besser und besser. Als Außendienstmitarbeiter eines nationalen Unternehmens stieß ich im Verkauf bis zur Spitze vor. Innerhalb kürzester Zeit baute ich später ein anderes Unternehmen von null auf über 50 Mitarbeiter mit auf. Dann, im Sommer 1999 – nach jahrelangem harten und fleißigen Training – hatte ich meinen verkäuferischen Leistungsnachweis, und ich beschloss, mein Wissen an andere weiterzugeben. Mein Ziel war es, beim besten Verkaufstrainer in Europa zu arbeiten.

Zuerst machte ich mich schlau, welches die besten Trainingsunternehmen sind. Bei diesen bewarb ich mich als Verkaufstrainer. Meine Erwartungen waren riesig, und ich war gespannt auf die Vorstellungsgespräche. – Wie machen es die Besten? Erwartet hatte ich, dass mir, wie in einem Verkaufsgespräch, Fragen gestellt werden und dass mein Gegenüber meine Wünsche, meine Ängste und meine Ziele nach dem Bewerbungsgespräch kennen würde. Doch es kam anders: Am Ende wusste ich alles über die Unternehmen, aber diese wussten kaum etwas von mir. Sie stellten wenig Fragen und redeten, redeten und redeten einfach drauflos und erzählten mir viele, viele, viele Dinge. Sie verhielten sich so, wie man sich in einem Verkaufsgespräch auf jeden Fall nicht verhalten sollte. Schnell wurde mir klar, dass in dieser Branche nicht alles Gold ist, was glänzt. Für mich ist ein Vorstellungsgespräch mit einem interessanten potentiellen neuen Mitarbeiter gleichzustellen mit einem Verkaufsgespräch. Deshalb ist eine gute Kundenergründung in jedem Vorstellungsgespräch ein Muss, denn es gilt, die Wünsche, Bedürfnisse, Ziele und Absichten des Bewerbers zu erfragen.

Es gab jedoch eine Ausnahme! Von den sechs Bewerbungsgesprächen war eines komplett anders. An dieses erinnere ich mich noch heute gerne zurück, als wäre es gestern gewesen. Mein Gesprächspartner beherrschte die Gesprächsführung vorbildlich, und endlich stellte mir jemand Fragen über meine Wünsche, Bedürfnisse und Interessen. Er fragte mich nicht einfach der Form halber, er wollte wissen, wer ich bin und welche Ziele ich habe. Zu guter Letzt wusste er alles über mich. Es war jemand, der den Verkauf beherrscht und ein perfektes Verkaufsgespräch führte.

Nach diesem Gespräch hatte ich ein Ziel: Dort möchte ich arbeiten! Einziges Hindernis: Alle anderen wollten mich einstellen, nur er nicht! Nicht, weil ich die Fähigkeiten nicht hatte, sondern weil er den Nutzen nicht einsah, noch einen Verkaufstrainer neben sich einzustellen. Er erzählte mir, dass er jede Woche Anfragen von Trainern erhält. Doch ich ließ mich nicht beirren, denn für mich gab es nur eine Adresse, wo ich alles über den Verkauf lernen und trainieren konnte: bei Umberto Saxer!

Mir war klar, ich musste ihm beweisen, dass ich anders und besser bin als alle anderen. Mein Weg zu Umberto Saxer ist anschaulich mit einer strapaziösen Bergtour auf einen hohen Gipfel zu vergleichen. Ich durchlief seine Trainings als Teilnehmer. Um noch besser zu werden, hörte ich noch mehr Hörbücher, übte noch härter und mehr. Ich wusste, alleine mit der Teilnahme an seinen Trainings und dem Lesen und Hören von Büchern würde sicherlich nicht an seiner Einstellung zu rütteln sein. Deshalb begann ich einfach – ohne seine Zustimmung –, seine Trainings von zu Hause aus zu verkaufen. Ich begleitete ihn auf Gratistrainings, und er baute mir immer wieder Hürden auf, die ich überwinden musste.

Er stellte mir Einwände bewusst in den Weg, weil er sich sagte: Wenn jemand zu mir will, dann soll er auch dafür kämpfen, wie wenn ich einen Abschluss beim Kunden haben möchte. Ich wollte ihm und mir beweisen, dass ich trotz allen Herausforderungen mein festgelegtes Ziel erfolgreich erreichen würde.

Ganze sechs Monate dauerte meine »Bergtour«, doch mein Durchhaltewille zahlte sich doppelt und dreifach aus. Umberto war begeistert von meinen erreichten Verkaufsabschlüssen, und er gratulierte mir zu meiner Leistung. Ich überzeugte ihn mit meinem Können und Willen – und deshalb stellte er mich als Verkaufstrainer bei Umberto Saxer Training ein.

Umberto Saxer verkörpert für mich den erfolgreichen Verkäufer. Er ist nicht bloß auf der Bühne ein Starverkäufer – nein, er lebt den Verkauf. Der Verkauf ist ein Teil von ihm! Ich habe viele Top-Verkaufstrainer gesehen, gehört oder über sie etwas gelesen. Doch keiner, den ich je erlebt habe, ist so gut wie Umberto Saxer.

Viel Spaß beim Lesen und viel Erfolg bei Ihren Kunden!
Thomas Frei, Verkaufstrainer bei Umberto Saxer

Wie dieses Buch für Sie arbeitet und Sie spielerisch lernen

Waren Sie schon in Kursen, in denen Sie spielerisch und mit viel Spaß lernten? Und waren Sie schon in Kursen, in denen die Zeit endlos langsam dahinbröselte. »Ohh – ist das langweilig!«

Vermutlich haben Sie sich auch schon gefragt: Was unterscheidet die interessanten von den langweiligen Kursen? Die Antwort ist einfach: Bei Kursen, die wie im Flug vergehen, herrscht selten Monolog, sondern Sie werden in das Geschehen mit einbezogen. Der Kursstoff wird anhand von Beispielen und interessanten Dialogen mit den Teilnehmern vermittelt. Sie erleben eine humorvolle, lebendige und wohltuende Stimmung, und Sie lernen leicht und spielerisch.

Und genau das werden Sie ab jetzt beim Lesen in diesem Buch erleben. Vielleicht werden Ihnen die Dialoge im ersten Moment noch ungewohnt vorkommen, aber Sie werden sie vermutlich sehr schnell schätzen lernen und womöglich in anderen Büchern zukünftig vermissen.

Die Dialoge in dem Buch werden dazu führen, dass Sie während des Lesens im Gedanken Ihre eigenen Antworten geben. Sie werden erleben, dass Sie wie in einer Geschichte dabei sind, und der Inhalt wird Ihnen wie in einem sehr lebendigen Kurs vermittelt.

Das Buch ist so aufgebaut, dass Sie spielerisch und leicht lernen. Es strotzt von Beispielen und interessanten Geschichten. Auch wenn nicht alle Geschichten und Beispiele auf Ihre Person zugeschnitten sind und Sie möglicherweise nicht alles aus diesem Buch in Ihre Praxis umsetzten können, werden Sie erstaunt sein, wie viel Sie umsetzen können, wenn Sie wollen.

Ich weiß, dass ich anders schreibe und teilweise andere Vorgehensweisen vertrete als viele meiner Kollegen. Und vermutlich werden Sie zwischendurch denken: So einfach kann das nicht gehen! Beim Anwenden werden Sie jedoch merken, dass vieles sehr einfach geht und die Resultate sämtliche Erwartungen übertreffen.

Beim Lesen und Wieder-Lesen in diesem Buch werden Sie auch merken, dass Sie die Reihenfolge nach Lust und Laune selbst bestimmen können. Jedes Mal, wenn Sie in diesem Buch lesen, entdecken Sie wieder Neues und vertiefen schon Gelerntes.

Einleitung

Ich begrüße Sie ganz herzlich zu Ihrem Telefontraining-Buch »Bei Anruf Erfolg«. Ich gehe davon aus,

- dass Sie offen sind für Neues,
- dass Sie Möglichkeiten kennen lernen möchten, wie das Telefon optimaler eingesetzt werden kann,
- und dass Sie auch bereit sind, Änderungen vorzunehmen, die Ihnen wünschenswert erscheinen.

Ist das so? Sie werden beim Lesen und Mitmachen dieses Telefontrainings erleben, dass die meisten Menschen das Telefon sehr stümperhaft einsetzen. Und Sie werden wertvolle Werkzeuge erhalten, wie Sie im Telefoneinsatz besser, besser und immer besser werden.

In diesem Telefontraining-Buch werden sehr gezielt Möglichkeiten und Einstellungen vermittelt, wie Sie am Telefon Vertrauen aufbauen, verhandeln, Termine vereinbaren, Einwände und Reklamationen behandeln, Geld eintreiben, überzeugen und verkaufen können.

Wenn Sie Manager sind oder nicht direkt mit dem Verkauf zu tun haben, fragen Sie sich vielleicht: »Brauche ich das?«

Ich kann Ihnen sagen, dass Sie beim Lesen dieses Buchs feststellen werden, dass Sie das unbedingt brauchen. Im heutigen Geschäftsleben kommen auf jeder Hierarchiestufe vor allem diejenigen Menschen weiter, die sich und ihre Leistung gut verkaufen können. Sie können die beste Arbeit leisten und die beste Ausbildung haben – sie wird Ihnen nichts nützen, wenn nicht die richtigen Personen davon Kenntnis nehmen und Sie sich nicht verkaufen können.

Das Leben hat tagtäglich mit Verkaufen und Verhandeln zu tun – im Geschäftsleben mit Kunden, Angestellten, Vorgesetzten; im Privaten mit Kollegen, dem Lebenspartner und den Kindern. Die Menschen, die etwas davon verstehen, kommen weiter, werden weniger übergangen und sind glücklicher.

Bei diesem Telefontraining werden Sie Vorstellungen und das Fingerspitzengefühl bekommen, wie Sie - wenn Sie möchten - sicher weiterkommen und mehr Freude am richtigen Telefoneinsatz haben. Während dieses Telefontrainings lernen Sie auch sehr erfolgreiche kybernetische Methoden, wie Sie auf einer unbewussten Ebene mit Ihren Mitmenschen kommunizieren können. Dank dieser Methoden können Sie Menschen und deren Handlungen beeinflussen - deshalb sollten Ihre Absichten immer zum Wohle aller Beteiligten sein. Menschen, die sich nicht an diesen Grundsatz halten, werden mit Sicherheit früher oder später bestraft. Alles, wirklich alles, was Sie tun, fällt auf Sie zurück!

An diesem Telefontraining nehmen verschiedene Teilnehmer aus unterschiedlichen Branchen teil, die stellvertretend für Sie Fragen stellen und Antworten geben. Diese Leute werden nicht genauer vorgestellt, so dass Sie in Ihrer Erlebniswelt diese Menschen nach Ihrem Bild und Ihren Gefühlen erschaffen können.

Kategorien beim Telefoneinsatz

Grundsätzlich können wir die Arbeit mit dem Telefon in zwei Kategorien aufteilen:

1. Passiver Telefoneinsatz
2. Kybernetischer Telefoneinsatz

Vermutlich fragen Sie sich jetzt: »Was ist Kybernetik?«

Das Wort Kybernetik kommt aus dem Altgriechischen, ist abgeleitet von *Kybernetikes* und heißt übersetzt »Steuermann« oder »Steuermannskunst«.

Warum gibt es zwei Übersetzungen – »Steuermann« oder »Steuermannskunst«? Ganz einfach: Im alten Griechenland vor gut 2000 Jahren gab es noch keinen Kompass und auch kein GPS. Es war daher wirklich eine Kunst, bei schlechter Sicht den Zielhafen zu erreichen. Die guten Kybernetiker erreichten jedoch ihre Zielhafen. Sie hatten es einfach im Blut, automatisch das Richtige im richtigen Moment auf die richtige Art zu tun.

Automatisch das Richtige im richtigen Moment auf die richtige Art gezielt tun – darum geht es bei der Verkaufskybernetik bzw. beim kybernetischen Telefoneinsatz.

Hatten Sie die guten Einfälle, was Sie hätten sagen können, auch schon, nachdem Sie das Telefon aufgelegt haben? Wenn ja, dann hat bei Ihnen die Verkaufskybernetik (der Automatismus, das Richtige zu tun) noch nicht funktioniert.

Die Grundlagen der modernen Kybernetik wurden 1948 von dem Mathematiker Norbert Wiener formuliert. Heutzutage ist die Kybernetik eine übergeordnete und umfassende Wissenschaft, die sich mit Steuerungs- und Regelungsprozessen von ineinander greifenden, vernetzten Systemen und Organisationen befasst. Einfach gesagt: Es ist die Lehre vom vernetzten Denken, von Ursache und Wirkungen.

Ein typisches Beispiel für eine moderne kybernetische Steuerung ist der Autopilot in einem Flugzeug: Wenn der Pilot gestartet ist, schaltet er nach kurzer Zeit den Autopiloten ein, dem er ein konkretes Flugziel angibt.

Was passiert nun, wenn eine Windböe das Flugzeug vom Kurs auf das Ziel abbringt? Ganz einfach: Die kybernetische Steuerung reagiert auf die Abweichung und führt das Flugzeug auf den Weg zum Ziel zurück. Die Kybernetik reagiert dabei mit dem geringst nötigen Energieaufwand – und sie hat für jede Situation mehrere erfolgbringende Reaktionsmöglichkeiten, um immer die optimale Reaktion wählen zu können.

Beim kybernetischen Telefoneinsatz geht es um das Lernen von Einstellungen und Techniken, damit Sie in jeder Situation das Richtige im richtigen Moment tun und sagen, so dass Sie direkt und auf eine natürliche Art Ihre Ziele ansteuern.

Der passive Telefoneinsatz

Saxer: Damit potentielle Kunden antworten, anrufen oder ins Geschäft kommen, werden heutzutage Milliarden für PR und Werbung ausgegeben. Da wäre es doch nur logisch, dass uns, wenn wir anrufen, der beste Service erwartet, unsere Wünsche und Bedürfnisse ergründet werden, wir ein auf uns zugeschnittenes Angebot bekommen und es uns leicht gemacht wird, eine gute Entscheidung zu fällen. Dabei fühlen wir uns wohl, gut beraten und verstanden. Das Einkaufen macht so richtig Spaß, und wir wissen, dass wir das Richtige bekommen.
Schön wäre es, die Wirklichkeit sieht leider ganz anders aus.
In den Zeitungen gibt es immer mehr Werbebeilagen von Firmen. Eine große Computerfirma pries darin ihre Laptops an. Einer gefiel mir besonders gut, sofort habe ich bei der angegebenen Gratisnummer angerufen. Das Telefon wurde mit einer freundlichen Stimme abgenommen und ich war sofort am richtigen Ort. (Übrigens: Bei immer mehr Firmen und Call-Center klappt es bis hierhin recht gut. Leider werden die guten Geschäfte später gemacht.) Ich fragte:

Saxer: In eurer Beilage im »Tagesanzeiger« habt ihr auf der Seite 3 Laptop-Angebote. Das Angebot 4 gefällt mir besonders gut. Nur den Arbeitsspeicher finde ich etwas mager, kann man den erhöhen?

Berater: Ja sicher, wir haben diesbezüglich eine Aktion. Für nur 190 Franken können Sie den Arbeitsspeicher verdoppeln.

Saxer: Das passt, wie schnell habe ich den Laptop?

Berater: Den haben Sie innerhalb einer Woche.

Saxer: Läuft der dann gleich oder muss ich noch etwas installieren?

Berater: Alles ist bereits vorinstalliert, Sie können den Computer einfach starten.

Saxer: Das klingt einfach.

Berater: *(lacht sympathisch)* Das ist auch einfach.

Saxer: Was tue ich, wenn ich technische Fragen habe?

Berater: Wir haben hierfür eine gute Hotline und verrechnen nur 2 Franken pro Minute.

Saxer: Mhmm *(ich überlege zwei bis drei Sekunden).* Ist bei diesem Laptop alles dabei, um gut arbeiten zu können?

Berater: Ja sicher. Wenn Sie möchten, kann ich Ihnen das Angebot faxen oder schicken, damit Sie es genau ansehen können.

Saxer: Ja, faxen Sie es mir, meine Fax-Nummer ist 0041/52 365 13 89.

Bürki: Herr Saxer, da hat aber der Verkäufer den Abschluss schön verschlafen.

Saxer: Genau das ist das Problem. Der Verkäufer hätte die Kaufbereitschaft mehrmals mit einer Frage testen können, leider wird das in der Praxis selten gemacht. Was denkt ihr, was versteht man unter passivem Telefoneinsatz?

Farner: Das, was wir vorhin erlebt haben: Der Kunde oder Interessent ruft an, und der Berater gibt Auskunft. Die Gesprächsführung wird dem Kunden überlassen.

Saxer: Das ist richtig, der passive Telefoneinsatz kommt bei Firmen und erstaunlicherweise auch bei Call-Centern am häufigsten vor. Zwischen 85 und 95% wird er in der Wirtschaft praktiziert. Der Telefoneinsatz ist auch passiv, wenn das Telefon schnell und freundlich abgenommen wird, Sie sofort bei der richtigen Person sind und Ihnen gut und kompetent Auskunft gegeben wird.

Bürki: Was ist dann daran falsch! Genau diese Dinge streben wir doch an.

Saxer: Um gute Umsätze und Gewinne zu erzielen, reicht Freundlichkeit und Kompetenz bei weitem noch nicht. Es ist wesentlich mehr nötig! Es ist äußerst wichtig, dass ich – nachdem ich Auskunft gegeben habe – die Gesprächsführung behalte und das Gespräch Richtung Ziele führe. So ist der Telefoneinsatz kybernetisch.

Tagtäglich erhalten möglicherweise auch Sie Telefonanrufe von Kunden/Interessenten! Diese rufen nicht einfach an, damit sie etwas zu tun haben, nein, Kunden/Interessenten rufen Sie aus einem konkreten Grund an! Sie haben Wünsche, Bedürfnisse, Probleme. Sie möchten ihre Wünsche und Bedürfnisse abdecken oder ihre Probleme lösen. Sie sind auf der Suche nach Lösungen für ihre Anliegen!

In der Praxis kann der Kunde/Interessent sein Anliegen meistens anbringen, und er bekommt Auskunft; ihm wird aber selten geholfen, eine Entscheidung zu fällen. Das führt dazu, dass viele, nachdem sie die Auskunft erhalten haben – der Kunde muss sich ja jetzt entscheiden, und das machen die Mehrzahl der Menschen nicht gerne –, sich bedanken und das Telefongespräch beenden.

Das ist doch ein Wahnsinn! Auf der einen Seite werden Milliarden investiert, damit die Kunden anrufen. Und wenn Sie dann anrufen, wird wenig gemacht, dass es dem Kunden leicht fällt, eine Entscheidung zu treffen. Das ist bei vielen Firmen das schwächste Glied in der Kette, darum weichen immer mehr Firmen auf Call-Center aus – nur machen es die wenigsten Call-Center besser!
Ich habe mir immer wieder die Frage gestellt, woran dies wohl liegen kann. Ein Grund, habe ich herausgefunden, liegt in der Einstellung zum Verkaufen. Viele Menschen haben eine negative Einstellung zum Verkaufen. Man möchte schon verkaufen, aber bitte ohne Verkaufsgespräch. Der Kunde soll selbst kaufen und sich selbst entscheiden. Damit dies passiert, bieten wir gute Produkte, ein gutes Umfeld und einen guten Service. Das führt dazu, dass sehr vieles gut gemacht wird – bis auf die Schulung von Verkaufsgesprächen.
Bitte, mit etwas Schlechtem möchte man doch nichts zu tun haben! Das, was die Firmen in Mitarbeiter investieren, damit das Richtige gesagt und getan wird, steht in keinem Verhältnis zu den übrigen Aktionen, die die Firmen setzen, damit die potentiellen Kunden kommen. Es ist so, wie wenn ein 100-Meter-Läufer nach 90 Metern bereits auslaufen würde.

Tanner: Umberto, die Call-Center müssten doch ihre Mitarbeiter gut geschult haben!?

Saxer: Man sollte es meinen, jedoch auch dort sind vielfach die Manager keine Verkäufer mehr und haben daher eine negative Einstellung zum Verkauf. Darum wird der Schwerpunkt darauf gesetzt, dass das Telefon schnell, korrekt und mit einer freundlichen Stimme abgenommen wird. Auch wird geschaut, dass fachlich eine kompetente Auskunft gegeben werden kann. Nur reicht dies für gute Umsätze und Gewinne bei weitem noch nicht! Viele Firmen geben sich aber mit diesen Resultaten zufrieden, weil sie es besser nicht kennen. – So nach dem Motto: »Bei den Blinden ist der Einäugige König«.

Tanner: Woran erkenne ich ein gutes Call-Center?

Saxer: Ganz einfach, lassen Sie sich eine Referenzliste geben, und tätigen Sie mehrere Testanrufe. Wenn sich die Personen an die Grundsätze dieses Buches halten, dann ist das Call-Center gut, ansonsten würde ich mich nach einem anderem umschauen.
Übrigens: Lassen Sie sich auch nicht von positiven Zeitungsberichten blenden. Ein großes Call-Center in der Schweiz ist mehrfach gut weggekommen, ganz einfach darum, weil die Journalisten den eigentlichen Verkaufsvorgang nicht getestet haben. Eigene Testanrufe zeigten mir, dass sie ihr Geld bei weitem nicht wert sind.
Also, mich interessiert, welche Beispiele von passivem Telefoneinsatz kennen Sie?

Müller: Herr Saxer, kürzlich hat sich ein Kunde bei mir erkundigt, welche Einsatzmöglichkeiten die neue Bohrmaschine XT10 hat und was sie kostet. Ich habe dem Kunden die Einsatzmöglichkeiten erklärt, den Preis angegeben und alle Fragen beantwortet. Daraufhin hat sich der Kunde bedankt und aufgelegt.

Saxer: Herzlichen Dank! Auch dieses Beispiel ist typisch. Was ist ärgerlich daran?

Müller: Ich habe nichts verkauft und weiß auch nicht, ob der Kunde bestellen wird.

Saxer: Wie schade, und dies kommt so oft vor. – Bei Ihnen in der Firma vermutlich auch? Was wurde falsch gemacht, und wie hätte man es besser machen können? Was können wir tun, damit die Kunden nicht einfach wieder auflegen und das Gespräch abgebrochen wird? Wie können wir die Gesprächsführung behalten und die Kaufbereitschaft testen? Was müssen wir tun, damit sich die Kunden wohl fühlen und gerne und immer wieder bestellen?

Dem Kunden, der sich im vorigen Beispiel nach der Bohrmaschine erkundigt hat, ist mit dem passiven Telefoneinsatz nicht geholfen worden, denn er hat immer noch keine Bohrmaschine, und möglicherweise sitzt er jetzt zu Hause oder im Büro und weiß nicht recht, was er tun soll. Wahrscheinlich ruft er noch einige Firmen an und erkundigt sich auch dort, welche Einsatzmöglichkeiten die Bohrmaschine hat und was sie kostet. So vergeht oft viel, viel Zeit, und der Kunde weiß am Schluss trotzdem nicht, was er tun soll, weil ihm niemand bei der Entscheidung geholfen hat. Alle haben nur brav Auskunft gegeben, die Preise genannt, ihm viele Funktionen erklärt und ihn mit Informationen überschüttet. Das hat wahrscheinlich dazu geführt, dass er jetzt unsicher ist und einfach nicht weiß, was er machen soll. Deshalb helfen Sie Ihren Kunden, sich zu entscheiden, machen Sie Ihre Kunden und sich selbst glücklicher!

Wir müssen den passiven Telefoneinsatz durch den kybernetischen ersetzen! Wenn Sie und Ihre Firma mehr verkaufen und die Kundenzufriedenheit verbessern wollen, dann darf es nur noch kybernetischen Telefoneinsatz geben!

Der kybernetische Telefoneinsatz bei eingehenden Anrufen

Farner: Herr Saxer, was verstehen Sie unter kybernetischem Telefoneinsatz bei eingehenden Anrufen?

Saxer: Es geht um die Gesprächsführung und um die Steuerung in Richtung Ziele. Bei einem Anruf übernehmen wir die Steuerung, die Gesprächsführung. Wir stellen Kontrollfragen, geben Auskunft und testen die Kaufbereitschaft. Wir helfen dem Kunden, sich zu entscheiden. Er sieht, hört und fühlt sich gut und kompetent beraten.
Ich wiederhole noch einmal das Beispiel von Seite 18 mit dem Laptop und gebe die Antworten, die kybernetisch richtig gewesen wären. Sie werden erstaunt sein, wie viele Chancen der Verkäufer verschlafen hat.

Kunde: In eurer Beilage im »Tagesanzeiger« habt ihr auf der Seite 3 Laptop-Angebote. Das Angebot 4 gefällt mir besonders gut. Nur den Arbeitsspeicher finde ich etwas mager, kann man den erhöhen?

Verkäufer: Ja sicher, wir haben diesbezüglich eine Aktion. Für nur 190 Franken können Sie den Arbeitsspeicher verdoppeln. Möchten Sie, dass wir Ihnen den Arbeitsspeicher verdoppeln? *(Die Kontrollfrage bezieht sich auf den Kundennutzen. Daher wird es dem Kunden leicht gemacht, eine Entscheidung zu fällen und Ja zu sagen. Mit dem Ja hat er dann nicht nur Ja gesagt zu mehr Arbeitsspeicher, sondern in vielen Fällen auch Ja zum Laptop.)*

Kunde: Ja, das Angebot nehme ich gerne an.

Verkäufer: Gut, dann ist es der richtige Laptop, und es geht nun darum, dass Sie damit arbeiten können. An welche

Adresse dürfen wir den Laptop senden? *(Sie werden erstaunt sein, wie einfach und schnell gute Abschlüsse mit den kybernetischen Methodiken zustande kommen, bei denen der Kunde, Sie und die Firma zufrieden sind!)*

Tanner: Umberto, wenn der Verkäufer nicht so schnell reagiert wie du im vorigen Beispiel, ist dann der Zug abgefahren?

Saxer: Nein, sicher nicht. In einem Verkaufsgespräch hat man meistens mehrere Gelegenheiten. Schauen wir doch gemeinsam die weiteren potentiellen Chancen des Laptop-Beispiels an:

Kunde: Das passt, wie schnell habe ich den Laptop?

Verkäufer: Den haben Sie innerhalb einer Woche. Damit Sie ihn dann auch haben, wohin dürfen wir ihn senden?

Wenn Sie dem Kunden nur die Antwort geben, ohne die Abschlussfrage »Wohin dürfen wir ihn senden?«, dann ist vielen Kunden nicht geholfen, da Sie sich immer noch entscheiden müssen – und bekanntlich sind wenige Menschen entscheidungsfreudig.

Kunde: Läuft der dann gleich, oder muss ich noch etwas installieren?

Verkäufer: Alles ist bereits vorinstalliert, Sie können den Computer einfach starten. Ist es das, was Sie möchten?

Auch diese Kontrollfrage ist auf den Kundennutzen gestellt, dadurch ist einem das Ja ziemlich sicher, und Sie können wie das Natürlichste auf der Welt zum Abschluss gehen. Bei einem Ja sagen Sie dann einfach: »Gut, jetzt geht es nur noch darum, dass Sie den Laptop bekommen, damit Sie damit arbeiten können. An welche Adresse dürfen wir den Laptop senden?«

Kunde: Das klingt einfach.

Verkäufer: *(lacht sympathisch)* Das ist auch einfach, und Sie werden ihn einfach nutzen können. Damit Sie dies können – wann dürfen wir den Laptop senden?

Wenn Kunden kaufbereit sind, senden Sie uns gerne mit positiven Äußerungen und/oder Fragen Kaufsignale. Der Kunde könnte auch einfach sagen: »Gut, senden Sie mir den Laptop.« Aber davor haben viele Kunden bewusst und unbewusst Angst. Daher senden Sie uns gerne Kaufsignale wie: »Das klingt einfach!«, »Läuft der dann gleich oder muss ich noch etwas installieren?«, »Was tue ich, wenn ich technische Fragen habe?« etc. Wenn wir diese Signale nicht zum Anlass nehmen, die Kaufbereitschaft zu testen, helfen wir dem Kunden nicht, eine Entscheidung zu fällen. Und wenn wir einfach weitersprechen, geschieht es oft, dass wir etwas Falsches sagen – und schon wird der Kunde unsicher. So kann es passieren, dass der Abschluss in weite Ferne rückt.

Kunde: Was tue ich, wenn ich technische Fragen habe?

Verkäufer: Wir haben hierfür eine gute Hotline und verrechnen nur 2 Franken pro Minute. Legen Sie Wert auf eine gute Hotline?

Auch da ist Ihnen das Ja ziemlich sicher. Nach dem Ja sagen Sie einfach: »Gut, dann sind wir die richtige Firma, und es ist auch der richtige Laptop. Damit Sie ihn bekommen, wohin dürfen wir ihn denn senden?«

Kunde: Mhmm *(überlegt zwei bis drei Sekunden)*. Ist bei diesem Laptop alles dabei, um gut arbeiten zu können?

Verkäufer: *(Variante 1)* Mhmm, am besten sagen Sie mir, was

Sie alles gerne dabei hätten, dann kann ich Ihnen sagen, ob und wie es dabei ist. Was hätten Sie gerne alles dabei?

Bei einer solchen Frage des Kunden neige ich dazu, in die Kundenergründung zu gehen (siehe Seite 203). Manchmal teste ich in einer solchen Situation auch einfach die Kaufbereitschaft. Wenn der Kunde bei diesem Test ohne zu zögern zusagt, ist die Kundenergründung nicht nötig. Ob ich bei einer solchen Frage in die Kundenergründung gehe oder nicht, hängt schlussendlich stark von meinem Gefühl ab. Wenn ich von meinem Gefühl her sicher bin, dass es das Richtige für den Kunden ist, dann schenke ich mir die Kundenergründung und gehe direkt Richtung Abschluss. Wenn nicht, dann ergründe ich den Kunden nach seinen Wünschen und Bedürfnissen und gehe dann in den Abschluss. Generell handhabe ich es so: Wenn der Kunde weiß, was er möchte, bestärke ich ihn in seiner Meinung und gehe Richtung Abschluss. Wenn ich merke, dass er unsicher ist, ergründe ich zuerst seine Wünsche und Bedürfnisse und teste dann die Kaufbereitschaft.

Merken Sie sich: Testen Sie lieber einmal zu viel die Kaufbereitschaft. Wenn der Kunde Nein sagt oder unsicher wird, können Sie immer noch in die Kundenergründung gehen. Es gehen viel mehr Abschlüsse durch Hemmungen als durch zu viel Mut verloren! Was noch dazu kommt: Mit dem Mutig-Sein lernen Sie mehr und werden immer besser.

Und was kann beim kybernetischen Mutig-Sein schon passieren? Der Kunde kann nicht mehr als Nein sagen. Und in der Regel sind Sie dann nicht schlechter dran, als wenn Sie nicht gefragt hätten. Übrigens, wie wir mit »Neins« umgehen, lernen wir in diesem Buch noch bestens.

Verkäufer: *(Variante 2)* Ja, es ist alles dabei, und Sie werden mit diesem Laptop sehr gut arbeiten können. Ist es das, was Sie möchten?
Wenn Sie den vorigen Satz mit starker Überzeugung sagen, wird Ihnen das Ja ziemlich sicher sein. Ansonsten ergründen Sie einfach, was der Kunde möchte. So oder so können Sie nachher fragen, wann er den Laptop gerne hätte oder an welche Adresse man ihn senden soll.

Tanner: Umberto, als du dich für den Laptop interessiert hattest, hat ja die betreffende Person sechs Chancen nicht ausgenutzt. Und das Interessante dabei ist, dass ich selbst, obwohl ich der Meinung bin, dass ich bereits ein guter Verkäufer bin, in diesen Situationen einige Chancen vermutlich auch nicht ausgenutzt hätte. Dabei wäre es doch so einfach!

Saxer: Verkaufen ist einfach, wenn man es richtig gelernt hat und das Gelernte auch anwendet. Viele Berater, Manager, ja sogar Verkaufstrainer haben eine negative Einstellung zum Verkaufen. Die Folge ist, dass man diesbezüglich wenig unternimmt, um noch besser zu werden. In keiner Branche finden Sie so viel Fehlverhalten wie in der Verkaufsbranche. Wenn Chirurgen so schlecht ausgebildet wären wie die Mehrzahl der Verkäufer, dann wäre der Friedhof gleich neben dem Operationssaal.

Übrigens, beim vorigen Laptop-Beispiel war ich auch noch nicht wirklich erfolgreich. Das wäre ich erst dann, wenn ich, bevor ich das Telefon auflege, noch alle Zusatzverkäufe abchecke. Mit diesem Buch werden Sie noch lernen, wie Sie dies mit individuellen Checklisten tun.

Wie wir bereits durchgenommen haben, geht es beim kybernetischen Telefoneinsatz bei eingehenden Anrufen darum, dass Sie lernen, die Gesprächsführung zu übernehmen und Richtung Ziele zu führen. Dafür ist Folgendes wichtig: Wenn immer Sie eine Antwort geben, darf die Antwort nicht alleine im Raum stehen bleibe. Gewöhnen Sie sich einfach an, dass Sie nach einer Antwort eine Kontrollfrage stellen oder anstelle einer Antwort die Gesprächsführung mit einer Gegenfrage behalten.

Damit das Ganze ein Teil von Ihnen wird, gebe ich noch ein paar Beispiele. Ein Kunde ruft Sie an und fragt:

- »Bis zu welcher Tragkraft haben Sie Industrie-Plattformwaagen?«
- »Welchen Kilopreis haben Sie bei Sechs-Meter-Aluminium-Seitenladenprofilen?«
- »Haben Sie auch Teichfolien?«
- »Können Sie mir Unterlagen über Ihr Normhausprogramm senden?«
- »Wie viele Seiten pro Minute druckt Ihr schnellster Drucker?«

Egal, was der Kunde fragt – übernehmen Sie sofort die Gesprächsführung, hinterfragen Sie Details und Unklarheiten, hören Sie gut und aufmerksam zu, und testen Sie die Kaufbereitschaft, und/oder machen Sie einen Termin aus. Helfen Sie unbedingt Ihren Kunden, damit sie von Ihren Produkten und/oder Dienstleistungen profitieren können. So heben Sie sich wohltuend von dem Großteil Ihrer Mitbewerber ab!

Saxer: Wie können wir die Gesprächsführung übernehmen und die Kaufbereitschaft testen?

Müller: Mit Fragen.

Saxer: Mit welchen Fragen?

Müller: Ich würde dem Kunden die gewünschte Antwort geben und die Kaufbereitschaft mit folgender Frage testen: »Möchten Sie eine Industrie-Plattformwaage?« oder »Brauchen Sie einen Drucker?« oder »Darf ich einen Termin mit Ihnen vereinbaren?«

Saxer: Ich finde Ihre Frageart mutig, mein Kompliment. Dass Sie dem Kunden zuerst die gewünschte Antwort geben, ist in vielen Fällen richtig, jedoch – wie wir noch lernen werden – nicht immer notwendig. Die Frageart, mit der Sie die Kaufbereitschaft testen wollen, ist bereits besser und mutiger als das, was viele Ihrer

Kollegen tagtäglich anwenden. Merken Sie sich, es ist besser den Kunden direkt zu fragen, ob er kaufen möchte, als um den heißen Brei herumzureden.
Aber Sie müssen wissen, dass dieses direkte Fragen auch Nachteile hat, weil diese Fragen zu einer Entscheidung zwingen – und bekanntlich entscheiden sich erwachsene Menschen nicht so gerne. Ihre Fragen (»Möchten Sie eine Industrie-Plattformwaage?« oder »Brauchen Sie einen Drucker?« oder »Darf ich einen Termin mit Ihnen vereinbaren?«) sind Entscheidungsfragen, die direkt mit dem Kauf zusammenhängen. Das heißt: Die Antwort ist Ja (»ich kaufe«) oder Nein (»ich kaufe nicht«). Bei einem Ja haben Sie verkauft und sind in einer guten Situation, bei einem Nein werden Sie in einer schlechteren Situation sein, weil Sie jetzt ein Nein überwinden müssen.
Aus diesem Grund empfehle ich Ihnen, in solch einer Situation Fragen zu stellen, die *nicht* direkt mit der Kaufentscheidung zusammenhängen.

Sagen Sie nicht:

- »Möchten Sie eine Industrie-Plattformwaage?«

Sondern:

- »Was für eine Industrie-Plattformwaage möchten Sie?«
  Die Entscheidung, dass er eine braucht, wird dem Kunde abgenommen, die Frage ist nur noch welche.
- »An welche Adresse dürfen wir die Industrie-Plattformwaage liefern?«
  Dass ich liefern darf, nehme ich einfach an.
- »Wann möchten Sie die Industrie-Plattformwaage?«
  Dass er eine braucht wird vorausgesetzt, die Frage ist nur noch wann.
- »Wie viele Industrie-Plattformwaagen brauchen Sie?«
  Ich entscheide, dass er welche braucht. Ich frage nur noch wie viele.

- »Angenommen, ich kann dies erfüllen, würden Sie dann die Industrie-Plattformwaage nehmen?«
  Diese Bedingungsfragen beherrschten wir schon als Kinder: »Mami, wenn ich das Zimmer aufräume, darf ich dann fernsehen?«
- »Die Industrie-Plattformwaage können wir Ihnen in ca. zwei Wochen liefern. Möchten Sie, dass wir vorher noch anrufen und den genauen Zeitpunkt bekannt geben, wann wir kommen?«
  Es spielt keine Rolle, ob der Kunde Ja oder Nein sagt. In beiden Fällen haben Sie verkauft. Interessant ist: Ich frage den Kunden nicht, ob er kaufen will, sondern nach einem Detail, welches er mir leicht beantworten kann. Die Frage nach dem Detail muss so gestellt werden, dass er bei der Beantwortung (Ja oder Nein) auch automatisch Ja zum Kauf sagt.
- »Möchten Sie die Auftragsbestätigung für die Industrie-Plattformwaage gefaxt oder lieber mit der Post zugestellt haben?«
  Vermutlich verwenden Sie diese Alternativfragen bereits zum Vereinbaren der Termine: »Geht es besser am Mittwoch oder am Donnerstag?«

Wie wir durchgenommen haben, ist es von Vorteil, wenn Sie lernen, Kaufentscheidungen für Ihre Kunden zu fällen. Denken Sie doch einfach an Tage, an denen Sie wirklich gut drauf sind und gute Resultate haben. An denen sind Sie vermutlich viel direkter und mutiger.
Zur Wiederholung: Mit folgenden Fragen kommen Sie einfach weiter: »Ab wann hätten Sie gerne den Wunsch nach einem Eigenheim erfüllt?« oder »Wie viele Drucker hätten Sie gerne?« Was auch möglich ist, sind Fragen zu kleinen Details, die Ihr Kunde leicht entscheiden kann, wie zum Beispiel: »Soll ich Ihnen die Teichfolie bringen?« Oder Kontrollfragen auf einen Kundennutzen, wie zum Beispiel: »Möchten Sie gratis zum Drucker zehn Schriften dazu haben?«

Bürki: Herr Saxer, ich bin beeindruckt, wie gezielt und natürlich wir mit dieser Frageart vorgehen können. Ich kann mir jetzt auch denken, warum ein Kollege von mir, dessen Versandhandelsunternehmen von Ihnen geschult wurde, seinen Firmenumsatz verdoppeln konnte.
Herr Saxer, damit wir zukünftig auch unsere Erfolge bei eingehenden Anrufen markant steigern können, sagen Sie uns bitte noch einmal Schritt für Schritt, was wir genau tun können.

Saxer: Danke, das tue ich gerne. Sagen Sie sich Folgendes: Wenn mich Kunden und mögliche Kunden anrufen, höre ich gut zu und übernehme die Gesprächsführung, indem ich so lange Fragen stelle, bis ich weiß, was meine Kunden möchten. Wenn ich weiß, was meine Kunden möchten, dann teste ich gleich die Kaufbereitschaft mit einer Wann-/Wie-viel-Frage oder einer Frage zu einem Detail, die der Kunde einfach entscheiden kann. Hören Sie hierzu einige Beispiele:

Beispiel 1

Kunde: Ich bin auf der Suche nach frischen Fasanenfilets. Haben Sie welche?

Saxer: Ja, wir haben Fasanenfilets. Wie viele brauchen Sie?

Kunde: 100 Stück.

Saxer: Das Kilo macht 32,50 Euro. Wann sollen wir sie Ihnen vorbeibringen?

Beispiel 2

Kunde: Wie hoch ist Ihr Honoraransatz als Steuerberater?

Saxer: Was für eine Steuerberatung brauchen Sie?

Kunde: Ich habe eine Einzelfirma ohne Angestellte, und man muss bei mir den Buchhaltungsabschluss machen und die Steuererklärung ausfüllen.

Saxer: Da sind Sie bei mir am richtigen Ort, mein Honoraransatz ist 90 Euro pro Stunde. Wann können Sie mir die Unterlagen vorbeibringen, damit ich den Buchhaltungsabschluss und die Steuererklärung für Sie machen kann?

Beispiel 3

Kunde: Wie viel Zins haben Sie auf Ihrer Obligation mit drei Jahren Laufzeit?

Saxer: Wie viel möchten Sie einlegen?

Kunde: 150.000 Euro.

Saxer: Bei 150.000 Euro erhalten Sie 6,5%. Damit Sie davon profitieren können, wann können Sie Ihr Kapital überweisen?

Beispiel 4

Kunde: Mit welcher monatlichen Rente kann ich bei 100.000 Euro Einlage rechnen?

Saxer: Mit 777 Euro. Damit Sie diese Rente zukünftig monatlich nutzen können, ab wann soll die Rente laufen?

Beispiel 5

Kunde: Welchen Kilopreis haben Sie bei Aluminium-Seitenladenprofilen?

Saxer: Welche Aluminium-Seitenladenprofile brauchen Sie?

Kunde: Die 32 Zentimeter hohen.

Saxer: Welche Menge?

Kunde: 500 Stück.

Saxer: Bei dieser Menge macht der Kilopreis 3,10 Euro. Wohin dürfen wir sie liefern?

Beispiel 6

Kunde: Haben Sie auch Teichfolien für einen Gartenteich?

Saxer: Ja, wie groß soll sie sein?

Kunde: Sechs Meter auf acht Meter.

Saxer: Die Teichfolie macht 19 Euro pro Quadratmeter. Soll ich Ihnen die Teichfolie bringen, oder möchten Sie sie bei uns abholen?

Beispiel 7

Kunde: Können Sie mir Unterlagen schicken über Ihr Normhausprogramm?

Saxer: Sehr gerne. Damit ich Ihnen die richtigen Unterlagen sende, möchte ich Ihnen noch ein paar Fragen stellen. Was für ein Haus möchten Sie bauen?

Kunde: Ein allein stehendes Landhaus mit sechs Zimmern.

Saxer: Wann möchten Sie in Ihr neues Haus einziehen?

Kunde: In einem Jahr.

Saxer: Haben Sie das Bauland schon?

Kunde: Ja, ein wirklich sehr schönes Stück Land.

Saxer: Mein Kompliment. Damit Sie in einem Jahr sicher einziehen können und Sie Ihr Wunschhaus bekommen, empfehle ich Ihnen, dass unser Normhausspezialist, Herr Huber, Ihnen die gewünschten Unterlagen gleich vorbeibringt und Ihnen unsere Möglichkeiten aufzeigt, wie Sie einfach und sicher zu Ihrem Wunsch-Landhaus kommen. Würde es Ihnen und Ihrer Frau am 20. Mai, um 15 Uhr oder am 28. Mai, um 17 Uhr passen?

Beispiel 8

Kunde: Was kostet ein Flug von Frankfurt nach Wien und zurück mit der Lufthansa in der Businessklasse, Nichtraucher?

Saxer: Wann möchten Sie hin-, und wann möchten Sie zurückfliegen?

Kunde: Ich möchte am 19. Mai, um 10 Uhr in Wien ankommen und am 20. Mai, um 20 Uhr wieder in Frankfurt sein.

Saxer: Wie viele Personen möchten fliegen?

Kunde: Drei.

Saxer: Das macht 580 Euro pro Person. Ich schaue kurz nach, ob es noch drei freie Plätze gibt. Möchten Sie den Flug gleich buchen, wenn noch drei Plätze frei sind?

Wie Sie bei den vorigen Beispielen feststellen konnten, ist das Schema einfach, an das Sie sich halten können. Lassen Sie den Kunden aussprechen und hinterfragen Unklarheiten und Details mit folgenden Fragen:

- »Was für eine Teichfolie, Industrie-Plattformwaage, Rente etc.?«
- »Was für ein Aluminiumprofil, Drucker, Normhaus etc.?«
- »Wie soll ich das verstehen?«
- »Wie meinen Sie das?«
- »Wie müsste es sein?«
- »Was genau?«
- »Wie genau?«
- »Wo genau?«
- »Welche Ausführung?«
- »Was wäre auch noch wichtig?«
- »Was sollte sonst noch erfüllt sein?«

Fragen und hinterfragen Sie solange, bis Sie wissen, was Ihr Kunde möchte. Testen Sie danach die Kaufbereitschaft mit einer Wann-/Wie-viel-Frage oder einer Frage zu einem Detail, die der Kunde einfach entscheiden kann.

Der kleine Unterschied: Stellen Sie keine Fragen, die direkt mit der Kaufentscheidung zusammenhängen und bei denen die Antwort »Ich kaufe« oder »Ich kaufe nicht« wäre, sondern:

- »**Wann** darf ich es Ihnen senden?«
- »**Wie viele** möchten Sie bestellen?«
- »**Wie viele** Kilogramm brauchen Sie?«
- »Bei dieser Menge macht der Kilopreis 5,10 Franken. **Wann** dürfen wir es liefern?«
- »Damit Sie es bekommen, **an welche** Adresse darf ich es senden?«
- »Soll ich es Ihnen **senden, oder** möchten Sie es bei uns **abholen?**«
- »**Angenommen**, wir könnten zum gewünschten Zeitpunkt liefern, würden Sie es dann nehmen?«
- »**Wenn** noch drei Plätze frei sind, können wir Ihnen dann den Flug gleich bestätigen?«
- »**Falls** wir das könnten, nehmen Sie es dann?«
- »In dem Fall sind wir der richtige Partner. Damit wir an den richtigen Ort liefern, ist die Lieferadresse gleich ...?«
- Gut, dann senden wir Ihnen die gewünschten Teile zu. Brauchen Sie eine Auftragsbestätigung?

Farner: Ist es überhaupt nötig, dass ich diese Fragen beherrschen lerne?

Saxer: Wenn Sie sich von Ihren Mitbewerbern abheben möchten und die Kundenzufriedenheit, den Umsatz und den Gewinn deutlich steigern wollen, dann empfehle ich Ihnen, dass Sie und alle Mitarbeiter mit Kundenkontakt in Ihrer Firma diese Fragen beherrschen und in der richtigen Art anwenden lernen.
Hierfür sind Fleiß, regelmäßiges Üben und Geduld notwendig. Dieses Buch und mein gleichnamiges Hörbuch bilden eine gute Grundlage, damit Sie und Ihre Mitarbeiter im Verkauf besser werden. Überprüfen Sie beim Lesen, welche Dinge Sie noch

nicht anwenden und was es Ihnen bringen könnte, wenn Sie sie konsequent und richtig anwenden. Ich erlebe immer wieder, dass mir Verkäufer sagen: »Umberto, ich kenne diese Dinge schon.« Beim Nachprüfen stelle ich jedoch vielfach fest, dass sie diese nicht anwenden.

Wenn Sie besser werden wollen, ist es nötig, dass Sie gewisse Dinge anders machen, als Sie es bis jetzt getan haben! Mit dem Anwenden und Tun von neuen Dingen bekommen Sie mehr Chancen, Ihren persönlichen Verkaufsinstinkt permanent zu verbessern. Teilen Sie das, was Sie lernen möchten, in kleine Portionen auf. Setzen Sie sich immer wieder Ziele, die Sie umsetzen möchten. Und überlegen Sie sich, was Sie dafür tun müssen.

Viele meiner Kunden haben das Buch und das gleichnamige Hörbuch auf CD oder Kassetten. Sie sagen mir, dass sie mit der Kombination von Hören und Lesen besser lernen und einfacher umsetzten. Wichtige Passagen können neben dem Lesen beim Autofahren, Joggen, auf der Couch etc. immer wieder gehört werden, bis sie in Fleisch und Blut übergegangen sind und automatisch richtig angewendet werden.

Zurück zum Kaufabschluss, nachdem ein Kunde Sie angerufen hat. Was dürfen wir nicht vergessen und müssen wir auch noch tun, nachdem wir verkauft haben?

Kern: Umberto, wir müssen die genaue Rechnungs- und Lieferanschrift aufnehmen oder kontrollieren.

Saxer: Richtig, und was ist auch noch sehr wichtig? Es ist etwas, das von den meisten Firmen schlecht gemacht wird. Es ist etwas, womit man die Kundenzufriedenheit und den Gewinn noch einmal stark steigern kann. Was ist es?

Müller: Von mir aus gesehen können es noch zwei Dinge sein. Das eine sind die »Zusatzverkäufe« und das andere sind die »Weiterempfehlungen«.

Saxer: Genau! Zusatzverkäufe und Weiterempfehlungen, in dieser Reihenfolge! Haben Sie auch schon eingekauft und zu Hause gemerkt, dass Sie zusätzlich noch Dinge brauchen? Zum Beispiel: Batterien, Papier, Schrauben, Maschinen, passende Krawatten etc.

Müller: Da könnte ich Ihnen ein Lied davon singen, Herr Saxer. Ich habe mich schon oft sehr darüber aufgeregt, dass der Verkäufer nicht daran gedacht hat, dass ich zusätzlich noch etwas brauche.

Saxer: Also, Zusatzverkäufe sind etwas Selbstverständliches und vom Kunden aus gesehen auch etwas Notwendiges. Sagen Sie mir, warum werden sie oftmals nicht gemacht?

Farner: Ja, Herr Saxer, das ist ganz einfach! Die Verkäufer und die Sachbearbeiter haben einfach Angst, oder sie sind der Meinung, man darf nicht aufdringlich sein.

Saxer: Und dem kann noch angefügt werden, dass in vielen Firmenkulturen das Gedankengut vom Zusatzverkauf überhaupt nicht vorhanden ist.
Zusatzverkäufe sind für uns, die Firma und unsere Kunden äußerst wichtig. Zusatzverkäufe sind, wenn Sie es richtig machen, oftmals höher als der vorangehende Verkauf. Zum Beispiel: Es ruft Sie ein Kunde wegen den schönen pinkfarbigen Kniesocken an, die Sie im Versandkatalog anbieten. Nun verkaufen Sie ihm die gewünschte Anzahl Kniesocken – und dazu noch die passenden Hosen, Hemden, Pullover, Jacken usw.

Farner: Herr Saxer, wenn ich so gezielt vorgehe, wie Sie mich das lehren, besteht dann nicht die Gefahr, dass ich auf meine Kunden aggressiv wirke?

Saxer: Ganz sicher nicht! Bedenken Sie, dass die Kunden, die Sie anrufen, bereits Interesse haben und kaufinteressiert sind. Die Kunden, die anrufen, möchten etwas und sind Ihnen dankbar, wenn Sie ihnen helfen, dies zu bekommen. Wie oft sind Sie schon in ein Geschäft gegangen oder haben in einem Geschäft angerufen, mit der festen Absicht, etwas zu kaufen – und der Verkäufer hat Sie durch sein Zögern und sein nichtverkäuferisches

Verhalten unsicher gemacht? Sie haben dann nichts gekauft und hinterher haben Sie das bereut.

Mir passiert das beinahe wöchentlich. Letzte Woche ging ich mit meiner Frau in ein Juweliergeschäft, und wir haben dort wunderschöne Uhren angeschaut.

Eine flache Golduhr von Maurice Lacroix gefiel meiner Frau und mir besonders gut. Die Augen meiner Frau leuchteten auf, als sie die Uhr an ihrem Handgelenk trug. Ich wollte die Verkäuferin schon bitten, uns die Uhr einzupacken. In diesem Moment, in dem meine Frau und ich absolut kaufwillig waren, hat die Verkäuferin zu meiner Frau gesagt, sie müsse wissen, dass dies eine Herrenuhr sei.

Das Leuchten und die Freude verschwanden blitzartig aus den Augen meiner Frau. Ich versuchte dann, die Situation noch zu retten, indem ich sagte: »Wissen Sie, heutzutage tragen Frauen auch Herrenuhren, und mir gefällt die Uhr wunderbar an meiner Frau.«

Worauf die Verkäuferin antwortete: »Das stimmt grundsätzlich schon, aber bei Uhren in dieser Preisklasse nicht mehr.« Meine Frau hat die Uhr wieder abgelegt, und ihr Gesicht verriet, dass sie alles andere als glücklich war.

Wir sahen dann eine zweite Golduhr von Maurice Lacroix, die etwas kleiner war, dafür war ihr Zifferblatt mit wunderschönen Brillanten gekrönt. Als meine Frau diese Uhr am Handgelenk trug, leuchteten ihre Augen wieder wie vorher.

Ich war der Meinung, ja – das ist jetzt die Uhr. In diesem Moment sagte die Verkäuferin: »Sie müssen wissen, das ist eine Uhr, die man nicht tagtäglich tragen kann, es ist eine Schmuckuhr. Die trägt man in erster Linie nur für festliche Gelegenheiten.« Der freudige strahlende Gesichtsausdruck meiner Frau war auf einen Schlag wieder weg. Sie hat dann die Uhr abgelegt, und wir sind ohne Uhr aus diesem Geschäft gegangen.

Wir verließen das Geschäft, obwohl wir zweimal die hundertprozentige Absicht hatten, eine Uhr zu kaufen. Wie oft ist Ihnen schon etwas Ähnliches passiert? Wie oft wird etwas nicht verkauft durch falsches Verhalten! Wie glücklich wären wir gewesen, wenn die Verkäuferin uns bestätigt hätte, dass das eine schöne Uhr sei und uns gefragt hätte, ob meine Frau die Uhr gleich anbehalten möchte oder ob sie sie für uns einpacken soll. Wir hätten das mit Sicherheit angenehm empfunden – und alle hätten davon profitiert.

Saxer: Wie denken Sie: Gehen mehr Geschäfte verloren, indem ich mutig bin und nach einem Auftrag frage oder indem ich vorsichtig und zögernd bin und es dem Kunden überlasse, mir den Auftrag zu geben?

Müller: Ja, ganz klar werden wesentlich mehr Geschäfte verloren, indem man zu wenig mutig ist, indem man sich zu wenig zutraut, indem man zu wenig motiviert ist, indem man zu wenig den Kunden fragt. Da haben Sie hundertprozentig Recht.

Saxer: Ja, und wie lernen Sie mehr? Indem Sie mutig sind oder indem Sie nicht mutig sind?

Farner: Ganz klar, Herr Saxer, ich lerne, wenn ich mutig bin, wesentlich mehr fürs Leben. Ich weiß dann immer besser, wie weit ich gehen kann, damit sich der Kunde wohl und verstanden fühlt. Ich werde dadurch auch immer selbstsicherer und bekomme immer mehr Freude am Verkaufen. Herr Saxer, ich verspreche Ihnen: »Ich werde mutiger!«

Saxer: Ich gratuliere Ihnen! Ihr Ansehen in der Firma und bei Ihren Kunden wird somit wachsen.

Zu diesem Thema ist vor vielen Jahren in der Zeitschrift »Fortune« ein Artikel erschienen. Der Titel hieß: »Also: Warum kaufen Menschen?« In diesem Artikel wurde geschrieben, dass im entscheidenden Moment des Kaufvorganges das Geschäft in erster Linie durch Aktivität des Kunden zustande kam und dass der Kunde bereits kaufentschlossen war, als er den Laden betrat oder die Firma anrief.

Das Ergebnis dieser Untersuchung sollte Verkaufsleiter wie auch Verkäufer nachdenklich stimmen. Denn im Klartext heißt das, dass zwar sehr viel unternommen wurde, um den Kunden so weit wie möglich zum Kauf zu animieren, dass aber von Seiten des Verkäufers wenig – und in vielen Fällen gar nichts – geschah, um den Abschluss zu tätigen. Diesen Krebsschaden bezeichnete »Fortune« als »das größte ungelöste Problem der Wirtschaft und des Handels«. Das heißt auch, dass irgendwo auf dem Wege zum Kunden Verkaufsleiter, Vertreter, Groß- und Einzelhändler anscheinend vergessen haben, dass ein Verkauf immer noch durch einen Akt zwischen Kunde und Verkäufer zustande kommt.

Vergessen Sie also niemals, dass die Existenz einer Unternehmung nicht nur davon abhängt, wie Werbung und Vertriebspläne aussehen, sondern ebenso von dem für den einzelnen Interessenten aufgewendeten verkäuferischen Können aller Mitarbeiter.

Erfolge sind das Produkt von Planung und Vorbereitung

Sowohl Ihr Telefonerfolg als auch Ihr allgemeiner Erfolg hängen weitgehend davon ab, ob Sie Ihre Energie gezielt einsetzen können oder ob Sie sie in alle Richtungen streuen. Wenn Sie Ihre Woche beginnen, sollte das Planbare geplant sein. Sie haben es schriftlich festgehalten. Auch Ihr Telefoneinsatz ist geplant, in Gedanken und auf Papier.

Schreiben Sie auf einer Checkliste auf, was Sie während eines Gesprächs alles besprechen und erreichen möchten.

Bereiten Sie sich vor. Legen Sie alle für das Gespräch wichtigen Unterlagen bereit. Klären Sie Dinge ab, die zur Sprache kommen könnten. Finden Sie Dinge über Ihren Gesprächspartner heraus. Machen Sie sich Gedanken, wie Sie Ihre Produkte oder Dienstleistungen vom Kundennutzen her richtig rüberbringen.

Sinnvoll ist auch, wenn Sie für sich und Ihre Mitarbeiter ein paar generelle Unterlagen vorbereiten, wie zum Beispiel:

- Checklisten für die verschiedenen Gesprächssituationen,
- unbestreitbare Wirklichkeiten für die Gesprächseröffnung und um Vertrauen zu schaffen,

- eine Liste mit Kundennutzen usw.,
- Gesprächsleitfaden,
- Musterantworten auf häufig gestellte Fragen und Einwände.

Sie sollten sich auch die Frage stellen, ob ein Telefongespräch wirklich notwendig ist. Ein Telefongespräch kostet nicht nur Telefongebühren, sondern auch Zeit, manchmal viel Zeit. Vielleicht wäre ein kurzes Fax oder ein E-Mail in gewissen Fällen sinnvoller. Das merken Sie dann bei der Planung.

Kunde interessiert sich für ein Produkt oder eine Dienstleistung – was geschieht vor dem Anruf?

Saxer: Nachdem ein Mensch selbst, durch Anregungen von Drittpersonen, durch die Werbung oder durch die Massenmedien herausgefunden hat, dass er ein Bedürfnis oder ein Verlangen hat, beginnt er sich zu informieren, wie er sein Bedürfnis stillen kann. Überlegen wir uns darum in groben Zügen, was vor einem Anruf schon alles geschehen sein könnte.

Farner: Ja, der Kunde hat sich informiert, wie andere es gelöst haben. Er studiert Anzeigen und Prospekte, hat Angebote von Mitbewerbern eingeholt und stellt Vergleiche an, liest Fachartikel und besucht Vorträge.

Saxer: Richtig, was könnte auch noch passiert sein?

Farner: Vielleicht spricht er darüber mit Geschäftspartnern, Mitarbeitern, Familienangehörigen, Kollegen, Mitbewerbern usw.

Saxer: Wunderbar, das ist richtig! Was fällt Ihnen ebenfalls ein?

Müller: Ja ganz klar, er überlegt sich, ob es in sein Budget passt und wie er es finanzieren kann.

Saxer: Auch das ist richtig. Dann gibt es noch die Kunden, die eine Reparatur in Auftrag geben wollen. Was geschieht bei diesen Kunden noch vor dem Anruf?

Müller: Diese Frage spricht mir aus der Seele, Herr Saxer. Vermutlich hat der Kunde, wie ich das auch oft mache, zuerst versucht, die Reparatur selbst durchzuführen, und er hat sich dabei über das Handbuch oder die Betriebsanleitung geärgert.

Saxer: Gut, und was gibt es außerdem noch?

Kern: Umberto, bei einem Defekt hat er oft Ärger und Probleme. Er informiert sich, wie es andere gelöst haben und wer die Reparatur machen kann.

Saxer: Danke – diese Überlegungen zeigen uns ganz deutlich, dass vieles bei Ihren Kunden passiert, bevor Sie angerufen werden. Die Kunden sind oft in einem angespannten Zustand, und nur ein Tropfen kann das Fass zum Überlaufen bringen.
Der Kunde muss sich vom ersten Augenblick an wohl und verstanden fühlen, wenn er sich mit uns in Verbindung setzt. Darum möchte ich Grundsätze durchnehmen, wie der Kunde behandelt werden muss, wenn er uns anruft. Wie Sie sich richtig beim Telefon melden, wie Sie das Telefon richtig weiterleiten, welche Einstellung gegenüber dem Telefon besser und gewinnbringender für Sie, die Firma und den Kunden ist.

Das Telefon klingelt, und jetzt?

Möglicherweise kommt uns der Telefonanruf völlig ungelegen. Wir werden bei einer wichtigen Tätigkeit gestört. Wir sind vielleicht daran, etwas zu erledigen, möglicherweise stehen wir unter Zeitdruck. Da ist die Gefahr groß, dass wir Folgendes machen:

- das Telefon einfach klingeln lassen,
- das Telefon abnehmen, aber unkonzentriert oder abrupt,
- dass wir den Telefonanruf sehr schnell erledigt haben möchten und uns keine Zeit für den Anrufer nehmen,
- dem Anruf zu wenig Bedeutung beimessen,
- möglicherweise reagieren wir dann aggressiver und verdrießlicher,
- die Gefahr ist auch groß, dass wir keine konkreten Ziele verfolgen.

In all diesen Fällen werden wir und unsere Firma keinen ersten guten Eindruck bei unseren Kunden, oder möglichen Kunden, hinterlassen. Möchten wir das?

Zur Zeit bin ich auf der Suche nach einem Laserdrucker. Ich habe eine große Firma angerufen, und das Telefon hat zuerst sehr lange geläutet, dann wurde es abgenommen – und das Erste, was ich hörte, war: »Moment bitte!« Dann hing ich wieder in der Leitung. Nach ungefähr 90 Sekunden wurde das Telefon von einer sehr gestressten Person abgenommen. – Welchen Eindruck hatte ich wohl in der Zwischenzeit von dieser Firma?

Wie schnell kann uns das auch selbst passieren! Die Frage stellt sich also: Wie können wir einen ersten guten Eindruck bei unseren Kunden hinterlassen?

Der erste Eindruck

Kunden und mögliche Kunden sollen sich bei uns vom ersten Augenblick an wohl und verstanden fühlen. Darum ist es wichtig, dass wir einen möglichst guten ersten Eindruck erwecken. – Drei Dinge sind dafür wichtig:

1. Unsere persönlichen Zielsetzungen
2. Unsere persönliche Einstellung
3. Unser persönliches Verhalten

Zu Punkt 1: Unsere persönlichen Zielsetzungen

Sie fragen sich vielleicht: Wie kann ich Ziele setzen, bevor ein Kunde/Interessent anruft? Ich weiß doch noch gar nicht, was er möchte. – Ja, das ist richtig. Sie wissen vor dem Anruf noch nicht, was er möchte – aber das gezielt herauszufinden, ist bereits ein Ziel!

Viele Chancen werden nicht genutzt, und viele Kunden/Interessenten kommen sich vor wie bestellt und nicht abgeholt, weil man sich keine Ziele gesetzt hat. Eine Handelsfirma hatte mein Training bereits nach einem Tag amortisiert, indem ich ihr beigebracht habe, dass sie sich zum Ziel setzen muss, jedem Kunden, der bestellt, noch etwas Zusätzliches anzubieten.

Setzen Sie sich darum unbedingt hin und schreiben Sie auf, was Sie bei eingehenden Anrufen alles erreichen können und erreichen möchten. Sie werden erstaunt sein, wie viel mehr möglich ist, wenn Sie das tun.

Ich empfehle Ihnen, diesbezüglich Checklisten zu erstellen!

Was eine Checkliste einem bringt, erlebe ich immer wieder am eigenen Leib. Kürzlich rief mich ein Unternehmer an und meldete sechs Außendienstmitarbeiter für mein sechstägiges Verkaufskybernetik-Training an. Das machte einen Umsatz um die 12.000 Euro für mich – und das in ein paar Minuten, da könnte man ja wirklich zufrieden sein. Nur, bei mir auf der Checkliste steht unter anderem: »Abchecken, für welche Personen Seminare innerhalb und außerhalb der Firma auch noch in Frage kommen.« So fragte ich den Unternehmer:

Saxer: Herr Ott, für wen im Betrieb kommt das Seminar auch noch in Frage?

Ott: Ich habe noch einen Außendienstmitarbeiter, der ist 62 Jahre alt. Ich weiß nicht so recht, ob ich ihn auch noch anmelden soll.

Saxer: Was denken Sie, wie lange wird er noch bei Ihnen arbeiten?

Ott: So wie ich Herrn Huber, meinen Mitarbeiter, einschätze, macht er schon noch bis zur Pensionierung mit 65.

Saxer: Bis zur Pensionierung kann man noch einiges gut machen. Stimmen Sie mir da zu?

Ott: Sie haben eigentlich Recht. Ich melde Herrn Paul Huber auch an.

Saxer: Herzlichen Dank für die Anmeldung von Herrn Huber. – Was mich noch interessiert, wer bei Ihnen in der Firma hat auch noch Kundenkontakt?

Ott: Wir haben noch fünf Telefonistinnen, die Anrufe und Bestellungen entgegennehmen.

Saxer: Ist es Ihnen wichtig, dass Ihre fünf Telefonistinnen die gleiche Sprache sprechen wie Ihre Außendienstmitarbeiter, diese optimal unterstützen, weniger Leerläufe am Telefon passieren, Kundenanfragen sicher zu Verkäufen führen und vermehrt Zusatzverkäufe getätigt werden? Ist Ihnen das wichtig?

Ott: Ja sicher, das ist sehr wichtig.

Saxer: Viele Firmen begehen den Fehler, dass sie ihr Verkaufspersonal im Innendienst weniger gut ausbilden als den Außendienst und vergessen dabei, dass sehr schnell viel gute Arbeit zerstört werden kann, wenn nicht alle am gleichen Strick ziehen. Darum empfehle ich Ihnen, dass Sie Ihre fünf Telefonistinnen auch für das Seminar anmelden. – So sprechen alle, die Kundenkontakt haben, die gleiche Sprache, und der Erfolg der Firma kann ab Seminarbeginn zukünftig noch mehr sichergestellt werden. Wie heißen diese fünf Frauen?

Ott: Das ist ein guter Aspekt, die Frauen heißen ...

Auf meiner Checkliste stand weiter, dass ich auch noch nach dem Hörbuch »Bei Anruf Erfolg« und nach Weiterempfehlungen fragen soll, beides habe ich gemacht.

Tanner: Umberto, ist es immer so leicht, dass du so schnell so viel mehr Umsatz machst?

Saxer: Es geht nicht darum, ob es immer so leicht ist, es geht darum, die Fälle herauszufinden, wo es so leicht ist. Das kann ich nur, wenn ich davon ausgehe, dass es möglich ist und ich systematisch danach frage. Genau da setzt die Checkliste an. Wenn ich mir bereits vor dem Anruf überlege, was ich bei den einzelnen

Anfragen tun werde, werde ich dies dann auch automatisch tun. Sie werden feststellen, dass viel weniger vergessen wird und es für alle Beteiligten von Vorteil ist. Wie oft haben Sie schon das Telefon aufgelegt, und so etwas Kleines wie die Faxnummer hat Ihnen noch gefehlt? Mit einer Checkliste können Sie sicherstellen, dass viel weniger vergessen wird, und sie ist auch ein super Führungsinstrument.

Kern: Umberto, ich verkaufe Autos. Ist es da auch sinnvoll, wenn ich mit Checklisten arbeite? Und wenn ja, welche Punkte würdest du mir empfehlen, auf die Checkliste zu setzen?

Saxer: Ja sicher, setze Checklisten unbedingt ein. Egal, was verkauft wird, mit Checklisten wird weniger vergessen und das Verkaufen einfacher. Wenn ich zum Beispiel im Sommer jemandem ein Auto verkaufen würde, dann würde ich mit folgenden Worten in die nachfolgende Checkliste einsteigen:
»Ich gratuliere Ihnen zum Kauf dieses schönen Autos. Vielfach stellt man nach dem Autokauf fest, dass man noch etwas vergessen hat. Damit dies nicht passiert und ich Sie zukünftig noch besser betreuen kann, habe ich eine Checkliste erstellt, die ich gerne mit Ihnen durchgehen würde. Haben Sie noch ein paar Minuten Zeit?«

- Versicherung
- Winterreifen mit Felgen
- Schneeketten
- Abschleppseil
- Überbrückungskabel
- Notapotheke
- Packträger/Koffer für Ski/Fahrrad/Surfer etc.
- Kindersitz
- Familienchronik *(Geburtsdaten plus Namen des Lebenspartners und der Kinder, die im gleichen Haushalt leben)*
- Kaufverhalten des Kunden *(Wie oft hat er in der Vergangenheit das Auto gewechselt, und was war der Auslöser?)*

- Wann ist das nächste/ein zusätzliches Auto ein Thema?
- Wann ist ein neues Auto für Lebenspartner/Kinder ein Thema?
- Weiterempfehlungen

Tanner: Umberto, wow – wenn ich solche Checklisten am Telefon für mich und mein Personal erstelle, dann werden ja Zusatzverkäufe sehr einfach. Ich hätte zum Laptop-Beispiel noch gerne eine Muster-Checkliste.

Saxer: Nach dem Dialog, den Sie bereits kennen, geht es folgendermaßen weiter:

Kunde: In eurer Beilage im »Tagesanzeiger« habt ihr auf der Seite 3 Laptop-Angebote. Das Angebot 4 gefällt mir besonders gut. Nur den Arbeitsspeicher finde ich etwas mager, kann man den erhöhen?

Verkäufer: Ja sicher, wir haben diesbezüglich eine Aktion. Für nur 190 Franken können Sie den Arbeitsspeicher verdoppeln. Möchten Sie, dass wir Ihnen den Arbeitsspeicher verdoppeln?

Kunde: Ja, das Angebot nehme ich gerne an.

Verkäufer: Gut, dann ist es der richtige Laptop, und es geht nun darum, dass Sie damit arbeiten können. An welche Adresse dürfen wir den Laptop senden?

Kunde: An die Sirnacherstraße 12 in 9500 Wil.

Verkäufer: Gerne senden wir Ihnen den Laptop. Sie werden ihn in ca. einer Woche per Post erhalten. Die Erfahrungen zeigen uns immer wieder, dass zu einem Laptop noch einige Dinge dazugehören. Damit nichts vergessen geht, haben wir eine Checkliste erstellt die ich noch gerne mit Ihnen durchgehen möchte, haben Sie noch ein paar Minuten Zeit?

Kunde: Ja, sicher.

Saxer: Und so sieht die Checkliste aus, dich ich mit dem Kunden durchgehe:

Peripherie:

- zwei Mäuse (eine am Arbeitsplatz mit der Tastatur und eine für unterwegs)
- Tastatur
- zweites Netzteil (für unterwegs damit eines am Arbeitsplatz bleiben kann)
- Hub (für USB-Erweiterung)
- externe CD-Laufwerke und Disketten
- zusätzlicher Akku
- Adapter für Telefonstecker
- Telefonverlängerungskabel
- ISDN-Modem (analoges ist schon vorhanden)
- Adapter auf ältere Geräte (solche die noch keinen USB-Anschluss haben)
- Tasche für den Laptop

Austausch von Daten:

- externes Diskettenlaufwerk
- Zipp
- CD-Brenner

Datensicherung:

- Bandlaufwerk und Bänder
- Zipp und Platten
- externe Festplatte

Peripheriegeräte:

- Drucker und Papier
- Scanner
- Fotokamera
- Videokamera

Software:

- Textverarbeitung

- Tabellenkalkulation
- Datenbank
- Bildbearbeitungsprogramme
- Lernprogramme
- Virenprogramm

Literatur:

- zu einzelnen Programmen
- zu Peripheriegeräte

Schulung:

- Einführungskurs
- Textverarbeitung
- Datenbank

Spiele:

- Strategie
- Aktion

Zukunft:

- Desktop-Computer
- weitere Laptops
- Netzwerk
- Weiterempfehlungen

Diese Liste ist für mich nicht abschließend und muss laufend den neuen Begebenheiten angepasst werden. Und je nach Kundentyp würde ich mit verschiedenen Checklisten arbeiten. Weitere Beispiele von Checklisten finden Sie auf meiner Homepage unter http://www.umberto.ch.

Tanner: Umberto, überfordere ich den Kunden mit so einer langen Liste nicht?

Saxer: Nein, bei diesem Laptop-Beispiel ist es ein wirkliches Abchecken der einzelnen Punkte. Du sagst zum Beispiel: »Wie sieht es aus mit einem externen Diskettenlaufwerk?« »Wie möchten Sie die Datensicherung lösen?« etc. Wenn der Kunde Interesse hat, ist es gut, ansonsten gehst du zum nächsten Punkt auf der Checkliste. Die Checkliste dient dazu, dass nichts vergessen wird und der Kunde vollumfänglich bedient ist. Für alle ist sie ein großer Segen. Mit dem Anwenden von Checklisten werden bei dir viel mehr Zusatzgeschäfte möglich sein, und der Kunde hat von Beginn an eine gute Lösung und muss nicht, nachdem er den Laptop hat, verschiedenen Dingen nachlaufen.

Müller: Gilt dieses einfache Abchecken für alle Produkte?

Saxer: Nein, wenn Sie zum Beispiel Autoversicherungen am Telefon verkaufen, und auf Ihrer Checkliste steht noch der Punkt »Kapitalanlagen«, dann empfehle ich Ihnen, diesen Punkt nicht einfach abzuchecken, sondern sagen Sie, um was es geht, betonen Sie sehr stark den Kundennutzen und testen Sie dann auch gleich die Kaufbereitschaft. Auf diese Art ist es sehr einfach vom Kleinen zum Großen zu kommen.

Nur das Thema Checkliste rechtfertigt ein ein- bis zweitägiges Seminar. Die Praxis hat mir gezeigt, dass es einigen Aufwand bedeutet, damit Checklisten richtig eingesetzt werden. Die Theorie ist schnell drin, bei der Anwendung hapert es manchmal schwer. Meine Kunden, die diesen Punkt wirklich umgesetzt haben, sind über die Resultate oftmals verblüfft und begeistert. Viele Verkäufer und Firmen können wirklich um Längen mehr verkaufen, wenn dafür gesorgt wird, dass solche einfache Dinge realisiert werden.

Unterschätzen Sie die Investition an Zeit und Geld nicht! Es ist vermutlich aufwendiger, als Sie im Moment denken, bis das Thema Checkliste umgesetzt ist.

Zu Punkt 2: Unsere persönliche Einstellung

Saxer: Welche Einstellung müssen wir haben, damit wir einen ersten guten Eindruck bei unseren Kunden und möglichen Kunden erwecken?

Müller: Ich muss es einfach wollen. Wenn mich jemand anruft, dann betrachte ich es als Chance. Ich freue mich über den Anruf, und ich denke: »Ich mag Sie« oder: »Ich mag dich!«

Saxer: Ist es möglich, dass Sie einfach alle Leute, die anrufen, mögen können? Auch die, die reklamieren, und die, die unfreundlich sind?

Müller: Ja, es ist möglich. Wie ich bereits gesagt habe: Ich muss es mir zum Ziel setzen und es einfach wollen!
Ich sage mir Folgendes: Die Leute, die mich anrufen, die sichern mein Einkommen und meinen Job. Sie sind wichtig für unsere Firma. Sie finden mich und die Firma gut, sonst würden sie gar nicht anrufen. Sie geben mir auch Anerkennung, und sie möchten etwas von mir. Für den Kunden ist es immer positiv, wenn er mich anruft, auch wenn er Reklamationen hat oder Dampf ablassen möchte. Ich sage mir, eine Reklamation ist auch positiv für mich und die Firma, weil wir viel daraus lernen können. Mit dieser Einstellung ist jeder Anruf, den ich annehme, mein Kapital. Und darum fällt es mir leicht zu denken: Ich mag Sie, ich mag dich.

Saxer: Ich gratuliere Ihnen zu dieser Einstellung. Mit dieser Einstellung sind Sie und Ihre Firma erfolgreich und werden jeden Tag noch erfolgreicher. Leider kommt sie selten vor. Und wie wenig wäre notwendig, damit sie immer vorkommen würde! Es liegt an uns, uns diese Einstellung anzueignen. Und sie ist auch sehr schnell angeeignet. Wir müssen einfach beschließen, dass wir sie haben – das ist alles. Möchten Sie das?

Wenn ja, dann sagen Sie sich jetzt: Anrufe betrachte ich zukünftig als Chance, denn sie sichern mir mein Einkommen und meinen Job. Jeder Anruf, auch Reklamationen, sind vom Kunden aus gesehen positiv – und somit sind sie das auch für mich und die Firma. Kunden und mögliche Kunden finden mich und die Firma gut, sonst würden sie mich nicht anrufen. Sie geben mir Anerkennung, sie möchten von mir und meinen Möglichkeiten profitieren, sie sind mein Kapital, ich mag sie!

Neben der richtigen Einstellung ist auch noch das richtige Verhalten wichtig.

Zu Punkt 3: Unser persönliches Verhalten

Saxer: Welches Verhalten hilft Ihnen, einen ersten guten Eindruck bei Ihren bestehenden und zukünftigen Kunden zu hinterlassen?

Müller: Herr Saxer, da habe ich bei einem Training bei Ihnen etwas ganz Interessantes gelernt, und seither halte ich mich mit Erfolg konsequent an dieses Schema. Sie haben bei diesem Training das Verhalten in 17 Punkte aufgeteilt.
Sie haben mich gelehrt, dass ich, wenn das Telefon klingelt, sofort meine Arbeit niederlege und folgende Geisteshaltung und folgendes Verhalten habe:

Ich ...

Punkt 1	**denke ...**	ich mag dich, du bekommst das Beste von mir.
Punkt 2	**möchte ...**	die Wünsche und Bedürfnisse von meinen Kunden erkennen und abdecken.
Punkt 3	**strebe ...**	konkrete Ziele an. *(Checkliste)*
Punkt 4	**habe ...**	Schreibzeug, Checklisten, Papier und was ich sonst noch brauche, bereit.
Punkt 5	**nehme ...**	das Telefon ab, warte eine Sekunde und melde mich mit einer aufgestellten, fröhlichen Stimme. Ich stelle mich mit Vor- und Nachnamen vor. Ich spreche klar und verständlich und vermeide technische Ausdrücke, die der Kunde nicht versteht. Ich passe mein Sprechtempo und die Sprache meinem Gesprächspartner an.
Punkt 6	**begrüße ...**	meinen Gesprächspartner freundlich, denn Freundlichkeit steckt an.

Punkt 7 **schreibe ...** den Namen und die Firma meines Gesprächspartners immer sofort auf, damit ich meinen Gesprächspartner beim Namen nennen kann und diesen am Schluss des Gesprächs auch noch weiß. Denn der eigene Name ist für jeden Menschen eines der schönsten Worte.

Punkt 8 **höre ...** gut und aufmerksam zu und stelle mir folgende Fragen:

- Bin ich der richtige Gesprächspartner?
- Kann ich die gewünschten Auskünfte geben?
- Muss ich den Anruf weiterleiten und an wen?
- Was will mir der Gesprächspartner sagen, und was muss ich erfahren?

Punkt 9 **stelle ...** Fragen und kläre Details und Unklarheiten. Ich versetze mich in die Lage meines Gesprächspartners, damit ich die Dinge von seinem Standpunkt aus sehen kann.

Punkt 10 **mache ...** Notizen, damit nichts Wichtiges vergessen geht und werde nicht nervös. Ich bin und bleibe geduldig, denn Geduld bringt Rosen.

Punkt 11 **erkläre ...** immer den Grund für kurze telefonische Unterbrechungen. Wenn ich ans Telefon zurückkomme, sage ich nicht: »Sind Sie noch da?«, sondern den Namen des Gesprächspartners, zum Beispiel: »Herr Muster«. Menschen hören auf nichts so stark wie auf den eigenen Namen. Sobald sie den hören, sind sie sofort aufmerksam.

Punkt 12 **biete ...** von mir aus einen Rückruf an, wenn ich die nötigen Informationen nicht zur Hand habe

		oder den Gesprächspartner nicht mit einer anderen Person verbinden kann, die die gewünschte Antwort geben kann. Ich sage meinem Gesprächspartner, bis wann ich oder Herr Fleißig/Frau Zuverlässig zurückrufen werden.
Punkt 13	**halte ...**	meine Versprechen, auch die kleinen und unbedeutenden. Ich bin zuverlässig. Ich rufe unbedingt zurück, wenn ich es versprochen habe. Das stärkt das Vertrauen des Partners in mich und die Firma.
Punkt 14	**teste ...**	die Kaufbereitschaft meines Gesprächspartners, sobald ich seine Wünsche und Bedürfnisse kenne.
Punkt 15	**hole ...**	Zusatzverkäufe und Weiterempfehlungen, indem ich es mir gelobe und ich meinen Gesprächspartner konkret danach frage.
Punkt 16	**beende ...**	das Gespräch richtig. Ich fasse zum Schluss das Wesentliche zusammen und lasse das von meinem Gesprächspartner bestätigen. Das hilft, Missverständnisse auszuschalten und erspart unnötige Rückfragen und Ärger. Egal, wie das Gespräch verlaufen ist, ich mag meinen Gesprächspartner und ich verabschiede ihn freundlich.
Punkt 17	**erledige ...**	und notiere sofort alles Notwendige auf Papier und/oder in der Datenbank, damit nichts vergessen geht und liegen bleibt. Ich setze mich dafür ein, dass das Besprochene und Vereinbarte erfüllt wird.

Müller: Was meinst du mit kleinen und unbedeutenden Versprechungen bei Punkt 13?

Saxer: Die kleinen Dinge sind es, die gerne vergessen gehen und an denen Ihre Zuverlässigkeit gemessen wird. Es sind Versprechungen wie: »Ich mache dir auch eine Kopie von diesem Zeitungsbericht« oder »Wenn ich das nächste Mal vorbeikomme, bringe ich dir auch eines mit« etc. Solche Dinge vergisst derjenige, der es gesagt hat, sehr schnell, wenn er es nicht sofort aufschreibt. Ihr Partner vergisst diese Dinge nicht – und so wird er mit der Zeit einen entsprechenden Eindruck von Ihnen bekommen, und Sie erhalten Ihren Ruf. Gewöhnen Sie sich darum an, dass Sie weniger versprechen, dies dafür auch halten!

Wie meldet man sich richtig am Telefon?

1. Begrüßen

Wenn Sie keinen langen Firmennamen mit mehreren Wörtern wie zum Beispiel »Umberto Saxer Training AG« haben, ist es sinnvoll, dass Sie zuerst den Anrufer begrüßen, bevor Sie den Firmennamen sagen. Zum Beispiel: »Guten Tag, BMW AG, Susanne Brunner.« Oder: »Guten Tag, BMW AG, Sie sprechen mit Susanne Brunner.«

Sie fragen sich vielleicht, ob das nötig ist. Nein, nötig ist es nicht, es sprechen jedoch drei Punkte dafür:

a) Richtig betont werden Sie mit: »Guten Tag«, »Grüß Gott« oder »Grüezi« vom ersten Augenblick an dem Anrufer bereits Freude und Motivation rüberbringen.
b) Viele Menschen sprechen zu früh, wenn sie das Telefon abnehmen. Das führt dazu, dass man zum Beispiel vom Namen Doerig nur noch ein -ig hört. Wenn zuerst begrüßt wird, dann hört man nachher den Namen Doerig vollständig.
c) Das menschliche Ohr braucht einen kurzen Moment, bis es sich an eine Stimme gewöhnt hat, darum verstehen wir das, was wir zuerst hören, oftmals nicht richtig. Nach dem »Guten Tag« hat sich unser Ohr

an die Stimme gewöhnt, und wir verstehen den Namen viel besser.

2. Name der Firma

Die Person, die den Anrufer als erste am Telefon hat, meldet sich mit dem Firmennamen. Daher ist es bei Telefonanrufen, die intern an Sie verbunden werden, nicht mehr nötig, dass Sie den Firmennamen sagen. Es sei denn, Sie haben eine Direktnummer und können nicht unterscheiden, ob der Anruf von intern oder extern kommt.

Anrufer, die intern weiterverbunden werden, empfinden es als angenehm, wenn ihnen die Abteilung gesagt wird. Zum Beispiel: »Abteilung Verkauf, Hans Müller« oder »Sekretariat Huber, Susanne Meier«. So weiß der Anrufer, ob er am richtigen Ort gelandet ist.

3. Vor- und Nachname sagen

Bekannte Personen haben, wenn man von ihnen spricht, nicht nur einen Nachnamen. Man sagt nicht einfach Lennon, Einstein, Lauda, man sagt John Lennon, Albert Einstein und Niki Lauda. Der Vorname ist ein Teil ihrer Persönlichkeit, und mit dem Aussprechen des Vornamens wirken diese Personen persönlicher und stärker.

Der Vorname ist etwas Persönliches, und er drückt Persönlichkeit aus. Für Anrufer werden Sie und Ihre Firma persönlicher und vertrauensvoller, wenn Sie sich mit Vor- und Nachnamen melden. Aus diesem Grund empfehle ich, dass man sich auf jeder Hierarchiestufe mit dem Vor- und Nachnamen meldet.

Farner: Herr Saxer, es ist doch gut, wenn ich meinen Anrufer begrüße, nachdem er seinen Namen gesagt hat? Zum Beispiel so ein richtig freundliches: »Guten Tag, Herr Müller!«

Saxer: Ja, das ist sehr gut, und das können Sie auch sagen, wenn Sie beim Abnehmen des Telefons bereits »Guten Tag« gesagt haben. Es schadet nicht, wenn Sie den Anrufer zweimal begrüßen.

Was verkaufen Sie am Telefon?

Saxer: Was verkaufen Sie am Telefon?

Müller: Ich verkaufe Anzeigen.

Saxer: Sind Sie sicher, dass Sie schon jemals eine Anzeige verkauft haben in Ihrem Leben?

Müller: Ja natürlich, ich habe schon viele Anzeigen verkauft!

Saxer: Sind Sie ganz, ganz sicher?

Müller: Also, ich verkaufe fast jeden Tag Anzeigen.

Saxer: Mhmm, Sie haben gesagt »fast«.

Müller: Ja also, es gibt auch Tage, da verkaufe ich keine Anzeigen. Da läuft nichts.

Saxer: Da läuft nichts. Und wenn ich Ihnen sage, dass Sie noch nie, wirklich noch nie eine Anzeige verkauft haben, und dass kein Mensch auf dieser Welt eine Anzeige braucht, was sagen Sie dann?

Müller: Ja, Sie, dann kann ich ja gleich meinen Job aufgeben.

Saxer: Nein, den dürfen Sie behalten. Denn wenn die Leute eine Anzeige kaufen, kaufen sie nicht die Anzeige, sondern was kaufen die dann? Überlegen Sie mal, was kaufen die dann?

Müller: Mhmm, ja, den Nutzen, den sie aus der Anzeige haben.

Saxer: Wunderbar! Und welcher Nutzen könnten das sein?

Müller: Die wollen mehr Kunden.

Saxer: Also, sie verkaufen keine Anzeigen, Sie verkaufen in dem Fall ...?

Müller: ... mehr Kunden.

Saxer: Richtig! Also, Sie haben in Ihrem Leben schon viele »Kunden« verkauft.

Müller: *(lacht)*

Saxer: Aha, gehen wir noch einen Schritt weiter. Wenn man es genau betrachtet, brauchen die Leute auch keine neuen Kunden. Was brauchen die Leute dann?

Müller: Mhmm, tja, die wollen mehr Gewinne erzielen.

Saxer: Und unter dem Aspekt haben Sie noch nie eine Anzeige verkauft, sondern mehr Kunden und das, was die zusätzlichen Kunden nützen. Wenn Sie in Zukunft noch mehr Anzeigen verkaufen möchten, worüber müssen Sie in Zukunft gezielter reden?

Müller: Ja, vom Nutzen und den Vorteilen, die der Kunde hat, wenn er eine Anzeige schaltet.

Saxer: Richtig, kein Mensch auf dieser Welt braucht eine Dienstleistung oder ein Produkt, sondern immer den Nutzen bzw. die Vorteile davon. Das heißt, wenn wir schneller und gezielter verkaufen wollen, wenn wir einfacher zu Terminen kommen wollen, dann müssen wir konsequent vom Kundennutzen und den Kundenvorteilen sprechen. Und diese auch klar zum Kunden rüberbringen.

Farner: Herr Saxer, können Sie mir einen Schlüssel geben, wie ich die vielen verschiedenen Kundennutzen und Kundenvorteile meines Produkts und meiner Dienstleistung finden kann?

Saxer: Das tue ich gerne.

Wir kaufen nie ein Produkt oder eine Dienstleistung, wir kaufen Profit, Sicherheit, Komfort, Ansehen und Freude.

Die für den Verkauf wichtigen fünf Grundbedürfnisse sind in dem Fall:

- Profit,
- Sicherheit,
- Komfort,
- Ansehen
- und Freude.

Damit Sie herausfinden, wie Ihr Produkt und/oder Ihre Dienstleistung die fünf Grundbedürfnisse bei Ihren Kunden und möglichen Kunden abdeckt, habe ich einen Fragenschlüssel entwickelt. Bei diesem Fragenschlüssel bezieht sich das Wort »Produkt« immer gleichberechtigt auf ein Produkt oder eine Dienstleistung.

Beim Beantworten der folgenden Fragen werden Sie merken, dass Sie viel reicher in der Argumentation werden. Sie werden erleben, dass es noch viele unentdeckte Kundennutzen und Vorteile gibt, die Sie gewinnbringend im Verkauf einsetzen können. Sie werden nicht alle Fragen gleich gut beantworten können – aber neue, gute Argumente finden Sie vielfach bei den schlecht beantwortbaren Fragen.

Die für den Verkauf wichtigen Grundbedürfnisse des Kunden

Man kauft etwas, weil ...

1. Profit: Gewinnstreben, Spartrieb, Zeit gewinnen und Geld einsparen

    a) Wie verdienen Ihre Kunden mit Ihrem Produkt mehr Geld?

    b) Wie nutzt Ihr Kunde seine bestehende Investition besser mit Ihrem Produkt?

    c) Wer zahlt Ihrem Kunden für die Investition in das Produkt noch etwas dazu?

    d) Welche Ausgaben fallen für den Kunden durch das Produkt weg?

    e) Wie spart Ihr Kunde mit Ihrem Produkt Zeit und Geld?

    f) Wie kann Ihr Kunde sich zeitsparend auf Wichtigeres (oder etwas, das er/sie lieber tut) konzentrieren?

2. Sicherheit: **Selbsterhaltung, Gesundheit, Risikofreiheit, Sorgenfreiheit**

a) Wie fühlt sich der Kunde sicherer durch Ihr Produkt?

b) Wie verbessert das Produkt die Gesundheit oder Lebensgrundlage des Kunden?

c) Welche Unannehmlichkeiten vermeidet Ihr Kunde durch die Benützung Ihres Produkts, und welche Sorgen muss er sich nicht mehr machen?

d) Wie sichert Ihr Produkt den Fortbestand des Unternehmens oder der Lebenshaltung Ihres Kunden?

3. Komfort: **Bequemlichkeit, Ästhetik, Schönheitssinn**

a) Wie steigert das Produkt den Komfort und die Bequemlichkeit, und warum fühlt sich Ihr Kunde wohler?

b) Wie macht es das Leben des Kunden schöner und/oder ästhetischer?

c) Wie verbessert Ihr Produkt die Atmosphäre und/oder das Raumklima?

4. Ansehen: **Stolz, Prestige, Anlehnungsbedürfnis, »in« sein, »dabei« sein**

a) Wodurch gewinnt Ihr Kunde dank Ihres Produktes an Ansehen und Prestige?

b) Wo ist Ihr Kunde der Erste/der Einzigartige mit Ihrem Produkt?

c) Bei wem erweckt Ihr Kunde Träume und Anerkennung, wenn er das Produkt hat?

d) Welche Referenz (Herr/Frau/Kunde/Zeitschrift/Sendung) empfiehlt Ihr Produkt an Ihren Kunden weiter?

e) Wie sind Ihre Kunden »in« mit Ihrem Produkt?

f) Zu welcher Gruppe möchte Ihr Kunde auch gehören, bei wem wäre er gerne »dabei«?

5. Freude: **Vergnügen, Großzügigkeit, Schenkungstrieb, Sympathie, Liebe zur Familie**

a) Wie macht Ihr Produkt dem Kunden Spaß und steigert seine Lebensfreude und das Vergnügen?

b) Wie kann Ihr Kunde mit Ihrem Produkt sich selbst etwas Gutes tun?

c) Wie kann Ihr Kunde mit Ihrem Produkt anderen etwas Gutes tun und seine Sympathie und Großzügigkeit zeigen?

d) Wie drückt Ihr Kunde mit dem Produkt seine Liebe zur Familie aus?

Aktuelle Beispiele von formulierten Kundennutzen finden Sie auf meiner Homepage unter http://www.umberto.ch.

Kybernetische Terminvereinbarung

Die Terminvereinbarung ist das, womit viele Verkäufer Schwierigkeiten haben. Deshalb werden wir sie in diesem Buch ausführlich behandeln.

Natürlich müssen nicht nur Verkäufer Termine vereinbaren. Auch für Manager ist das sehr wichtig. Meistens sind es ja die Manager, die auf Großkundenfang gehen. Ein Termin bei einem sehr wichtigen Vertriebspartner oder einem Journalisten einer großen Zeitschrift kann entscheidend für den Erfolg eines Managers sein.

Saxer: Welche Erfahrungen haben Sie bei Terminvereinbarungen mit Neukunden gemacht?

Farner: Das telefonische Vereinbaren von Terminen mit Neukunden ist oft der schwierigste Teil meines Jobs. Das ist eine Arbeit, die ich gerne aufschiebe, und dadurch habe ich immer wieder zu wenige Termine und öfter auch zu wenige Abschlüsse.

Saxer: Was für Erfahrungen haben Sie sonst noch gemacht beim Terminvereinbaren mit Neukunden?

Farner: Ja, es gibt Tage, an denen geht es, manchmal macht es sogar etwas Spaß, und es gibt Tage, da läuft es völlig daneben. Mühe macht mir auch, mit den vielen Ablehnungen und »Neins« umgehen zu können, welche man beim Terminvereinbaren immer wieder erlebt.

Saxer: Mhmm, gut!

Und Sie als Leser dieses Trainingsbuchs, welche Erfahrungen machen Sie selbst oder Ihre Mitarbeiter beim Terminvereinbaren mit Neukunden oder auch wichtigen Personen des Geschäftslebens wie zum Beispiel Journalisten, Investoren usw.?

Meine Erfahrungen zeigen, dass das Terminvereinbaren eines der Hauptprobleme ist. Sobald man den Kontakt zum Gesprächspartner einmal hat und seine Ware, seine Dienstleistungen oder seine Konzepte präsentieren oder vorführen kann, von da an geht es meistens viel, viel besser. Jedes Jahr werden Millionen und Abermillionen von Geschäften in Europa nicht gemacht, weil man immer wieder Gründe findet, um das Telefon nicht in die Hand zu nehmen und keine Termine zu vereinbaren. Das Gleiche gilt auch für den Direktverkauf von Produkten oder Dienstleistungen am Telefon. Also, was können Sie tun, damit Sie und/oder Ihre Mitarbeiter einfacher, besser und mehr Termine vereinbaren?

Farner: Es ist wie bei allem anderen. Ich muss meine Einstellung dazu ändern, und ich muss das Vereinbaren von Terminen planen. Genau gesagt, ich muss eine Zeit fest einplanen, in der ich ungestört dieses Ziel verfolgen kann.

Saxer: Mhmm?

Farner: Wichtig ist, dass wir uns ein Ziel setzen und dessen Erreichung erwarten. Zum Beispiel: Ich vereinbare heute bis 10 Uhr fünf Termine bei Neukunden.

Saxer: Wie Sie gesagt haben, ist es wichtig, dass Sie sich ein Ziel setzen und erwarten, das Ziel zu erreichen. Das ist besser, als wenn man sich vornimmt: Ich telefoniere heute drei Stunden. Sie lassen sich so viel weniger ablenken und arbeiten konsequenter auf das Ziel hin. Wichtig ist auch noch, dass Sie bei Ihrem Gesprächspartner immer den Kundennutzen ansprechen. Die meisten Manager und Verkäufer reden von ihrem Produkt oder ihrer Dienstleistung, wenn sie einen Termin vereinbaren wollen. Dabei vergessen sie, dass kein Mensch auf dieser Welt ein Produkt oder eine Dienstleistung braucht.
Also, sprechen Sie konsequent Kundennutzen an – und Sie werden erleben, dass Ihre Gesprächspartner offene Türen und offene Ohren für Sie haben!
Auch ist es wichtig, dass Sie in guter gegenseitiger Stimmung bis sieben Einwände/Vorwände überwinden. Was heißt das, bis sieben Einwände/Vorwände überwinden?

Tanner: Umberto, ganz einfach, dass ich nicht aufgebe, wenn der Kunde mich abwimmeln möchte.

Saxer: Das ist richtig! Die meisten Leute lassen sich bereits nach dem ersten oder zweiten Vorwand/Einwand abwimmeln.

Einmal pro Jahr ruft mich seit Jahren immer wieder der gleiche Weinverkäufer an. Mit einem starken französischen Akzent sagt er jedes Mal: »Wir haben sehr gute französische Weine, ich bin nächste Woche gerade in Ihrer Gegend, und ich würde gerne mit Ihnen einen Termin vereinbaren, damit Sie unsere Weine degustieren können.«

Wie einfallslos und langweilig – der Weinverkäufer spricht nur von seinem Produkt und nicht davon, was es mir bringt und was ich erleben werde, wenn ich seine Weine degustiere. Darum sage ich auch seit Jahren: »Sie, mein Weinkeller ist voll!« Worauf er sagt: »Oh, das ist schade, darf ich Sie in einem Jahr wieder anrufen?« Und ich sage: »Tun Sie das.«

Und so hat der Weinverkäufer wieder einen Kunden mehr, den er auf seiner Liste abhaken kann und einen Grund mehr, zu erzählen, dass es heutzutage sehr schwer ist, Termine zu vereinbaren, um Weine zu verkaufen. – Das ist doch Unsinn. Gibt es einen Keller, der so voll ist, dass nicht noch ein paar Flaschen guter vollmundiger Wein für schöne Gelegenheiten und erholsame Stunden Platz haben?

Der Weinverkäufer hat zwei entscheidende Fehler gemacht. Erstens hat er mir keinen Kundennutzen erzählt und zweitens hat er beim ersten Vorwand/Einwand bereits aufgegeben! Und mit diesem stümperhaften Verhalten steht er nicht alleine da: 90% aller Verkäufer und Manager sind kaum besser! Es ist keine Schande, wenn Sie und/oder Ihre Mitarbeiter es bis jetzt noch nicht besser gemacht haben, eine Schande ist es nur, wenn Sie und/oder Ihre Mitarbeiter es ab nun nicht besser machen!

Sprechen Sie gezielt vom Kundennutzen (Profit, Sicherheit, Komfort, Ansehen und Freude), und Sie werden viel, viel, viel weniger Widerstände am Telefon haben. Ein Trainingsteilnehmer hat mich kürzlich angerufen und gesagt: »Umberto, wenn ich deine kybernetische Methode anwende, habe ich kaum noch Widerstände beim Terminieren. Jüngst habe ich am Abend zu meiner Frau gesagt: ›Schatz, ich darf die Kundennutzen nicht mehr so in den Vordergrund stellen, sonst verlerne ich noch, Einwände/Vorwände zu behandeln.‹«

Auch wenn Sie zukünftig mit Hilfe dieses Trainingsbuches viel weniger Einwände/Vorwände am Telefon haben, ist es trotzdem besser, wenn Sie sie richtig behandeln.

Saxer: Warum bin ich der Meinung, dass Sie in guter gegenseitiger Stimmung bis sieben Einwände/Vorwände überwinden sollen?

Tanner: Umberto, so lerne ich, dass ich nicht sofort aufgebe. Und ich werde auch viel kreativer, denn ich muss mir einiges einfallen lassen, damit ich bis sieben Einwände/Vorwände in guter gegenseitiger Stimmung überwinde.

Saxer: Mhmm, gut.

Farner: Ich werde mit Sicherheit mutiger, zielstrebiger, mehr Termine vereinbaren, mehr verkaufen, mehr Ideen durchsetzen und viel mehr Selbstvertrauen bekommen.

Saxer: Wie werden mehr Geschäfte verloren – indem Sie mutig sind und bis sieben Einwände/Vorwände überwinden oder indem Sie sich wenig zutrauen und schnell aufgeben?

Müller: Genau – indem ich mir zu wenig zutraue.

Saxer: Und wie lernen Sie mehr?

Müller: Klar, wenn ich mutig bin, mache ich viel mehr Erfahrungen und weiß mit der Zeit immer besser, wie weit ich gehen darf. Ich habe es begriffen, ich bin nicht mehr aufzuhalten, ich werde zukünftig in guter gegenseitiger Stimmung bis sieben Einwände/Vorwände überwinden!

Saxer: Sehr gut, die Kunst besteht dann darin, das so zu tun, dass sich Ihr Gesprächspartner nicht belästigt fühlt und bedrängt wird.

Ein guter Manager, Verkäufer, Geschäftsmann oder auch ein einfacher Angestellter sollte überall, wo er hingeht, von seiner Firma, seinem Produkt, seiner Dienstleistung, seinen Ideen und Konzepten sprechen, wenn sich die Gelegenheit dazu bietet und es angebracht ist. Natürlich laufen Sie auch einmal Gefahr, dass dies jemandem in den falschen Hals kommt. Bedenken Sie, dass dieser Schaden in der Regel um Welten kleiner ist, als wenn Sie den Nutzen Ihrer Möglichkeiten nicht anbieten. Wenn Sie etwas gar nicht anbieten, ist Ihnen ein Nein meistens sicher, wenn Sie es jedoch von der Formulierung und Betonung her richtig anbieten, haben Sie eine große Chance für ein Ja.

Saxer: Ich möchte noch einmal zurückkommen auf die Einstellung. Wir haben vorher durchgenommen, dass Sie mit der richtigen Einstellung einfacher und mehr Termine machen können. Was heißt das, die richtige Einstellung?

Müller: Ganz einfach! Dass man nicht immer sagt: »Telefonieren ist schwer«, »Das kann ich nicht«, »Das liegt mir nicht«, »Das mache ich nicht gern«, »Das ist unerwünscht« usw.

Saxer: Das betrifft alle, die das lesen und jetzt bei mir im Training sind: Haben Sie selbst schon gesagt, dass man das Terminieren bei Neukunden nicht gerne macht, oder dass es einem nicht liegt, oder dass es einem schwer fällt? Wie oft haben Sie solche Aussagen schon bei Kollegen oder Mitarbeitern gehört? Welche Saat wird im Unterbewusstsein mit solchen Aussagen gesetzt? Wenn Sie sagen: »Das fällt mir schwer!« – fällt es Ihnen dann leichter? Oder wenn Sie sagen: »Das liegt mir nicht!« – liegt es Ihnen dann besser? Was beweisen Sie sich, wenn Sie sich sagen: »Es liegt mir nicht«?
Ja, ganz einfach: dass es Ihnen nicht liegt! Möchten Sie das? Ist das sinnvoll? Möchten Sie sich so durch den ganzen Tag und durch Ihr Leben durchkämpfen? Denn egal was Sie sagen – zum Beispiel »Ich kann«/«Ich kann nicht« –, es ist wie eine sich selbst erfüllende Prophezeiung. Sie werden sich laufend beweisen, dass Ihre Aussage richtig ist, dass Sie Recht haben.

Möchten Sie eine Einstellung bekommen, die Ihnen hilft, einfacher zu terminieren? Wenn ja, dann sprechen Sie jetzt diesen Text:

- »Ich kann lernen und lerne jetzt, gut und erfolgreich Termine zu vereinbaren, und ich werde jeden Tag besser und besser.«

- »Ich kann lernen und lerne jetzt, diese Tätigkeit gezielt durchzuführen und erwarte, dass ich meine Ziele erreiche.«
- »Ich kann lernen und lerne jetzt, dass ich konsequent den Kundennutzen anspreche.«
- »Ich kann lernen und lerne jetzt, dass ich ruhig und ungestört arbeiten kann.«
- »Ich kann lernen und lerne jetzt, dass ich meine Ziele beharrlich verfolge.«
- »Ich kann lernen und lerne jetzt, dass ich nicht mehr aufzuhalten bin, bis ich die Termine habe.«
- »Ich kann lernen und lerne jetzt, dass ich aus Absagen Kraft schöpfe, und ich nehme nur das Schöne persönlich.«
- »Ich kann lernen und lerne jetzt, dass ich in guter gegenseitiger Stimmung bis sieben Einwände/Vorwände überwinde.«
- »Ich kann lernen und lerne jetzt, begeistert und motiviert zu telefonieren oder tue am Telefon so, als ob ich es wäre.«

Farner: Ich habe noch eine Frage: Was ist der Sinn des Satzes: »Ich kann lernen und lerne jetzt, begeistert und motiviert zu telefonieren oder tue am Telefon so, als ob ich es wäre«?

Saxer: Begeisterung, Freundlichkeit und Motivation stecken an. Wenn Sie so tun, als ob Sie es wären, werden Sie sehr schnell von sich selbst positiv beeinflusst und zusätzlich noch von Ihren Gesprächspartnern. So einfach ist das.

Menschen tun häufig genau das Gegenteil und sprechen oft schlecht mit sich selbst. Zum Beispiel: »Das kann ich nicht, in dem bin ich nicht so begabt, das ist halt nicht meine Stärke, ich bin halt nicht so begabt, das liegt mir nicht, das mache ich nicht gerne« etc. Dabei vergessen diese Menschen, dass das Unterbewusstsein immer mithört. Sie nehmen dann die Welt so wahr, dass sie sich beweisen können, dass sie Recht haben. Dies ist ein ewiger Teufelskreis, aus dem jeder ausbrechen kann, sofern er möchte und sich anstrengt.

Checkliste erstellen

Wenn Sie Termine vereinbaren wollen, dann ist die Überlegung notwendig, warum Sie den Termin haben möchten. Und Sie brauchen Alternativen, falls der Kunde nicht interessiert ist.

Wenn Sie zum Beispiel gerne mit jemandem ausgehen würden und diese Person zu einem Kinobesuch einladen, die betreffende Person jedoch keine Lust dazu hat, dann sind Sie gut beraten, wenn Sie Alternativen zum Kinobesuch vorschlagen können. Wenn Sie sich diese Alternativen nicht schon vorher überlegt haben, ist die Gefahr groß, dass genau in dem Moment, in dem Ihnen etwas Neues einfallen sollte, Ihnen die Ideen fehlen.

Widmer: Ein Kollege von mir verkauft Versicherungen. Was soll er alles auf die Checkliste schreiben, wenn er wegen einer Autoversicherung einen Termin haben möchte?

Saxer: Zuerst steht auf der Checkliste:

- Autoversicherung

Dann zum Beispiel:

- Sachversicherungen
- Krankenkasse
- Gesamtberatung, um Über- und Unterversicherungen auszumerzen und um Prämien und Steuern einzusparen
- Kapitalanlagen
- frühzeitige Pensionierung
- finanzielle Lebensplanung
- Ziel, eigenes Geschäft zu gründen
- Ziel, Eigenheimbesitzer zu werden
- steuerbegünstigter Sparplan für die Ehefrau
- Ausbildung der Kinder etc.

Je nachdem, wie sich jemand spezialisiert, können noch einige Punkte verändert werden.

Widmer: Das sind doch viel zu viele Punkte, alle kann man da doch nicht durchgehen.

Saxer: Es geht nicht darum, dass Sie alle durchgehen. Es geht darum, dass Sie im entscheidenden Moment passende Alternativen anzubieten haben. Eine individuelle Checkliste hilft Ihnen, dass Sie nicht sprachlos sind, sondern dass Sie ganz natürlich im Gespräch zum nächsten Punkt gehen können.

Kern: Umberto, soll ich nicht mit einer Einwandbehandlung versuchen, den Kunden umzustimmen, statt ihm Alternativen vorzuschlagen?

Saxer: Es kommt auf den Fall an. Manchmal ist es besser, wenn Sie Alternativen vorschlagen und manchmal ist es besser, wenn Sie in die Einwandbehandlung gehen, die wir übrigens in diesem Buch noch sehr ausführlich behandeln werden. Wenn Sie beides vorbereitet haben und Sie beides beherrschen, dann merken Sie, dass Sie automatisch das Richtige tun. Das ist dann angewandte Verkaufskybernetik.

Müller: Wie soll ich das Gespräch eröffnen, und wie soll ich meine Kunden auf die einzelnen Punkte meiner Checkliste ansprechen?

Saxer: Das behandeln wir in den folgenden Kapiteln gleich.

Kybernetische Gesprächseröffnungen

Wie erreichen Sie die richtige Person in einer Firma? Wie begrüßen Sie sie? Wie stellen Sie sich vor? Und wie eröffnen Sie das Gespräch geschickt?

Ich habe für Sie ein einfaches Neun-Punkte-Schema aufgestellt.

Wenn das Telefon an der Hauszentrale abgenommen wird und Sie fragen, wer für XY zuständig ist, habe ich die Erfahrung gemacht, dass Sie gleich durchgestellt werden, bevor Sie wissen, wie diese Person heißt. Damit das nicht passiert, halte ich mich an folgende Punkte:

Punkt 1: Die magische Frage

»Würden Sie mir bitte einen kleinen Gefallen tun?« Diese Frage wirkt oft Wunder, und jetzt wird Ihnen viel aufmerksamer zugehört!

Punkt 2: Zu schnelles Durchstellen verhindern

»Bevor Sie mich durchstellen, würde ich gerne den Namen der zuständigen Person für XY wissen.« – »Das ist Herr Demuth.«

Sie können jetzt auch nach dem Vornamen fragen: »Damit ich Herrn Demuth richtig anschreiben kann, würden Sie mir sagen, wie er mit Vornamen heißt?« Meistens erhalten Sie jetzt den Vornamen.

Punkt 3: Für Mutige – Infos sammeln

Information bedeutet bekanntlich Macht. Ich habe die Erfahrung gemacht, dass Sie sehr gut nach weiteren Informationen fragen können, wie zum Beispiel die genaue Funktion, Name des Stellvertreters und der Sekretärin oder welche Tochtergesellschaften die Firma hat. Dank der

Informationen, die Sie bereits von der Zentrale erhalten, können Sie die betreffende Person konkreter auf den Kundennutzen ansprechen. Diese Person gibt Ihnen dann auch viel lieber den Termin, weil sie einen Sinn sieht, hört und spürt. So können alle profitieren.

Es ist nur etwas Mut und entsprechende Vorbereitung nötig, um nach den gewünschten Informationen zu fragen. Im schlechtesten Fall sind Sie gleich weit, als hätten Sie gar nicht danach gefragt!

Manchmal werden Sie an verschiedene Menschen weiterverbunden, bis Sie am richtigen Ort sind. Oft lohnt es sich, wenn Sie diese auch noch nach Informationen fragen. Machen Sie sich darum schon vor dem Anruf Gedanken, was Sie alles wissen möchten und von welchen Personen Sie diese Informationen am einfachsten erhalten könnten. Arbeiten Sie unbedingt mit Checklisten.

Punkt 4: Verbinden lassen

Jetzt können Sie sich verbinden lassen, oder Sie bitten um die Durchwahlnummer, wenn Sie sich anhand neuer Informationen noch einmal vorbereiten möchten.

Punkt 5: Die Sekretärin – was tun, falls zuerst die Sekretärin an den Apparat kommt?

a) Der einfache Weg:

   Sie möchten zum Beispiel Herrn Randon an den Apparat bekommen. Wenn Sie den Vornamen von Herrn Randon wissen, werden Sie vielfach gleich verbunden. Zum Beispiel: »Guten Tag, ich hätte gerne Herrn Matthias Randon gesprochen.« Oder: »Guten Tag, würden Sie mich bitte mit Herrn Matthias Randon verbinden?« Achten Sie unbedingt darauf, dass Sie der Sekretärin den Vor- und Nachnamen des gewünschten Gesprächspartners sagen. So werden Sie sicherer und schneller verbunden.

b) Der etwas längere Weg – die Sekretärin fragt, um was es geht:

Anstelle einer Antwort können Sie jetzt eine Gegenfrage in einem leicht erstaunten Ton stellen. Zum Beispiel: »Ist Herr Randon nicht da?« Wenn er da ist, werden Sie mehrheitlich durchgestellt. Wenn er nicht da ist, fragen Sie einfach, wann er erreichbar ist, und rufen Sie wieder an.

Farner: In der Schule haben wir gelernt, dass es unhöflich ist, mit Gegenfragen zu antworten.

Saxer: Das ist richtig, es ist für einzelne Lehrer sehr viel bequemer, wenn ihre Schüler keine Gegenfragen stellen. Die Schüler, die dann diesen Quatsch auch glauben, werden mit Sicherheit weniger Erfolg in ihrem Leben haben. Wenn Sie Gegenfragen im richtigen Moment mit der richtigen Betonung einsetzen, dann sind Sie für die betreffende Person angenehm. Wenn Sie im vorigen Fall die Sekretärin in einem leicht erstaunten Ton fragen: »Ist Herr Randon nicht da?«, wird Sie Ihnen Antwort auf Ihre Frage geben und normalerweise vergessen, was Sie wollte.

c) Die Sekretärin möchte wirklich wissen, um was es geht:

Oft herrscht die Meinung, dass man der Sekretärin besser nicht sagt, um was es geht. Das ist natürlich reiner Blödsinn. Sie werden Ihr Ziel viel schneller erreichen, wenn Sie die Sekretärin zu Ihrer Verbündeten machen. Jetzt ist es wichtig, dass Sie die Sekretärin genau gleich behandeln, wie die Person, die Sie erreichen möchten.
Also, sagen Sie ihr, um was es geht, und sagen Sie auch, was ihr Chef, die Firma und sie selbst für Vorteile haben, wenn sie Sie durchstellt. Die Sekretärin muss das Gefühl, das Gehör und die Vorstellung bekommen, dass es sich für alle Beteiligten unbedingt lohnt, wenn Sie mit ihrem Chef sprechen. Eine gute Sekretärin hat die Aufgabe, Anrufe, die ihrem Chef und der Firma nützen könnten, durchzustellen. Also, sagen Sie der Sekretärin, um was es geht, und betonen Sie den Nutzen – und sie wird erfahrungsgemäß zu Ihrer Verbündeten und Ihnen weiterhelfen:

- Sie werden durchgestellt.
- Sie sagt Ihnen, wann Sie die Person erreichen können.
- Sie gibt Ihnen die Durchwahlnummer.
- Sie setzt sich dafür ein, dass Sie zurückgerufen werden.
- Sie gibt Ihnen Informationen.

Etc.

Punkt 6: Begrüßen, kurz vorstellen, anreden und genauer vorstellen

Sie sind jetzt durchgestellt worden und Herr Matthias Randon nimmt das Telefon ab. Vermutlich wird er sich einfach mit »Randon!« melden. Jetzt ist es wichtig, dass Sie Herrn Randon begrüßen, sich nur mit Ihrem Nachnamen vorstellen und danach fragen, ob Herr Matthias Randon persönlich am Apparat ist.

Saxer: Wie wirkt das auf Ihren Gesprächspartner, wenn Sie sagen: »Herr Matthias Randon?« Oder: »Spreche ich mit Herrn Matthias Randon persönlich?« Oder: »Spreche ich mit Herrn Matthias Randon selbst?«

Farner: Sehr gut, der Gesprächspartner fühlt sich gleich angesprochen und wichtig genommen. Nach dem »persönlich« höre ich durch den Telefonhörer förmlich, wie sich der Gesprächspartner gerade aufrichtet und gespannt ist, was jetzt kommt.
Für mich ist es auch noch einmal eine Kontrolle, ob ich den richtigen Gesprächspartner am Telefon habe. Und ich hebe mich wohltuend von anderen Anrufern ab.

Saxer: Mhmm.

Müller: Mir wurde aber beigebracht, dass man sich zuerst genau vorstellen muss.

Saxer: Solange Ihr Gesprächspartner keinen Nutzen von Ihnen hört, sieht oder spürt, ist er an Ihnen nicht interessiert! Wir wissen ja, die ersten Sekunden zählen. Und darum ist es wichtig, dass man in den ersten Sekunden nicht von sich spricht, sondern in erster Linie von seinem Gesprächspartner.

Punkt 7: Genauer vorstellen

Ich und meine Trainingsteilnehmer haben in Tausenden von Anrufen durchwegs positive Erfahrungen mit dieser Anrede gemacht. Herr Randon wird jetzt, nachdem Sie ihn gefragt haben, ob er persönlich am Apparat ist, in etwa sagen: »Ja, um was geht's?«

Jetzt, und erst jetzt, ist der Zeitpunkt günstig, um sich genauer vorzustellen (sofern Sie dies möchten). Achten Sie darauf, dass Sie sich selbst aufwerten, wenn Sie sich vorstellen. Zum Beispiel, dass Sie nicht einfach sagen: »Hier ist Hans Müller, ich bin Versicherungsberater von der Firma X«, sondern dass Sie sagen: »Mein Name ist Hans Müller, ich bin Spezialist für Steuereinsparungen im Zusammenhang mit Versicherungen bei der Firma X«.

Ich habe nur eine Chance, um einen guten ersten Eindruck zu machen. Deshalb ist es wichtig, dass wir in diesem Moment keine falsche Bescheidenheit vorlegen.

Punkt 8: Zuständigkeit abklären

Am besten hat sich bewährt, wenn Sie sich auf jemanden beziehen können. Wenn Sie zum Beispiel von der Telefonistin an der Zentrale erfahren haben, dass Herr Matthias Randon die zuständige Person für Abfallentsorgung ist und Sie den Namen der Telefonistin erfahren haben, dann ist es viel besser, wenn Sie sich auf sie beziehen. Zum Beispiel so: »Herr Randon, Frau Meier von der Zentrale hat mir gesagt, dass Sie zuständig sind für die Abfallentsorgung. Ist das richtig?«

Farner: Aber was bringt das, wenn ich mich auf eine unbedeutende Person beziehe in der Firma?

Saxer: Erstens möchte ich darauf hinweisen, dass eine Telefonistin sehr bedeutend für eine Firma ist, und zweitens spielt es gar keine Rolle, auf wen Sie sich beziehen. Jede Person, die Ihr gewünschter Gesprächspartner kennt, wirkt vertrauensvoll, wenn Sie sich auf diese beziehen. Es ist also besser, wenn Sie sich auf jemanden beziehen – egal, welche Position er hat –, als wenn Sie dies nicht tun. Wenn Sie sich auf jemanden beziehen können, sagen Sie: »Frau Möller hat gesagt, dass Sie der zuständige Mann oder die zuständige Frau für XY sind, ist das richtig?« Wenn Sie sich auf niemanden beziehen können, sagen Sie: »Sind Sie zuständig für XY?« oder: »Sie sind zuständig für XY?«

Punkt 9: Termin vereinbaren – Sagen Sie Wirklichkeiten, um was es geht, Kundennutzen und Terminvorschlag

Anstelle der Terminvereinbarung kann auch etwas verkauft werden!

Nutzen Sie jetzt Ihre Chance!

Gewinnen Sie das Vertrauen Ihres Gesprächspartners indem Sie ein bis vier unbestreitbare Wirklichkeiten äußern oder danach fragen. Dies sind Dinge, bei denen Sie wissen, dass Sie auf Ihren Gesprächspartner zutreffen und dass Sie ein ausgesprochenes oder gedankliches Ja bekommen werden. Mit Punkt 6 (»Spreche ich mit Hans Beispiel persönlich«) und Punkt 8 (»Frau Muster hat mir gesagt, dass Sie der zuständige Beispielsleiter sind, ist das richtig?«) haben wir bereits zwei Wirklichkeiten ausgesprochen, die bejaht werden. Wenn Sie noch mehr Vertrauen Ihres Gesprächspartners brauchen, dann äußern Sie weitere Wirklichkeiten oder fragen danach.

Zum Beispiel:

- »Sie sind Unternehmer, und bei Ihnen wird vermutlich tagtäglich viel Abfall anfallen. Dieser Abfall kostet einiges an Geld, ist das richtig?«

(Anstelle der Frage »Ist das richtig?«, können Sie auch gleich Ihr Anliegen vortragen. Es reicht, wenn Ihr Kunde die unbestreitbaren Dinge gedanklich bejaht.)

- »Sie haben vermutlich einige Versicherungen und fragen sich vielleicht manchmal auch: ›Sind so viele Versicherungen überhaupt nötig und kann ich diese nicht preiswerter haben?‹ In diesem Zusammenhang gibt es ...« *(Sie können vom Unbestreitbaren zum leicht Bestreitbaren nahtlos hinübergehen und danach ohne Pause die Nutzen formulieren und den Terminvorschlag machen.)*
- »Jeder Ihrer Monteure hat vermutlich eine Bohrmaschine im Einsatz. Ist das so?«
- »Sie haben vor zwei Wochen ein Angebot für einen Hubstapler von uns verlangt, letzte Woche haben Sie dieses Angebot erhalten. Nun geht es darum, dass ...«
- »Sie haben vermutlich einiges an Kopierern und Druckern bei Ihnen in der Firma stehen. Für Abschreibungen, Neuanschaffungen und Unterhalt wird, nehme ich mal an, einiges an Kosten zusammenkommen. In diesem Zusammenhang gibt es ...« *(Sie können diese Aussage auch mit einer Kontrollfrage abschließen, zum Beispiel: »Ist das richtig?«.)*
- »Sie haben eine Schreinerei, und ich gehe davon aus, dass Sie den leicht härteren Wind im Markt auch fühlen und dass Sie heutzutage manchmal mehr um die Aufträge kämpfen müssen. Stellen Sie dies auch ab und zu fest?«

Nachdem Ihr Gesprächspartner ein bis vier Wirklichkeiten gedanklich oder sprachlich bejaht hat, sagen Sie ihm, *um was es geht* und was es ihm nützt, wenn er mit Ihnen einen Termin vereinbart.

Saxer: Damit Sie das richtig sagen: Haben Sie die Kundennutzen Ihrer Produkte und/oder Ihrer Dienstleistungen nach den Kriterien Profit, Sicherheit, Komfort, Ansehen und Freude bereits aufgeschrieben?

Farner: Herr Saxer, ich habe es bereits gemacht, und ich möchte Ihnen sagen, ich bin zu ganz neuen Erkenntnissen gekommen. Ich habe gar nicht gewusst, wie viele Nutzen meine Produkte bzw. meine Dienstleistungen für meine Kunden haben. Ich habe massenweise neue Argumente gefunden.

Saxer: Bravo! Somit haben Sie sich ideale Voraussetzungen geschaffen. Da es ganz verschiedene Kunden, ganz verschiedene Kundennutzen und ganz verschiedene Branchen gibt, habe ich den Punkt neun siebenmal unterteilt in 9a, b, c, d, e, f und g. Sie erhalten so ganz individuelle Möglichkeiten, wie Sie den Kundennutzen Ihren Kunden bzw. Gesprächspartnern vermitteln können.

Müller: Herr Saxer, Sie sind ein Meister des Telefonierens, und ich weiß, dass Sie dies auch immer wieder bei öffentlichen Trainingsveranstaltungen anhand von Rollenspielen trainieren, bis es den Trainingsteilnehmern in Fleisch und Blut gegangen ist und sie dadurch wesentlich einfacher terminieren. Damit ich einen ersten Eindruck von diesen verschiedenen Möglichkeiten bekomme, bitte ich Sie, mir jeden Punkt von 9a bis 9g ganz kurz vorzuführen.

Saxer: Das mache ich gern.

Punkt 9a: Direkt Kundennutzen vermitteln

Ausgangslage: Ich verkaufe Systeme zur Reduktion von Abfallkosten und möchte diese der zuständigen Person vorstellen.

Saxer: Sie sind Unternehmer, und bei Ihnen wird vermutlich auch tagtäglich viel Abfall anfallen, ist das so?

Müller: Ja, sicher.

Saxer: Dieser Abfall kostet einiges an Geld. In diesem Zusammenhang gibt es neue Möglichkeiten, wie Sie Ihren Abfallberg reduzieren und den restlichen Abfall auf eine einfache Art und Weise kostengünstig und sehr umweltgerecht entsorgen können. Das führt dazu, dass das Ansehen Ihrer Firma steigt und sehr viele Kosten, Platz und Zeit pro Jahr eingespart werden. Damit Sie sich selbst überzeugen können, was es Ihnen und der Firma bringt, schlage ich Ihnen vor, dass wir uns am Montag, 22. Mai, um 14 Uhr oder am Mittwoch, 7. Juni, um 17 Uhr treffen. Was passt Ihnen besser?

Punkt 9b: Direkt mit Kontrollfrage

Bei dieser kybernetischen Methode kann ich nach demselben Prinzip vorgehen, außer, dass ich am Schluss anstatt eines Terminvorschlages eine Kontrollfrage stelle und danach den Termin vorschlage.

Saxer: In Ihrer Firma haben Sie vermutlich viele Computer und Computerprogramme im Einsatz, ich nehme an dass Sie auch Mitarbeiter haben, die die Möglichkeiten der EDV noch nicht ausschöpfen. Ist das so?

Hauser: Ja, obwohl wir laufend etwas dafür tun.

Saxer: In diesem Zusammenhang rufe ich an. Wir haben ein Schulungskonzept, welches Ihre Mitarbeiter motiviert, ihre EDV-Möglichkeiten zuverlässig auszunutzen. Dadurch werden auf der einen Seite Unsicherheit, Angst und Fehler abgebaut, und auf der anderen Seite resultieren Zeiteinsparungen, mehr Effizienz, Kompetenz und Gewinn. Ich gehe davon aus, dass Sie als Unternehmer grundsätzlich an diesen Verbesserungen interessiert sind. Schätze ich Sie da richtig ein?

Hauser: Grundsätzlich schon.

Saxer: Genau darum rufe ich an. Damit Sie dieses Schulungskonzept unverbindlich prüfen können, würde ich mit Ihnen gerne einen Termin am Montag,

22. Mai, um 14 Uhr oder am Mittwoch, 7. Juni, um 17 Uhr vereinbaren. Welches Datum ziehen Sie vor?

Punkt 9c: Durch Darstellung der Problematik zur Terminvereinbarung

Für dieses Beispiel nehme ich die Versicherungsbranche.

Saxer: Sie haben vermutlich einige Versicherungen.

Klein: Ja, viel zu viele.

Saxer: Frau Klein, haben Sie auch schon den Eindruck bekommen, dass das Versicherungswesen kompliziert und unübersichtlich ist und Sie zu viel Versicherungsprämie bezahlen?

Klein: Ja klar!

Saxer: Im Zusammenhang mit den Versicherungen, die Sie bereits haben, gibt es in der heutigen Marktsituation neue Möglichkeiten, wie das Versicherungswesen für Sie einfach und übersichtlich wird und Sie einiges an Steuern und Prämien einsparen können. Am Montag, 18. Mai oder am Mittwoch, 20. Mai können wir uns zusammensetzen, damit Sie dies ganz unverbindlich prüfen können. Wann passt es Ihnen besser?

Punkt 9d: Bezug auf andere und Vorteil-Nutzen-Aufzählung

Ausgangslage: Als Finanzberater möchte ich vermögende Kunden für einen Termin gewinnen.

Saxer: Herr Ottiger, Sie werden vermutlich manchmal von Finanzberatern kontaktiert, die Ihnen etwas verkaufen möchten.

Ottiger: Da kann ich ein Lied davon singen.

Saxer: Kennen Sie das, dass es manchmal schwierig ist, die guten herauszufinden?

Ottiger: Ja.

Saxer: Die Zeitung »Finanz und Wirtschaft« hat alle größeren Finanzinstitute geprüft. Bei dieser Prüfung hat unser Institut besonders gut abgeschnitten. Speziell wurden wir positiv erwähnt bei der Vermögensvermehrung, bei der Vermögenssicherung und bei der Bequemlichkeit der Auftragsabwicklung. Und dass es Freude macht, bei uns Geld anzulegen. Sind das für Sie auch wichtige Argumente, Herr Ottiger?

Ottiger: Ja, selbstverständlich!

Saxer: Gut, damit ich Ihnen Ihre Möglichkeiten aufzeigen kann, lade ich Sie, Herr Ottiger, gerne zu einem persönlichen Gespräch ein, damit Sie dies prüfen können. Wann würde es nächste oder übernächste Woche tagsüber einmal passen?

Punkt 9e: Die Darf-ich-fragen-Technik

Ausgangslage: Ich verkaufe Plasmaschneider und möchte keine unnötigen Termine vereinbaren. Ich gebe Ihnen hier drei Varianten für einen Gesprächseinstieg, die sich nur leicht unterscheiden:

Saxer: *(Variante 1)* Als Unternehmer im Stahlbau bearbeiten Sie Bleche in verschiedenen Materialstärken. Wir vertreiben Plasmaschneider der neuesten Generation, und möglicherweise können Sie mit den Möglichkeiten, die diese Geräte bieten, zukünftig enorm Zeit und Geld einsparen. Nur sind diese Geräte nicht für jeden Betrieb geeignet. Wenn Sie mir drei bis vier Fragen beantworten, können Sie und ich feststellen, ob Sie von den Möglichkeiten, die diese Geräte bieten, enorm profitieren können oder nicht. Ist es O. K., wenn ich Ihnen drei bis vier Fragen stelle?

Saxer: *(Variante 2)* Als Unternehmer im Stahlbau bearbeiten

Sie Bleche in verschiedenen Materialstärken. Möglicherweise – dies ist jedoch nicht sicher – können Sie in diesem Zusammenhang enorm Zeit und Geld einsparen. Wenn Sie mir erlauben, Ihnen drei bis vier Fragen zu stellen, dann können Sie sofort feststellen, ob auch Ihr Betrieb enorm Zeit und Geld einsparen kann. Darf ich Ihnen drei bis vier Fragen im Zusammenhang mit Blechbearbeitung stellen?

Saxer: *(Variante 3)* Als Unternehmer im Stahlbau schneiden Sie immer wieder aus Blechen Formen raus. Bei diesem Arbeitsprozess gibt es Möglichkeiten, wie man das wesentlich einfacher, viel schneller und mit weniger Nachbearbeitung machen kann. Dies führt zu enormen Geld- und Zeiteinsparungen. Jetzt sind diese Geräte, es sind Plasmaschneider der neuesten Generation, nicht für jeden Betrieb geeignet. Wenn Sie mir drei bis vier Fragen beantworten, können Sie und ich feststellen, ob diese Geräte für Ihren Betrieb geeignet sind und Sie davon profitieren können oder nicht. Ist es O. K., wenn ich Ihnen drei bis vier Fragen stelle?

Plüss: Ja, wenn Sie nicht zu lange machen.

Saxer: Mhmm – welche Blech-Materialstärken bearbeiten Sie regelmäßig?

Plüss: Ein bis drei Millimeter am häufigsten, manchmal auch bis 20 Millimeter.

Saxer: Mhmm – wie schneiden Sie jetzt Formen aus dem Material raus?

Plüss: Mit der Schere oder mit dem Schneidbrenner.

Saxer: So machen es heute noch viele Betriebe. Wie oft bearbeitet Ihr Betrieb Bleche mit dem Schneidbrenner oder mit der Schere durchschnittlich pro Tag oder pro Woche?

Plüss: Das kommt tagtäglich mehrmals vor.

Saxer: In Ihrem Fall lohnt es sich sehr, zukünftig mit Plasmaschneidern zu arbeiten. Wie viel Geld und Zeit Sie zukünftig einsparen können, möchte ich Ihnen bei einer persönlichen Vorführung zeigen. Damit Sie dies unverbindlich prüfen können, wie passt Ihnen der Freitag, 12. August, um 8 Uhr?

Punkt 9f: Richtiges Vorgehen bei Weiterempfehlungsadressen

Ausgangslage: Ich bin Gartenbauer und rufe einen Einfamilienhausbesitzer an. Ziel: Ich möchte seinen Garten umgestalten.

Saxer: Herr Erich Koller hat mich an Sie weiterempfohlen. Ich soll einen herzlichen Gruß von ihm ausrichten.

Eicher: Oh, das freut mich, richten Sie ihm auch einen herzlichen Gruß aus.

Saxer: Herr Koller hat mir gesagt, dass Sie jemand sind, der Freude an seinem Garten hat und offen ist für Ideen, wie man aus seinem Garten noch mehr machen kann. Ist das so?

Eicher: Ja, das stimmt, ich habe sehr viel Freude an meinem Garten.

Saxer: Gut, dann lohnt es sich ja, wenn wir Ideen besprechen, wie Ihr Garten Ihnen noch mehr Vergnügen bereiten kann. Wann sind Sie und Ihre Frau nächste Woche zu Hause?

Punkt 9g: Termine vereinbaren bei meinen bestehenden Kunden

Ausgangslage: Ich bin in der Werbebranche und möchte mit einem Kunden, der schon seit drei Jahren nicht mehr mit mir zusammengearbeitet hat, einen Termin vereinbaren. Ich sage also:

Saxer: Vor drei Jahren haben wir das Werbekonzept »Bambi« zusammen entwickelt. Gemeinsam haben wir Wege gefunden, die Kunden und Neukunden motiviert haben, bei Ihnen anzurufen. In diesem Zusammenhang möchte ich Ihnen ein paar neue Erkenntnisse und Ideen aufzeigen, die Ihnen helfen, dass Sie zukünftig von noch mehr Leuten angerufen werden, die Interesse an Ihren Produkten haben. Damit Sie dies prüfen können, schlage ich Ihnen einen Gesprächstermin ab übernächster Woche vor. Wann würde es Ihnen passen?

Farner: Herr Saxer, haben Sie nicht etwas zu ideale Fälle genommen, wie zum Beispiel Ihren Bezug auf den positiven Bericht der Zeitung »Finanz und Wirtschaft«?

Saxer: Mhmm, ganz und gar nicht. Es erscheinen immer wieder Berichte in den verschiedenen Zeitschriften und Zeitungen, die Sie zu Ihrem Vorteil nutzen können.

Gute Manager und Verkäufer setzen sich auch immer wieder dafür ein, dass gute PR-Berichte geschrieben werden. Es geht wirklich nur noch darum, dass Sie Ihre Augen und Ohren immer offen haben, dass Sie alles, was Sie verkäuferisch nutzen können, sofort für sich und Ihre Mitarbeiter aufarbeiten und einsetzen.

Vor ein paar Jahren hatte ich beruflich mit einer größeren Versicherungsgesellschaft in der Schweiz zu tun. Diese Versicherungsgesellschaft kam bei einem Test äußerst gut weg. Ungefähr zwei Wochen später habe ich von einem Verkaufsleiter dieser Firma eine Kopie dieses Tests verlangt. Und ich war dann sehr erstaunt, als er mir zur Antwort gab: »Ich bin noch nicht dazugekommen, das für mich und meine Mitarbeiter zu kopieren, und zudem läuft es bei uns ja nicht schlecht.«

Ich kann dazu nur sagen: Das ist grenzenlose Dummheit. Und diese Nachlässigkeit geschieht viel öfter, als man allgemein annimmt. Wenn Sie von heute an konsequent alles sammeln, was in den Medien (TV,

Radio, Zeitschriften, Zeitungen) positiv über Ihre Branche und Ihre Firma erscheint, dann haben Sie mit Sicherheit zukünftig genügend gute Beispiele.

Gut, nun habe ich die einzelnen kybernetischen Methoden von Punkt 9a bis 9g kurz vorgeführt. Jetzt möchte ich sie mit Ihnen Punkt für Punkt durchnehmen.

Punkt 9a: Termine vereinbaren, indem Sie direkt den »Kundennutzen vermitteln«

Saxer: Worauf kommt es bei dieser kybernetischen Methode an?

Farner: Sehr einfach: Erstens sage ich ein bis vier Wirklichkeiten, die mein Gesprächspartner bejahen kann. Zweitens sage ich, um was es geht. Drittens sage ich einen oder mehrere Kundennutzen. Wichtig ist, dass es auch wirkliche Kundennutzen sind. Am einfachsten ist es, wenn ich die Fragen beantworte, die Sie uns in Zusammenhang mit den fünf Kategorien von Kundennutzen gestellt haben.
Wir interessieren uns nie für ein Produkt oder eine Dienstleistung, wir interessieren uns für dessen Profit, Sicherheit, Komfort, Ansehen und Freude. Ich überlege mir: Wie hat mein Gesprächspartner mehr Profit in Bezug auf Geld und Zeit, wie wird seine Sicherheit verbessert, wie hat er mehr Komfort, wie steigt sein Ansehen und wodurch hat er mehr Freude? Wenn ich das vorher weiß, habe ich sicher auch genügend Kundennutzen, die ich hinzaubern kann.

Saxer: Gut.

Müller: Was mir bei Ihnen aufgefallen ist, Herr Saxer, nachdem Sie den Kundennutzen gesagt haben, machen Sie ohne Pause direkt einen Terminvorschlag. Mich würde interessieren, warum machen Sie das direkt, ohne Pause?

Saxer: Wenn Sie eine Pause machen, überlegt sich der Gesprächspartner: »Soll ich ihn empfangen, oder soll ich ihn nicht empfangen?« Wenn Sie ohne Pause direkt einen Terminvorschlag machen oder mehrere Terminvorschläge unterbreiten, überlegt er sich: »Geht es zu diesem Zeitpunkt?« – Und so bin ich einen Schritt weiter. Wir haben das ausgetestet in Hunderten von Anrufen: Wenn ich keine Pause mache, ist das Resultat viel besser, es gibt wesentlich mehr Termine.
Übrigens, zu den häufigsten Fehler beim Terminieren gehört das Vergessen eines Terminvorschlags nach einer Aussage. Sie können sich merken: Wann immer Sie dem Kunden etwas sagen oder beantworten, gehört unmittelbar nach Ihrer Aussage ein Terminvorschlag oder eine Kontrollfrage hin!

Farner: Es ist lustig, die Methode »Direkt Nutzen vermitteln« wende ich seit Jahren im Privaten an. Zusammen mit ein paar Kollegen organisiere ich zur Zeit eine Grillparty für unseren Sportklub. Gestern habe ich einen Kollegen angerufen und gesagt: »Hallo Fritz, du bist doch im Vorstand, es geht um die Grillparty vom nächsten Donnerstag. In diesem Zusammenhang möchte ich mit dir ein paar Ideen besprechen, wie dieser Abend für alle noch viel interessanter und lustiger wird. Würde es dir heute oder morgen Abend um 20 Uhr passen, Fritz?«

Saxer: Mir fällt immer wieder auf, dass Menschen im Privaten und in Situationen, bei denen Sie keine Angst vor Misserfolg haben müssen, ein natürliches, zielgerichtetes und verkäuferisch richtiges Verhalten haben. Es geht ja um nichts! Und sobald es um etwas geht, sind dieselben Menschen zurückhaltend, ängstlich und unnatürlich. Darum ist es nicht verwunderlich, dass Sie im Privaten die Methode »Direkt Nutzen vermitteln« anwenden. Sie haben es genau richtig gemacht. Zuerst haben Sie eine Wirklichkeit genannt: »Du bist doch im Vorstand.« Und dann haben Sie gesagt, um was es geht: »Es geht um die Grillparty.« Danach haben Sie den Nutzen gesagt: »Ideen, wie dieser Abend für alle noch viel interessanter und lustiger wird.« Und zum Schluss

haben Sie ohne Pause einen Terminvorschlag gemacht: »Geht es heute oder morgen Abend um 20 Uhr?«
Verkäuferisch absolut richtig. – Bravo! Es geht nur noch darum, diese Natürlichkeit und Direktheit immer – auch im Geschäftsleben – anzuwenden.

Tanner: Umberto, du hast doch Versicherungen verkauft. Soviel ich weiß, hast du in deiner Anfangsphase hauptsächlich nur mit dieser Methode Termine vereinbart. Wie war damals dein Text?

Saxer: Den sage ich dir gerne:

Schmid: Schmid.

Saxer: Grüezi, Herr Schmid, meine Name ist Saxer, spreche ich mit Herr Paul Schmid?

Schmid: Grüezi, Herr Saxer. Ja, ich bin selbst am Apparat.

Saxer: Mein Name ist Umberto Saxer von der Aadorfer Versicherung. Es geht um Ihre Versicherungen, die Sie bereits haben. In diesem Zusammenhang gibt es in der neuen veränderten Marktsituation neue Möglichkeiten, wie Sie enorm Prämien und Steuern einsparen können und erst noch bessere Leistungen haben. (In neun von zehn Haushaltungen werden die großen Möglichkeiten bei weitem noch nicht ausgenutzt.)* Damit Sie sehen, hören und fühlen, wie viel Prämien- und Steuereinsparungen in Ihrem Fall möglich sind, mache ich Ihnen den Vorschlag, dass Sie dies ganz unverbindlich prüfen. Damit Sie das prüfen können, geht es Ihnen besser tagsüber oder an einem Abend?
** Wenn Sie möchten, können Sie den Text in Klammern weglassen.*

Die Betonung dieses Textes macht schlussendlich den Erfolg aus. Drücken Sie mit Ihrer Stimme Begeisterung, Überzeugung, und »Ja, das muss ich haben!« aus. Die Power in der Stimme ist wichtig, und das Tempo der Sprache kann ungeniert leicht erhöht sein. Es soll so ein »rasch Zugrei-

fen« zum Kunden rüberkommen. Ein Seminarteilnehmer hat mir und den Seminarteilnehmern vorgeführt, wie er diesen Text betont. Es war eine Freude im zuzuhören, er hatte einen rollenden Rhythmus, gut gesetzte kleine Pausen und eine volle Betonung der wichtigen Worte. Schon von der Betonung her bekam man das Gefühl: »Wow, das ist eine gute Sache!«

Ich empfehle Ihnen, Ihren Text unbedingt gut zu üben und an der Betonung zu arbeiten. Wie gesagt, Feinheiten können den Erfolg ausmachen!

Saxer: Eine ehemalige Mitarbeiterin von mir hatte mit folgendem, leicht abgeändertem Text auch sehr viel Erfolg:

Mitarbeiterin: Grüezi, Frau oder Herr ... Mein Name ist ..., von der Firma ... Der Grund, warum ich anrufe, ist: Wir sehen Möglichkeiten, wie Sie bei Ihren bestehenden Versicherungen Prämien und Steuern einsparen können. Das ist ein Vergleich, eine Beratung, die wir Ihnen anbieten können, denn in den letzten paar Jahren haben sich enorme Prämienunterschiede zwischen den einzelnen Gesellschaften ergeben. Das heißt, in neun von zehn Fällen können wir erfahrungsgemäß noch enorm viel Geld und Steuern einsparen. Damit Sie einmal kostenlos und unverbindlich prüfen können, was in Ihrem Fall möglich ist, möchte ich Sie fragen, wann Sie nächste oder übernächste Woche einmal eine halbe Stunde Zeit haben?

Kern: Umberto, was mache ich, wenn der Kunde sagt: »Um welche Versicherungen geht es denn genau?«

Saxer: Antwort geben, Kundennutzen sagen und Terminvorschlag. Zum Beispiel:

Mitarbeiterin: Es geht um alle Versicherungen, die Sie bereits haben. In der heutigen veränderten Marktsituation gibt es Möglichkeiten, wie man bis zu 30% Prämien einsparen kann. Und große Steuereinsparungen sind vielfach auch noch möglich. Damit Sie dies prüfen können, haben Sie auch mal die Möglichkeit, nächste Woche untertags etwas zu vereinbaren? (*Wenn der Kunde sagt: »Nein, nur abends«, hat er auch Ja zum Termin gesagt.)*

Saxer: Merke dir unbedingt: Wann immer du beim Terminieren eine Frage beantwortet oder einen Einwand behandelt hast, musst du einen Terminvorschlag machen oder eine Kontrollfrage stellen. Das ist äußerst wichtig!

Müller: Ich kann diese Texte nicht gebrauchen, ich verkaufe keine Versicherungen.

Saxer: Dann empfehle ich Ihnen, die Mustertexte dieses Buches für Ihre Branche umzuschreiben. Mit dem Umschreiben lernen Sie sehr viel. Es ist sogar so, dass die Kursteilnehmer, die Texte auf ihre Produkte umschreiben, ihre Texte nachher besser beherrschen als diejenigen, die die Texte pfannenfertig serviert bekommen.

Punkt 9b: Termine vereinbaren – »direkt mit Kontrollfrage«

Bei dieser kybernetischen Methode sagen Sie erstens eine bis vier Wirklichkeiten, die Ihr Gesprächspartner bejahen kann, zweitens um was es geht, drittens den Kundennutzen, viertens stellen Sie eine Kontrollfrage und machen fünftens einen Terminvorschlag. Zum Beispiel:

1. Wirklichkeit: »Sie haben Außendienstmitarbeiter.«
2. Um was es geht: »Es geht um den Verkauf in der jetzigen Marktsituation.«

3. Kundennutzen: »Es gibt eine neue Methode, wie Ihre Außendienstmitarbeiter einfacher und mit mehr Freude verkaufen und dadurch Ihr Gewinn und Ihr Umsatz steigen wird.« – Ohne Pause zum nächsten Punkt:

4. Kontrollfrage: »Sind Sie grundsätzlich interessiert an einer neuen Methode, wie Ihre Außendienstmitarbeiter einfacher und mit mehr Freude verkaufen und dadurch Ihr Gewinn und Ihr Umsatz steigen wird? Sind Sie grundsätzlich daran interessiert?« – Bei positiver Antwort:

5. Terminvorschlag: »Damit Sie dies prüfen können, schlage ich Ihnen am Freitag, 20. Juni, 14 Uhr oder am Donnerstag, 26. Juni, 10.30 Uhr einen Gesprächstermin vor. Welcher Tag ist besser für Sie?«

Tanner: Umberto, mir ist aufgefallen, dass du eine Kontrollfrage stellst und am Schluss der Kontrollfrage noch einmal eine Frage.

Saxer: Das ist richtig, ich habe gefragt: »Sind Sie grundsätzlich interessiert an einer neuen Methode, wie Ihre Außendienstmitarbeiter einfacher und mit mehr Freude verkaufen und dadurch Ihr Gewinn und Ihr Umsatz steigen wird, sind Sie grundsätzlich daran interessiert?« Sprachlich ist dieser Satz nicht gerade schön, aber manchmal passt es trotzdem. Wenn es passt, wirkt es vom Verkäuferischen eindeutig besser. Mit dieser Frageart steigt die Erfolgsquote, und aus diesem Grund empfehle ich sie, sofern es vom Redefluss gut geht, auch wenn es vom Deutschen her nicht ganz hundertprozentig ist.
Übrigens, viele Formulierungen, die ich euch beibringe, sind vom Deutschen her nicht vollendet formuliert, von der Wirkung her aber ganz sicher hundertprozentig.

Farner: Bei einer Kontrollfrage kann aber der Kunde auch Nein sagen.

Saxer: Das ist so. Wobei – wenn Sie vorher einen echten Kundennutzen angesprochen haben und die Kontrollfrage gezielt darauf-

hin stellen, dann kann der gesunde Menschenverstand nicht Nein sagen, außer der Kunde glaubt Ihnen nicht, dass Ihre Aussage stimmt.
Zu diesem Thema habe ich für Sie einen interessanten Musterdialog:

Müller: Glaubwürdig GmbH, Müller.

Saxer: Saxer, spreche ich mit Herr Thomas Müller persönlich?

Müller: Ja, höchstpersönlich.

Saxer: Grüezi, Herr Müller, mein Name ist Umberto Saxer von der Firma Umberto Saxer Training AG.

Müller: Grüezi, Herr Saxer.

Saxer: Herr Müller, für die meisten Branchen ist das Verkaufen in den letzten Jahren immer anspruchsvoller geworden – darum haben wir neue Möglichkeiten entwickelt, wie Außendienstmitarbeiter in der heutigen Marktsituation einfacher und mehr verkaufen können. Möchten Sie, dass Ihre Außendienstmitarbeiter einfacher und mehr verkaufen können? Möchten Sie das?

Müller: Nein, wir haben keinen Bedarf.

Saxer: Möchten Sie wirklich nicht, dass Ihre Außendienstmitarbeiter einfacher und mehr verkaufen?

Müller: Brauchen wir nicht.

Saxer: Ist das richtig, sind Sie der Verkaufsdirektor der Firma Glaubwürdig GmbH? *(Drücken Sie mit der Betonung Erstaunen aus, unter keinen Umständen Aggressivität!)*

Müller: Es ist so. Wir möchten schon einfacher und mehr verkaufen, aber da ruft uns jeden Tag jemand an, der das behauptet.

Saxer:	Mhmm, dann möchten Sie in dem Fall, dass das nicht nur behauptet wird, sondern dass das auch wirklich eingehalten wird. Das heißt, wenn jemand anruft, der das auch wirklich einhalten kann, dann sind Sie grundsätzlich offen, dies zu prüfen, ist das richtig?
Müller:	In dem Fall sicher – ja.
Saxer:	Gut, dann machen wir etwas aus, damit Sie dies prüfen können. Wie würde es Ihnen am 2. Juli, 10.15 Uhr passen?

Punkt 9c: Mit »Problematik aufzeigen« zum Termin

Viele Menschen sind von den täglichen Negativmeldungen dermaßen auf Negatives fokussiert, dass Sie offener für Negatives als für Positives sind. Die Motivation, sich vor Verlust zu schützen, ist größer als die Motivation für Gewinn. Diese Menschen strengen sich an, damit sie keinen Misserfolg haben. In erster Linie treffen sie Entscheidungen, um Konflikte oder Verlust zu vermeiden. Solche Menschen geben Ihnen viel schneller einen Termin, wenn Sie sie auf eine Problematik aufmerksam machen und Lösungen aufzeigen/sagen, wie sie sich vor der Problematik schützen können.

Bei dieser kybernetischen Methode können Sie sich an folgendes Schema halten.

1. Zählen Sie eine bis vier Wirklichkeiten auf, die der Gesprächspartner bejahen kann. Zum Beispiel: »Sie sind Unternehmer.«
2. Sagen Sie, um was es geht. Zum Beispiel: »Es geht um Möglichkeiten, wie man als Unternehmer zusätzlich Steuern einsparen kann.«
3. Sprechen Sie den Gesprächspartner auf eine aktuelle, allgemein gültige Problematik an. Es ist wichtig, dass es eine Problematik ist, die mit großer Wahrscheinlichkeit von Ihrem Gesprächspartner als solche erkannt wird. Zum Beispiel: »Haben Sie auch schon den Eindruck gehabt, dass Sie zu viele Steuern bezahlen?«

4. Bei positiver Antwort – Nutzen des Termins aufzeigen und Terminvorschlag machen. Zum Beispiel: »Da geht es Ihnen so, wie es vielen von unseren Kunden ergangen ist. Wir bieten Steuerberatungen an und zeigen, wie Sie sich vor zu hohen Steuern schützen können. Unsere Erfahrungen zeigen, dass auch bei Unternehmen, die vor unserer Beratung geglaubt haben, bei Ihnen sei alles in Ordnung, noch hohe Einsparungen möglich waren. Damit Sie dies unverbindlich prüfen können, würde ich gerne einen Termin mit Ihnen vereinbaren. Passt es Ihnen am Montag, 18. August, im Laufe des Nachmittags oder am Freitag, 29. August, um 8.30 Uhr?«

Müller: Können Sie mir ein Beispiel aus der Werbebranche mit der kybernetischen Methode »Mit ›Problematik aufzeigen‹ zum Termin« vortragen?

Saxer: Gut, ich bin nun Herr Hämmerle, und Sie spielen in diesem Beispiel Frau Susanne Meier. Nehmen Sie das Telefon ab.

Meier: Meier und Partner – Meier.

Hämmerle: Guten Tag, Frau Meier, hier ist Hämmerle. Spreche ich mit Frau Susanne Meier?

Meier: Ja, um was geht es?

Hämmerle: Mein Name ist Hansjörg Hämmerle, Spezialist für messbare Werbung von der Werbeagentur SHW. Frau Meier von der Telefonzentrale hat mir gesagt, dass Sie als Geschäftsführerin auch zuständig für die Werbung sind. Ist das richtig?

Meier: Ja, unter anderem mache ich das auch.

Hämmerle: Schön, dass ich Sie am Telefon habe. – Ich nehme an, dass Sie auch schon den Eindruck gehabt haben, dass man mit Werbung das Geld aus dem Fenster schmeißen kann?

Meier: Diese schmerzliche Erfahrung habe ich auch schon gemacht.

Hämmerle: Da geht es Ihnen so, wie es der Mehrheit unserer Kunden ergangen ist. Wir bieten Werbekonzepte an, wie Ihre Werbung messbar wird. Dadurch wissen Sie genau, wo und was Sie an Werbung einsparen können, damit Sie dort, wo die Werbung Ihnen Geld und neue Kunden bringt, mehr zur Verfügung haben.
Sind Sie grundsätzlich interessiert, auf der einen Seite einzusparen, damit Sie dort, wo es Ihnen mehr bringt, mehr zur Verfügung haben?

Meier: Grundsätzlich immer.

Hämmerle: Gut, dann schlage ich Ihnen vor, dass wir am Donnerstag, den 28. August einen Termin vereinbaren, damit Sie dies unverbindlich prüfen können. Um welche Zeit passt es Ihnen morgens am 28. August?

Müller: Herr Saxer, wenn Sie das sagen, klingt das bei Ihnen so leicht und natürlich. Wenn ich diese Methoden am Telefon anwende, dann klingt es so künstlich. Ich bin dann nicht ich selbst.

Saxer: Es ist ganz natürlich, dass alles, was Sie neu lernen, am Anfang künstlich und ungewohnt klingt.

Wenn Sie selbst Musik spielen, dann wissen Sie, dass jedes neue Musikstück am Anfang sehr holprig tönt. Meine Frau spielt Klavier, und jedes Mal, wenn Sie ein neues Lied einübt, tönt es zu Beginn so schlimm, dass unsere Katze ausreißt. Wenn meine Frau das gleiche Lied ca. zwanzigmal gespielt hat, dann kommt die Katze wieder, und es klingt schon recht ordentlich. Nach dem vierzigsten Mal klingt es gut und nach dem achtzigsten Mal sehr gut. Das Musikstück ist dann ein Teil von ihr, fast so, als ob sie es komponiert hätte.

So ist es auch mit diesen Techniken. Zuerst empfehle ich, ein persönliches Skript zu schreiben. Dann üben Sie diesen Text. Nach ungefähr zwanzigmal können Sie den Text so fließend, dass Sie ihn nicht mehr ablesen müssen. Nachdem Sie den gleichen Text weitere zwanzig Male am Telefon angewendet haben, wird er schon gut klingen. Und nach dem achtzigsten Mal wird der Text so gut klingen, als ob er Ihnen in die Wiege gelegt worden wäre. Sie werden dann auch Ihren Text automatisch den gegebenen Situationen genau richtig anpassen. Er ist absolut natürlich und ein Teil von Ihnen. – Übung macht den Meister!

Punkt 9d: Termine vereinbaren mit »Bezug auf andere und Vorteil-Nutzen-Aufzählung«

Wir Menschen trauen dem Bekannten mehr als dem Unbekannten. Wenn wir jemanden anrufen, der uns noch nicht kennt, ist die Gefahr groß, dass er uns aus diesem Grund abwimmeln möchte. Was können wir am Telefon tun, damit wir unserem Gesprächspartner bekannt werden, auch wenn er uns und unsere Firma noch nicht kennt?

Tanner: Umberto, das ist schon lange ein Wunsch von mir, aber ich glaube, das geht nicht.

Farner: Doch, es geht schon. Unser Trainer, Herr Saxer, hat uns dies bereits vorgeführt, indem er sich auf die Zeitschrift »Finanz und Wirtschaft« bezogen hat. Weil der Gesprächspartner die Zeitschrift kennt, konnte er so den Bogen zu ihm spannen. – Genial!

Tanner: Umberto, kannst du das Beispiel noch einmal vorführen?

Saxer: Gerne.

Saxer: Die Zeitung »Finanz und Wirtschaft« hat alle größeren Finanzinstitute geprüft. Bei dieser Prüfung hat unser Institut besonders gut abgeschnitten. Speziell wurden wir positiv erwähnt bei der Vermögensvermehrung, bei der Vermögenssicherung und bei der Bequemlichkeit der Auftragsabwicklung. Und dass es

Freude macht, bei uns Geld anzulegen. Sind das für Sie auch wichtige Argumente, Herr Ottiger?

Die kybernetische Methode »Bezug auf andere und Vorteil-Nutzen-Aufzählung« hat fünf Punkte:

1. Sammeln Sie alles, was positiv in den Medien erscheint und worauf Sie sich beziehen können.
2. Beziehen Sie sich auf etwas – zum Beispiel:
   - »Die Fernsehsendung ›Kassensturz‹ hat am 16. April gebracht ...«
   - »In der Wirtschaftszeitschrift ›Capital‹ stand ...«
   - »In der ›Welt am Sonntag‹ wurde geschrieben ...«
   - »Die Zeitschrift ›Acquisa‹ hat ...«
   - »Herr/Frau ... sagte ...«
     Beziehen Sie sich auf eine anerkannte Persönlichkeit.
   - »Unsere Kunden schätzen ...«
     Dies ist die schwächste Form, weil es weniger konkret ist.
3. Zwei bis vier echte Kundennutzen aufzählen.
4. Kontrollfrage – zum Beispiel:
   »Sind das auch wichtige Punkte für Sie?«
5. Termin vereinbaren oder Kaufbereitschaft testen, wenn sie direkt verkaufen wollen.

Saxer: Mit dem folgenden Beispiel werden Sie diese Methode noch besser verstehen. Herr Müller, bitte übernehmen Sie den Part von Herrn Cattelan von der Basler Versicherung. Ich bin in diesem Beispiel Daniel Frei vom Rusch Verlag. Nehmen Sie einfach das Telefon ab!

Cattelan: Basler Versicherung – Cattelan.

Frei: Guten Tag, Herr Cattelan, hier ist Frei. Spreche ich mit Herrn Sven Cattelan selbst?

Cattelan: Ja, um was geht es?

Frei: Mein Name ist Daniel Frei vom Rusch Verlag. Ich

gehe davon aus, dass Sie als Ausbildungsleiter vom gesamten Außendienst der Basler Versicherung grundsätzlich offen sind für Möglichkeiten, wie Ihre Außendienstmitarbeiter noch einfacher und mehr verkaufen, ist das richtig?

Cattelan: Ja, sicher.

Frei: *(Bezug:)* In der renommierten Zeitschrift »Acquisa« ist im April 1997 ein Artikel erschienen, warum Hörbücher im Management und Außendienst den Erfolg enorm steigern.

(Zwei bis vier Nutzen:) Aus folgenden Gründen empfiehlt »Acquisa« Hörbücher einzusetzen:

- Unproduktive Zeiten im Auto werden produktiv.
- Wertvolles Wissen wird einfach und sehr kostengünstig angeeignet.
- Firmen, die ihre Mitarbeiter mit Hörbüchern weiterbilden, haben deutliche Kosteneinsparungen und Gewinnsteigerungen.

(Kontrollfrage:) Sind das für Sie auch wichtige Argumente?

Cattelan: Ja, sicher.

Frei: *(Termin:)* Damit Sie prüfen können, welche Hörbücher Ihnen helfen, den Erfolg der Basler Versicherung zu steigern, würde ich gerne am Montag, dem 24. November, um 17 Uhr oder am Dienstag, dem 2. Dezember, am Morgen bei Ihnen vorbeikommen. Wann passt es Ihnen besser?

Punkt 9e: Die Darf-ich-fragen-Technik

Es gibt Menschen, die haben einen Schutzpanzer um sich herum gebaut, und gute Argumente prallen zuerst einmal an diesem Schutzpanzer ab.

Die Darf-ich-fragen-Technik funktioniert gerade bei diesen Menschen sehr gut, denn mit ihr knacken Sie den Schutzpanzer auf eine natürliche Art und ohne Druck.

Halten Sie sich bei dieser Methode an folgendes Schema:

1. Sagen Sie ein bis vier Wirklichkeiten, die Ihr Gesprächspartner gedanklich oder sprachlich bejahen kann. Zum Beispiel:

   Saxer: Sie sind EDV-Verantwortlicher und für das Netzwerk zuständig, ist das richtig?

2. Sagen Sie, um was es geht, und sagen Sie die Nutzen. Zum Beispiel:

   Saxer: Als EDV-Verantwortlicher sind Sie vermutlich immer wieder an neuen Möglichkeiten interessiert, wie das Netzwerk noch schneller wird. Möglicherweise habe ich eine Software für Sie, die die Geschwindigkeit Ihres Netzwerks enorm erhöhen könnte.

3. Sagen Sie Ihrem Kunden, dass diese Möglichkeit für ihn eventuell nicht geeignet ist. Wenn er Ihnen jedoch drei bis vier Fragen beantwortet, dann wissen er und Sie, ob das tatsächlich so ist. Fragen Sie, ob Sie drei bis vier Fragen stellen dürfen. Zum Beispiel:

   Saxer: Jetzt ist diese Software nicht für jedes Netzwerk geeignet. Wenn Sie mir jedoch ein paar Fragen beantworten, stellen Sie und ich sofort fest, ob dies bei Ihrem Netzwerk möglich ist. Darf ich Ihnen drei bis vier Fragen stellen?

4. Fragen stellen. Zum Beispiel:

   Saxer: Mit welchen Betriebssystemen arbeiten Sie?

   Kunde: Hauptsächlich Linux, dann Mac OS X und Windows 98.

   Saxer: Wie viele Arbeitsplätze sind vernetzt?

   Kunde: 32.

   Saxer: Mit was für Applikationen wird hauptsächlich gearbeitet?

Kunde: Oracle, Bolo und Emacs sowie diverse Office-Applikationen.

Saxer: Welches Netzwerkprotokoll wird hauptsächlich verwendet?

Kunde: Ganz klar TCP/IP.

5. Termin vorschlagen, sofern es für Ihren Gesprächspartner und Sie sinnvoll ist. Ansonsten Ihrem Gesprächspartner sagen, dass sich in seinem Fall ein Termin mit Ihnen nicht lohnt. Zum Beispiel:

   Saxer: In Ihrem Fall wird unsere Software die Geschwindigkeit Ihres Netzes enorm steigern. Damit Sie dies genau prüfen können, wie passt Ihnen der Dienstag, 15 Juni, um 14 Uhr?

   Oder:

   Saxer: Die gewünschte Geschwindigkeitssteigerung wird in Ihrem Fall nicht möglich sein. Daher wird es sich für Sie nicht lohnen, einen Termin mit mir zu vereinbaren. Sind Sie einverstanden?

Wenn man möchte, kann man jetzt nach Firmen fragen, die Ihren Anforderungen entsprechen. Möglicherweise kann Ihr Gesprächspartner Ihnen weiterhelfen, und Sie können noch den Nutzen von anderen Produkten/Dienstleistungen anbieten, die Sie haben.)

Kern: Umberto, diese Methode ist genial. Mit ihr habe ich zukünftig vermehrt Termine, die viel Speck am Knochen haben.

Saxer: Ja, das hast du in der Tat. Übrigens – auch mit allen anderen Methoden, mit denen du Termine vereinbaren kannst, kannst du abklären, ob sich ein Termin lohnt oder nicht.
Bei den anderen Methoden musst du einfach, nachdem du den Termin bereits vereinbart hast, Folgendes sagen: »Herr Kunde, damit ich mich gut auf den Termin vorbereiten kann, möchte ich noch ein paar Fragen stellen.« Dann stellst du deine Fragen, und wenn du merkst, dass sich ein Termin für dich und deinen

Kunden nicht lohnt, dann kannst du ihm dies sagen und vorschlagen, dass Ihr den fixierten Termin wieder streicht.

Farner: Kommt sich da der Kunde nicht veräppelt vor, wenn wir zuerst einen Termin mit ihm ausmachen und diesen eine Minute später wieder streichen?

Saxer: Der Ton macht die Musik. Es kommt sehr stark darauf an, wie Sie es sagen. Wenn der Kunde das Gefühl bekommt, dass es um seine Zeit und um seinen Nutzen geht, dann ist er Ihnen dankbar.

Tanner: Umberto, du sagst immer wieder, dass es mindestens drei Möglichkeiten gibt, etwas zu tun – und dass man wichtige Dinge nie tun soll, bevor man nicht noch zwei Alternativen hat und dass man dann von den drei Möglichkeiten die beste auswählen soll. Auf Seite 80 hast du ein Beispiel für Plasmaschneider gemacht und drei Varianten vorgestellt. Umberto, diese Texte haben sich aber sehr geglichen!

Saxer: Ja, das ist auch gut so. Die Feinheiten machen es aus, ob ein Text besser oder schlechter funktioniert. An diesen Feinheiten musst du arbeiten, bis du deinen persönlichen Idealtext hast, und der ist von Person zu Person und von Produkt zu Produkt verschieden.

Das ist auch der Grund, dass ich in diesem Trainingsbuch so viele verschiedene Möglichkeiten zur Auswahl gebe. Jede Möglichkeit, die ich lehre, ist gut und führt zum Erfolg. Am besten ist, wenn du alle Texte auf deine Branche umschreibst und dann mit Kollegen übst, bis du es kannst und die Texte ein Teil von dir sind. Beim Üben merkst du dann schon, welche Texte dir besser liegen und welche besser zu deinen Produkten passen. Dann brauchst du nur noch den Hörer in die Hand zu nehmen, zu terminieren und am Ball zu bleiben.

Wichtig ist, dass du nicht gleich bei einem Misserfolg einen anderen Text nimmst, denn es liegt auf der Hand, dass du auch mit einem guten Text zig Nein hintereinander bekommen kannst. Dies gilt es durchzustehen, damit du auch zig Ja hintereinander bekommst.

Farner: Herr Saxer, nach wie vielen Absagen soll ich meinen Text ändern?

Saxer: Wenn Sie Absagen bekommen, dann liegt es oft nicht am Text, sondern an der Betonung und Überzeugung, wie der Text vorgetragen wird. Das heißt, nach jeder Absage können Sie sich fragen, wie der Text noch überzeugender vorgetragen werden kann. Nach etwa acht bis zehn Absagen hintereinander nehme ich einen neuen Text, vorher arbeite ich fast nur an der Betonung, Überzeugung und an Feinheiten.
Zusätzlich kommt noch dazu, dass viele beim Terminieren Absagen bekommen, weil sie dem Kunden zu wenig zuhören und die Einwandbehandlung stümperhaft beherrschen. Wenn der Kunde zum Beispiel sagt: »Ihr Besuch bringt mir doch keine Verbesserung«, dann darf man nicht ins Argumentieren und Rechtfertigen kommen, sondern man kann den Wunsch aus dem Einwand heraushören und ihn in einen Wunsch verwandeln. So zum Beispiel: »Sie hätten also gerne eine Verbesserung, wenn man Sie besucht?«
So eine Aussage wird in der Regel mit einem Ja beantwortet, denn sie ist ja die Umwandlung seiner Aussage in einen Wunsch. Es ist unbedingt wichtig, dass Sie lernen, genau hinzuhören, was Ihr Gesprächspartner sagt. Oft ist im Gesagten der Schlüssel drin, wie Sie die Türe zu Ihrem Kunden öffnen können. – Übrigens, auf meiner Homepage http://www.umberto.ch gibt es einen Verkaufssimulator, mit dem Sie genau diese Punkte üben können.

Bürki: Was spricht noch für die Darf-ich-fragen-Technik?

Saxer: Mit ihr stehen Sie und Ihr Kunde weniger unter Stress. In der Regel erlauben einem die Kunden, dass man ein paar Fragen stellen darf – und dann ist das Eis bereits gebrochen. Sie können in Ruhe Ihre Fragen stellen, der Kunde kann in Ruhe antworten, und es ist kaum Druck vorhanden. Zudem kann ich die Fragen gezielt vorbereiten, und ich kann sie so stellen, dass mit der Beantwortung Kundennutzen, Fachwissen, Problematiken und Lösungsansätze zum Kunden rübergehen und so das Interesse beim Kunden auf eine natürliche Art und Weise geweckt wird.

Bürki: Ich vertreibe Durchflussmesser, und viele Kunden von mir bauen die dann wieder in die Anlagen ein, die sie verkaufen. Ich kann daher oft nur verkaufen, wenn mein Kunde ein entsprechendes Projekt offen hat. Für mich ist es daher wichtig, dass ich frühzeitig von solchen Projekten erfahre, denn dann kann ich manchmal Spezifikationen für Durchflussmesser reinbringen, die unsere Produkte besonders gut erfüllen. Wie kann ich vorgehen, damit ich frühzeitig von offenen Projekten erfahre und zum richtigen Zeitpunkt den Termin erhalte? Können Sie mir dazu ein Beispiel geben?

Saxer: Gerne.

Häring: Häring.

Saxer: Saxer – guten Tag, Herr Häring. Spreche ich mit Herrn Hans Häring persönlich?

Häring: Ja, ist selbst am Telefon.

Saxer: Mein Name ist Umberto Saxer von der Firma »Durchflussmesser AG«. Sie haben vermutlich ab und zu Projekte, bei denen Sie Durchflussmesser einbauen. Dabei geht es ja darum, dass Sie Ihre Projekte optimal offerieren und projektieren können. Möglicherweise habe ich etwas, das Sie stark unterstützen könnte, nur ist das nicht für alle geeignet. Wenn Sie mir drei bis vier Fragen beantworten, können Sie und ich feststellen, ob Sie davon profitieren können oder nicht. Darf ich drei bis vier Fragen stellen?

Häring: Ja, ich höre.

Saxer: In was bauen Sie Durchflussmesser ein?

Häring: In Gasturbinen und zur Überwachung von Wellendichtungen, die mit Öl geschmiert werden.

Saxer: Was für Anforderungen stellen Sie an diese Durchflussmesser?

Häring: Sie müssen mit Öl bei unterschiedlichen Temperaturen bei einem Druck bis zehn Bar einwandfrei und sehr genau funktionieren, und sie müssen qualitativ sehr gut sein.

Saxer: Mhmm, Qualität spricht für unsere Produkte. – Was ist Ihnen bei der Zusammenarbeit mit einem Lieferanten von Durchflussmessern wichtig?

Häring: Dass der Service stimmt – zum Beispiel, wenn Probleme auftreten würden bei der Inbetriebnahme, dass die Durchflussmesser technisch auf dem neuesten Stand und preislich interessant sind.

Saxer: Mhmm – da bestätigen uns unsere Kunden, dass wir besonders stark sind. Was für Projekte sind zur Zeit bei Ihnen offen oder sind in den nächsten zwei Jahren geplant?

Häring Im Moment haben wir das Projekt »Valdarin« offen.

Saxer: In dem Fall ist es für beide interessant, wenn wir das zusammen anschauen. Wie passt Ihnen der Mittwoch, 15. Mai, um 14 Uhr?

Kern: Umberto, müssen es zwingend immer drei bis vier Fragen sein?

Saxer: Nein, ich hatte mal einen Text mit sieben Fragen, und der hat auch wunderbar funktioniert. Und manchmal gibt es aus den Antworten des Kunden automatisch mehr Fragen. Beim vorigen Beispiel hätte man noch einige Fragen stellen können.
Mit den Fragen möchten wir ja Kundennutzen, Fachwissen, Problematiken und Lösungsansätze zum Kunden rüberbringen und damit einerseits das Interesse des Kunden wecken und

andererseits abchecken, ob es sich überhaupt lohnt, dass wir einen Termin vereinbaren. Um diese Ziele zu erreichen, braucht man manchmal mehr Fragen. Viel wichtiger als die Menge der Fragen ist, dass die einzelnen Fragen auch wirklich greifen. An diesen einzelnen Fragen lohnt es sich auch, immer wieder zu arbeiten, bis sie wirklich ihren Zweck voll erfüllen.

Kern: Umberto, wie merkt der Kunde bei der Beantwortung der Fragen, ob ein Termin interessant ist oder nicht?

Saxer: In erster Linie kommt es gefühlsmäßig rüber. Dein »Mhmm«, deine Überzeugung und Betonung und das, was du zwischen den Zeilen sagst, geben dem Kunden das Gefühl, dass es sich für ihn lohnt. In zweiter Linie merkt er es anhand der Fakten, die er bei der Beantwortung selbst feststellt.

Punkt 9f: Terminieren mit Weiterempfehlungsadressen

Saxer: Von allen Möglichkeiten, die ich kennen gelernt habe, ist die Terminvereinbarung durch Weiterempfehlungen am einfachsten. Jeder, der nicht durch Weiterempfehlungen neue Kunden wirbt, ist selbst schuld. Diese Menschen haben je nach Branche zwischen 100 und 500% mehr Aufwand, um Termine bei Neukunden zu erhalten. Arbeiten Sie darum wann immer möglich mit Weiterempfehlungen! Weiterempfehlungstermine sind in etwa genau so leicht zu erhalten wie Termine bei bestehenden Kunden.

Farner: Herr Saxer, ich habe schon öfters versucht, durch Weiterempfehlungen Termine zu vereinbaren. Ich hatte aber nicht viel mehr Erfolg damit.

Saxer: Diese Erfahrung habe ich schon oft mit Trainingsteilnehmern gemacht. Bei allen hat sich herausgestellt, dass sie sich zu schwach auf die Weiterempfehlung bezogen haben. Wenn Sie sich an das folgende Schema halten, garantiere ich Ihnen sehr viel Erfolg. Sie werden erstaunt sein, wie leicht Sie Termine bekommen, und Sie werden merken, dass es so einfach geht, wie bei bestehenden Kunden.

Ich selbst wurde aufgrund von Weiterempfehlungen als Verkaufstrainer in kürzester Zeit äußerst erfolgreich. Als ich am 1. April 1994 die Firma Umberto Saxer Training gründete und selbständig wurde, glaubte ich, dass die Leute nur schon wegen meiner in der Vergangenheit erbrachten und nachgewiesenen Verkaufszahlen bei mir anstehen würden, wenn sie hören, dass sie von mir lernen können.

Mit diesem Enthusiasmus bin ich dann hingegangen und habe bereits fest die Trainingstage von vier sechstägigen Trainings, Nr. 1, 2, 3 und 4, gebucht. Der Trainingsbeitrag pro Person betrug 2280 Franken. Training Nr. 1 sollte am 26. April 1994, nur 26 Tage, nachdem ich selbständig geworden war, losgehen. Eine Woche später, am 5. Mai 1994, sollte schon Training Nr. 2 starten, die Trainings Nr. 3 und 4 waren für den 2. und 13. Juni 1994 geplant. Für jedes Training wollte ich durchschnittlich 15 Teilnehmer haben, das heißt also, ich hätte 60 Teilnehmer innerhalb von gut zwei Monaten akquirieren müssen. Davon 15 innerhalb der ersten drei Wochen.

Damals hatte ich gedacht: kein Problem. Wenn ich die einzelnen Generalagenten, Verkaufsleiter, Firmenbesitzer und Verkäufer anrufe und denen sage, wie gut ich verkauft habe und dass sie genauso gut und genauso einfach verkaufen können, wenn sie zu mir in die Schulung kommen, dass die dann alle sagen: »Ja, Herr Saxer – ich will kommen, ich will mehr Umsatz machen, ich will mehr verkaufen, ich will mehr Spaß haben am Verkaufen, ich will mehr Freude haben am Leben!« Ich habe mir vorgestellt, dass meine Trainings so ganz einfach voll werden.

Die Wirklichkeit war dann ganz anders. Am Montag, dem 4. April 1994 begann ich aufgrund eines Werbebriefes, den ich ein paar Tage vorher an mögliche Interessenten verschickt habe, telefonisch nachzufassen. Ich darf von mir sagen, dass ich ein Weltmeister im telefonischen Akquirieren bin. Und ich war schon immer gewohnt, Widerstände am Telefon zu überwinden. Was ich aber an Widerständen erfahren musste, als ich die Leute aufmuntern wollte, besser zu verkaufen, mehr Freude zu haben und mehr Geld zu verdienen, übertraf alles, was ich an Negativem schon erlebt habe. Ich vergesse nie mehr, wie ich mich nach ein paar Tagen fühlte, nachdem ich erst zwei Trainings verkauft und Dutzende und Aberdutzende von Absagen erhalten hatte. Alles in mir zog sich zusammen, jeder Knochen in meinem Körper schmerzte.

Ich hätte mich nie selbständig machen müssen! Auf dem Zenit meines Erfolges hatte ich meine Tätigkeit als Verkäufer und Verkaufsleiter aufgegeben. Gemeinsam mit meinen ehemaligen Mitarbeitern hatten wir uns etwas Einmaliges und Tolles aufgebaut. Wir alle waren glücklich, stolz auf unsere Leistung und verdienten sehr viel gutes Geld. Nun saß ich da, der große Umberto Saxer, der sich so verschätzt hatte. Nie hätte ich mir träumen lassen, dass das Verkaufen von Verkaufstrainings so anspruchsvoll ist. Ich fühlte mich miserabel, und meine ehemaligen Mitarbeiter wollten unbedingt, dass ich zu Ihnen zurückkomme.

Am Donnerstag, den 7. April stand ich morgens um halb fünf auf und ging ins Büro. Ich saß auf meinem bequemen Bürostuhl und überlegte: »Was muss ich an diesem System ändern, damit ich die Leute von meiner Einzigartigkeit überzeugen kann und damit sie sehen, hören und fühlen, dass es sich für sie wirklich lohnt, bei mir eine Verkaufsschulung zu machen.« An diesem Morgen wurden zwei Ideen geboren: Erstens, dass ich zweieinhalbstündige kostenlose Trainings abhalten werde, bei denen bereits echt trainiert wird. Zweitens, dass ich das Weiterempfehlungssystem von der Vergangenheit übernehme, damit die potentiellen Kunden gerne zum kostenlosen Training kommen. An diesem Morgen habe ich dann die Trainings Nr. 1 und 2 abgesagt, damit ich etwas mehr Zeit bekomme und dafür die Termine für kostenlose Trainings angesetzt.

Für das erste Training vom 18. April 1994 in Frauenfeld habe ich Verkäufer und Verkaufsleiter eingeladen, die mich bereits kannten. Bei dieser Schulung wurde zwei Stunden und 30 Minuten lang richtig trainiert. Und ich sehe heute noch die begeisterten Gesichter. Bei diesem Training wird unter anderem trainiert, wie Sie bei jedem Kundenbesuch mindestens zwei Weiterempfehlungen bekommen.

Ein Hauptgrund, dass viele Manager und Verkäufer wenig Weiterempfehlungen bekommen, ist, dass sie selbst selten Weiterempfehlungen geben. Weil sie selten Weiterempfehlungen geben, können sie das auch nicht mit Überzeugung von anderen verlangen. Wenn Sie mehr Weiterempfehlungen wollen, dann müssen Sie Dinge, die Sie selbst gut finden, auch konsequent weiterempfehlen. So erzeugen Sie ein Vakuum in sich, das ausgeglichen werden möchte.

An diesem ersten Training habe ich die Teilnehmer gefragt: »Sind Sie der Meinung, dass Sie das Training und mich mit gutem Gewissen weiterempfehlen können?« Ich sah, dass alle Teilnehmer Handzeichen gaben und hörte: »Ja, das ist eine super Sache. Das Training muss unbedingt jeder besuchen. Als Teilnehmer fühle ich mich super und ich wurde top motiviert.«

Jeder Teilnehmer gab mir dann problemlos mindestens drei Weiterempfehlungen von Managern oder Verkäufern, die offen sind für Möglichkeiten, wie man einfacher und mehr verkaufen kann. Diese Personen wurden schließlich zu einer Trainingsveranstaltung eingeladen. Dank diesem System waren meine Trainingsveranstaltungen schon von Anfang an voll und nicht erst drei Jahre nach der Gründung.

1994 und 1995 ist der Schulungsmarkt in der Schweiz massiv zusammengebrochen. Damals brach eine richtige Sparwut bei den einzelnen Firmen aus – und bei den Schulungen kann man sehr einfach einsparen. Viele Firmen strichen einfach die Schulung aus ihrem Budget. Zur gleichen Zeit gab es auch sehr viele Manager und Verkäufer, die ihre Stelle verloren. Die Arbeitsämter gingen hin und motivierten viele von ihnen, sich als Berater oder Trainer selbständig zu machen. Das heißt, der Schulungsmarkt ist einerseits massiv zusammengebrochen, und andererseits gab es plötzlich wesentlich mehr Anbieter auf dem Markt. Beinahe alle Mitbewerber haben stark an Umsatz eingebüßt. Während dieser Zeit habe ich mit meiner Weiterempfehlungsmethode meine Trainingsveranstaltungen gefüllt. Ich spürte nichts von der wirtschaftlichen Situation. Im Gegenteil.

Übrigens, kostenlose Seminare werden von mir in der Schweiz durchgeführt. Seit ich mein Hörbuch und die erste Auflage dieses Buches geschrieben habe, wurde ich immer wieder von einzelnen Personen darauf angesprochen, dass die Fahrt zu den zweieinhalbstündigen kostenlosen Seminaren für sie zu weit ist. Darum habe ich jetzt zusätzlich etwas Neues geschaffen: Es gibt Intensivseminare in der Schweiz, die länger als einen halben Tag dauern, zu einem sehr günstigen Preis. Die Seminare sind so intensiv und so lehrreich, dass sich auch eine Anreise von weit her lohnt.

Die aktuellen Daten und Preise aller Seminare, die wir anbieten, können Sie im Internet unter http://www.umberto.ch nachschauen. Mit einem interaktiven Check können Sie feststellen, welches Seminar für Sie das Richtige ist. Auch können Sie sich auf meiner Homepage bequem für eines meiner Seminare anmelden und Kassetten/Bücher bestellen.

Mein Hobby ist es, dass ich immer neue und noch bessere Techniken zu den verschiedensten Verkaufsthemen entwickle. Diese Inhalte spreche ich und meine Mitarbeiter teilweise auf CD. Diese Eigenproduktionen sind exklusiv nur auf meiner Homepage erhältlich. Weiter finden Sie auf meiner Homepage einen Newsletter mit aktuellen Informationen und Techniken. Ich empfehle Ihnen, diesen zu abonnieren.

Bei Fragen erreichen Sie meine Mitarbeiter und mich bei Umberto Saxer Training unter der Telefonnummer 0041/52 365-26 24.

Farner: Herr Saxer, was ist der Grund, warum Sie Eigenwerbung machen und Ihre Trainingsangebote hier erwähnen?

Saxer: Es liegt mit sehr stark am Herzen, dass meine Leser immer besser, besser und noch besser werden. Und in diesem Zusammenhang haben ich und meine Mitarbeiter einfach rund um das Buch noch sehr viel geschaffen. Mit dem Buchpreis haben Sie nicht nur das Buch erhalten, sondern noch sehr viele kostenlose Dienstleistungen rund um das Buch dazu. Dadurch wird das Umsetzen in die Praxis stark erleichtert. Bedenken Sie auch noch, wenn man massiv besser werden möchte, ist neben dem Lesen schlicht und einfach Training nötig! Etwas, das jeder, der im Sport an die Spitze möchte, ja auch tut. Darum biete ich Ihnen meine Trainings immer wieder mit Freude an.

> Zudem bin ich Verkäufer und Verkaufstrainer und lehre die Menschen das Verkaufen. Ich bin doch absolut unglaubwürdig, wenn ich meine Trainings, die ich sonst noch anzubieten habe, nicht meinen Lesern anbieten und verkaufen würde! In dem Moment, in dem Sie meinen Text lesen und sehen, wie ich meine Trainings/Seminare anbiete, können Sie schon wieder von meinen Formulierungen lernen.

Mein Hörbuch »Bei Anruf Erfolg« dauert über fünf Stunden und besteht aus vier Kassetten oder vier CDs. Auf jeder Kassette oder CD sind im Durchschnitt eine Minute und 15 Sekunden Informationen über meine Kurse integriert worden, und die Informationen wurden von mir so integriert, dass jeder von meinen Formulierungen lernen kann.

Es hat schon Leute gegeben, die selbst im Verkauf sind und die zu mir gesagt haben, dass ich zu viel Eigenwerbung mache. Diese Menschen haben in der Regel ein Problem. Sie sind selbst im Verkauf und müssten ihre Produkte und Dienstleistungen anbieten – es stört sie aber, wenn andere ihnen etwas anbieten. Das heißt, dass sie mit größter Wahrscheinlichkeit selbst nicht zum Verkaufen stehen und daher einen inneren Frust gegenüber ihrer Tätigkeit aufgebaut haben. Diese Menschen sollten lernen, zum Verkaufen und zu ihrer Tätigkeit zu stehen. So bekommen sie mehr Freude, Power und Erfolg!

Ein guter Manager, Verkäufer, Geschäftsmann oder auch ein einfacher Angestellter sollte vermehrt Chancen wahrnehmen und überall, sofern sich die Gelegenheit dazu bietet und es angebracht ist, vom Nutzen seiner Firma und seinen Produkten sprechen. Natürlich laufen Sie auch einmal Gefahr, dass dies jemandem in den falschen Hals kommt. Bedenken Sie, dass dieser Schaden in der Regel um Welten kleiner ist, als wenn Sie den Nutzen Ihrer Möglichkeiten nicht anbieten. Wenn Sie etwas gar nicht anbieten, ist Ihnen ein Nein meistens sicher, wenn Sie es jedoch von der Formulierung und Betonung her richtig anbieten, haben Sie eine große Chance für ein Ja.

Möchten Sie mehr verkaufen? Wenn ja, dann müssen Sie mehr Chancen wahrnehmen, bei denen Sie ein Ja bekommen könnten!

Tanner: Umberto, eine ganz andere Frage: Warum bietest du gut zweistündige, kostenlose Seminare und länger als einen halben Tag dauernde Intensivseminare zu einem sehr günstigen Preis in der Schweiz an?

Saxer: Meine Großmutter ist sehr großzügig, und Sie sagt gerne: »Ä Guets git wieder ä Guets.« Auf hochdeutsch heißt das: Etwas Gutes gibt wieder etwas Gutes. Wenn ich das Leben meiner Großmutter betrachte, dann ist sie wirklich reich, obwohl sie wenig Geld hat.
Sie gibt das Wenige von Herzen, und was sie selbst braucht, bekommt sie im rechten Moment. Viele Menschen suchen den Kontakt zu ihr, und sie hat einen riesigen Bekanntenkreis. Sie ist glücklich und gibt von ihrem Glück reichlich und im Überfluss weiter.
Meine Mutter hat diese Großzügigkeit und Herzlichkeit von ihrer Mutter, meiner Großmutter, übernommen, und ich wäre nie so erfolgreich und glücklich geworden, wenn ich nicht so viele menschliche Werte von meiner Mutter und meiner Großmutter bekommen hätte.
Ä Guets git wieder ä Guets – darum mache ich die kostenlosen Schulungen und die länger als einen halben Tag dauernden Intensivseminare zu einem sehr günstigen Preis.

Tanner: Umberto, gib mir jetzt auch »ä Guets« und sag mir, wie man Termine aufgrund von Weiterempfehlungen vereinbart?

Die kybernetische Methode hat drei Punkte:

1. Ich beziehe mich auf die Person, welche mich weiterempfohlen hat. Zum Beispiel so:
   - »Herr Paul Müller hat mich an Sie weiterempfohlen. Ich soll einen herzlichen Gruß von ihm ausrichten.«

   Das Ausrichten des Grußes ist nicht zwingend notwendig, jedoch habe ich festgestellt, dass ein Gruß die Wirkung verbessert.

2. Lassen Sie die Person, die Sie weiterempfohlen hat, für sich sprechen. Zum Beispiel:
   - »Herr Müller hat mir gesagt, dass Sie jemand sind, der viel Freude an schönen Cabriolets hat, ist das richtig?«
   - »Frau Meier sagte mir, dass Sie jemand sind, der vermutlich offen ist für Möglichkeiten, wie man mit einem guten Steuerberater bis 20% Steuern einspart. Ist das so?«
   - »Herr Käser sagte mir, dass Sie ein dynamischer Manager sind, der grundsätzlich Interesse an Möglichkeiten hat, wie man durch Automation der Produktion bis 15% Kosten einsparen kann. Schätzt Sie Herr Käser richtig ein?«

   Machen Sie unbedingt Aussagen, bei denen sich Ihr Gesprächspartner sicher angesprochen fühlt. Verwenden Sie dafür Informationen, die Sie von der Weiterempfehlung erhalten haben oder die Sie einfach voraussetzen können. So wirken Sie sofort vertrauenswürdig, weil es

   a) von einer Person kommt, die er kennt, und
   b) weil es etwas ist, das er bejahen kann.

3. Termin vereinbaren. Zum Beispiel:
   - »Wir haben in unserer Garage ein sehr schönes Cabriolet bekommen, und ich würde Ihnen das gerne zeigen. Wann passt es Ihnen nächste Woche untertags, damit Sie vorbeikommen können, zum Beispiel am Montag oder Dienstag?«

Sie werden erstaunt sein, wie gut es funktionieren wird, wenn Sie Leute aufgrund von Weiterempfehlungen ansprechen. Ich bringe jetzt ein Beispiel, wie ich Leute aufgrund von Weiterempfehlungen zum kostenlosen Training einlade.

Steiner: Appenzeller Medienhaus, Marcel Steiner.

Saxer: Saxer, spreche ich mit Herrn Marcel Steiner persönlich?

Steiner: Ja, um was geht's?

Saxer: Mein Name ist Umberto Saxer von der Firma Umberto Saxer Training. Herr Peter Reichenbach hat mich an Sie weiterempfohlen. Ich soll einen herzlichen Gruß von ihm ausrichten.

Steiner: Ah, Herr Reichenbach, was hat er Interessantes an mich weiterempfohlen?

Saxer: Herr Reichenbach hat mir gesagt, dass Sie ein Geschäftsführer sind, der offen ist für Möglichkeiten, wie seine Verkäufer und Telefonistinnen noch einfacher Inserate und Abonnements verkaufen können und wie Umsatz und Gewinn gesteigert werden kann. Ist das richtig?

Steiner: Ganz klar – ich bin offen für solche Möglichkeiten.

Saxer: Gut, dann möchte ich Sie zu einem kostenlosen zweistündigen Training einladen, bei dem eine Verkaufsmethode vorgestellt wird, mit der man viel einfacher verkaufen kann und schneller zum Ziel kommt. Wie passt Ihnen der Donnerstag, 7. November, 9.30 bis 11.30 Uhr?

Steiner: Ja, das passt.

Saxer: Herr Steiner, Sie haben noch die Möglichkeit, weitere Personen für die kostenlose Trainingsveranstaltung mitzubringen, vielleicht möchten Sie Ihre Mitarbeiter mitnehmen oder gute Kollegen, die auch Interesse haben, einfacher und mehr zu verkaufen. Mit wie vielen Personen möchten Sie kommen?

Steiner: Reservieren Sie doch noch zusätzlich zwei Plätze.

Saxer: Das mache ich gerne, Herr Steiner. Ich freue mich, Sie und zwei weitere Personen am 7. November, um 9.30 Uhr persönlich kennen zu lernen. Ich wünsche Ihnen alles Gute und einen schönen Tag.

Farner: Herr Saxer, jetzt verstehe ich Ihre Methode. Sie ist ganz einfach.

Angenommen, ich verkaufe Ferienreisen und erhalte von einem Kunden, Herrn Kurt Meier, eine Weiterempfehlung für einen gewissen Herrn Karibik. Folgende Informationen erhalte ich noch von Herrn Meier: Herr Karibik hat gerne blaues Meer, warmes Wasser, Palmen und gemixte Drinks am Strand bei Sonnenuntergang. Wenn ich dann Herrn Karibik anrufe, sage ich Folgendes:
»Herr Kurt Meier hat mich an Sie weiterempfohlen. Herr Meier hat mir gesagt, dass Sie gerne blaues Meer, gerne warmes Wasser, gerne Palmen und gerne gemixte Drinks am Strand bei Sonnenuntergang haben, ist das so?«
So ist mir das Ja von Herrn Karibik sicher, und so habe ich die ideale Voraussetzung, ihn zu mir in die Reiseagentur einzuladen. Ist die Methode wirklich so einfach?

Saxer: Ja, sie ist so einfach. Das Einzige, was diese Weiterempfehlungsmethode vom Erfolg trennt, ist deren regelmäßige Anwendung. Sie müssen es nur noch immer, immer und immer wieder anwenden. Sie werden dann erleben, dass sie Ihnen mit jedem Mal besser und noch besser über Ihre Lippen kommt und dass Sie immer genügend Termine bei potentiellen Kunden haben.
Sie haben beim vorigen Beispiel mit Herrn Karibik noch etwas automatisch richtig gemacht – Sie haben das Wort »gerne« viermal wiederholt. Sie haben gesagt: »Sie haben gerne blaues Meer, gerne warmes Wasser, gerne Palmen und gerne gemixte Drinks.«
Stilistisch ist das unschön, verkäuferisch absolut richtig. Wenn Sie wichtige Worte wiederholen, so wirkt das hypnotisch, und auf einer unbewussten Ebene verstärken Sie das, was Sie Ihrem Kunden mitteilen möchten. Wenn Sie zukünftig wichtige Worte wiederholen, werden Sie erleben, dass Ihnen das Verkaufen immer leichter, leichter und leichter fallen wird, und dass Sie dadurch mehr Freizeit haben, mehr Umsatz haben und mehr Gewinn haben werden.

Punkt 9g: Terminieren bei meinen bestehenden Kunden

Die meisten Manager und Verkäufer, die ich kenne, haben keine Probleme, bei bestehenden Kunden Termine zu vereinbaren. Wenn Sie jemanden ganz gut kennen, dann ist es sowieso einfach, dann können Sie sagen: »Hallo Fritz, wir sollten uns wieder treffen, wann passt es dir nächste Woche?« Und schon erhalten Sie den Termin.
Problematischer wird es bei Kunden, die Sie persönlich noch nicht kennen, und bei Kunden, die schon länger nicht mehr bei Ihnen bestellt haben. Bei diesen Kunden komme ich in vier Schritten zum Termin:

Schritt 1: Ich sage ein bis vier Sätze, die mein Kunde sicher bejahen kann.

Schritt 2: Ich sage, um was es geht.

Schritt 3: Ich sage den Kundennutzen.

Schritt 4: Terminvorschlag.

Bei Schritt 1 ist es nicht zwingend notwendig, dass er zu jedem Satz Ja sagt, es reicht, wenn er das Ja denkt. Ein Beispiel: »Sie sind Kunde bei unserer Garage und haben vor sechs Jahren einen Saab 9000 bei uns gekauft. Seither kommen Sie einmal pro Jahr bei uns in den Service.«

Farner: Das sind aber logische Dinge, das weiß der Kunde auch.

Saxer: Das ist richtig, das weiß der Kunde auch. Und gerade darum, weil er es selbst auch weiß, wird er es mit hundertprozentiger Sicherheit bejahen. Und so haben Sie in Sekunden eine Vertrauensbasis geschaffen, mit der Sie jetzt leicht den Kundennutzen anbringen und leichter einen Terminvorschlag machen können. Die Wirkung, wenn Sie ein paar Sätze sagen, die der Kunde sicher bejahen kann, ist hundertmal besser, als wenn Sie Ihren Kunden fragen: »Wie geht's?«

Tanner: Aber es ist doch wichtig, dass ich frage: »Wie geht's?«

Saxer: Ja, zwischendurch kann es von Nutzen sein. Wobei ... – meistens ist die Frage: »Wie geht's?« nur noch eine abgedroschene Floskel. Mehrheitlich wird gar nicht mehr auf die Antwort gehört. – Eine Zeit lang habe ich auf Anraten eines guten Freundes folgenden Test mit Managern und Verkäufern gemacht. Hören Sie gut zu:
Vertreter: »Wie geht es Ihnen, Herr Saxer?« – Ich: »Großmutter tot.« – Vertreter: »Freut mich!«
Sie können sich das Gelächter der Teilnehmer vorstellen.
Ich empfehle Ihnen, die Frage »Wie geht es?« nur noch sehr gezielt anzuwenden.

Tanner: Welche Alternativen habe ich, um das Gespräch zu eröffnen?

Saxer: Mit der Begrüßung und der anschließenden Gesprächseröffnung möchten Sie sicher das Vertrauen des Gesprächspartners gewinnen. Das werden Sie am sichersten und schnellsten erreichen, wenn Sie zuerst Dinge sagen, die Ihr Gesprächspartner sicher bejahen kann. Suchen Sie da bitte nicht zu weit. Wenn Sie in ein Sitzungszimmer gehen und Ihre Kollegen sitzen schon, können Sie sagen: »Guten Tag, ich sehe Sie sitzen schon.« Wenn Sie als Autoverkäufer sehen, dass ein Interessent einen blauen Golf GTI anschaut, dann sagen Sie: »Ich sehe, Sie schauen den blauen Golf GTI an.«

Müller: Am Telefon sehe ich aber nicht, was mein Kunde gerade macht.

Saxer: Das ist richtig, dafür haben Sie jene anderen unbestreitbaren Informationen, zum Beispiel: aus der Kundenkartei, aus einer Zeitung, von einer früheren Besprechung usw. Suchen Sie auch hier nicht zu weit.

Bürki: Herr Saxer, ich hätte gerne ein paar unbestreitbare Dinge von Ihnen gehört.

Saxer: Sie möchten von mir unbestreitbare Dinge hören?

Bürki: Ja, sehr gerne.

Saxer: Gerade vorhin, als ich Ihren Satz, »Herr Saxer, ich hätte gerne ein paar unbestreitbare Dinge von Ihnen gehört«, wiederholte, haben Sie schon wieder etwas Unbestreitbares von mir gehört.

Bürki: Das ist ja viel einfacher, als ich zuerst gedacht habe, ich beginne zu begreifen. Angenommen, ich weiß, dass mein Kunde Verkaufsleiter ist, dann sage ich: »Sie sind Verkaufsleiter.« Oder wenn ich weiß, dass er zehn Mitarbeiter hat, dann sage ich: »Sie haben zehn Mitarbeiter.« Oder er hat das letzte Mal 100 Stück bei mir bestellt, dann sage ich: »Sie haben das letzte Mal 100 Stück bei mir bestellt.«

Saxer: Richtig, und es beginnt schon bei der Begrüßung. Falls Sie den Vornamen wissen, sagen Sie: »Spreche ich mit Frau Susanne Müller persönlich?«

Bürki: Herr Saxer, wenn es bei mir gut läuft, dann sage ich jetzt schon ab und zu Sätze, die der Kunde bejahen kann.

Saxer: Viele Dinge, die Erfolg bringen, macht man ab und zu. Falls Sie dieses Buch mehrmals lesen, werden Sie erfolgreiche Dinge nicht mehr ab und zu machen, sondern immer öfter im richtigen Moment, in der richtigen Art und Weise. Mit jedem Mal Durchlesen werden Sie in jeder Hinsicht immer besser, besser, besser und noch besser.

Wir sind beim Terminieren von bestehenden Kunden.

Nachdem ich bei Schritt 1 ein bis vier Dinge gesagt habe, die der Kunde sprachlich oder mental bejaht, komme ich nun zu Schritt 2. Jetzt sage ich, um was es geht. Zum Beispiel: »Herr Meier, letzte Woche haben wir den neuen Saab bekommen.«

Ohne Pause geht es jetzt zu Schritt 3 – Kundennutzen. Zum Beispiel: »Der neue Saab ist ein wunderbares Auto, und ich möchte Sie gerne das neue Fahrgefühl mit dem neuen Saab erleben lassen.«

Wiederum ohne Pause gehe ich jetzt zu Schritt 4 – Terminvorschlag. Zum Beispiel: »Damit Sie und Ihre Frau das Fahrgefühl erleben, möchte ich Sie nächste oder übernächste Woche einladen, zu mir ins Geschäft zu kommen. Wann passt es Ihnen?«

Ich mache nochmals ein Beispiel:

Saxer: Guten Tag, Frau Meier. Frau Meier, Sie sind seit fünf Jahren eine Kundin von uns, und Sie haben in der Zwischenzeit bereits dreimal Anlagen bei uns gezeichnet, das letzte Mal vor zwei Jahren.
Sie haben mir seinerzeit gesagt, dass Sie einen großen Wert auf eine gute Beratung und eine gute Betreuung legen. In dem Zusammenhang rufe ich an. Ich habe Ihr Portefeuille angeschaut und habe festgestellt, dass es in der jetzigen Marktsituation bei Ihnen neue Möglichkeiten gibt, wie Sie mehr Ertrag mit Ihrem Geld haben könnten.
Damit Sie dies prüfen können, möchte ich Sie nächste oder übernächste Woche zu uns in die Bank einladen. Wann passt es Ihnen?

Bürki: Ich hätte gerne das ganze Beispiel vom Saab noch einmal vorgeführt.

Saxer: Herr Meier, Sie sind Kunde bei unserer Garage und haben vor sechs Jahren einen Saab 9000 bei uns gekauft. Seither kommen Sie einmal pro Jahr bei uns in den Service.

Meier: Ja, das ist richtig, ich war mit Ihrem Service jedes Mal zufrieden.

Saxer: Herr Meier, letzte Woche haben wir den neuen Saab reinbekommen. Der neue Saab ist ein wunderbares Auto, und ich möchte Sie gerne das neue Fahrgefühl erleben lassen, wenn Sie mit dem neuen Saab fahren. Damit Sie und Ihre Frau das Fahrgefühl erleben, möchte ich Sie nächste oder übernächste Woche einladen, zu mir ins Geschäft zu kommen. Wann passt es Ihnen?
Bei diesem Gespräch habe ich eine Pause gemacht, damit der Kunde sprachlich »Ja« sagen kann. Ich

kann das Ja auch mental voraussetzen und keine Pause machen. Hören Sie noch einmal hin:

Saxer: Herr Meier, Sie sind Kunde bei unserer Garage und haben vor sechs Jahren einen Saab 9000 bei uns gekauft. Seither kommen Sie einmal pro Jahr bei uns in den Service. Letzte Woche haben wir den neuen Saab reinbekommen. Der neue Saab ist ein wunderbares Auto, und ich möchte Sie gerne das neue Fahrgefühl erleben lassen, wenn Sie mit dem neuen Saab fahren. Damit Sie und Ihre Frau das Fahrgefühl erleben, möchte ich Sie nächste oder übernächste Woche einladen, zu mir ins Geschäft zu kommen. Wann passt es Ihnen?

Bürki: Ist es mit oder ohne Pause besser?

Saxer: Von der Wirkung sind beide in etwa gleich, Sie können das nehmen, was Ihnen persönlich besser gefällt.

Tanner: Umberto, mir ist noch aufgefallen, dass du oft recht lange Sätze sagst, und dass du die Sätze vielfach mit einem »und« verbindest. Warum machst du das?

Saxer: Gratuliere! Du kannst gut zuhören. Diesen Punkt kannst du sehr einfach selbst austesten.
Wenn du in nächster Zeit anderen Verkäufern zuhörst, wirst du merken, dass die guten Verkäufer eher lange Sätze haben und das Wort »und« oft vorkommt, das heißt: Die Sätze werden jeweils miteinander verbunden. Schlechtere Verkäufer haben eher kurze, abgehackte Sätze, und oft widersprechen sie sich, indem sie »aber« sagen.
In den Trainingsveranstaltungen wird mir die Frage auch oft gestellt. Lange Sätze sind von der Wirkung sehr gut, wenn Sie zwei Dinge beachten: Erstens: Im Satz selbst ist es wichtig, dass Handlungen drin sind. Und zweitens muss Kundennutzen drin sein. Wenn Handlungen und Kundennutzen drin sind, spielt es keine Rolle, wenn Sie lange Sätze sagen.

Kybernetische Einwandbehandlung

Umfragen bei Verkäufern ergaben, dass eines der größten Probleme, womit sie zu kämpfen haben, Kundeneinwände sind. Deshalb widmen wir diesem Thema in diesem Trainingsbuch relativ viel Platz.

Denken Sie aber keinesfalls, dass dies nur für Verkäufer wichtig sei. Egal, was Sie durchsetzen möchten, es gibt immer Einwände von anderen Personen. Wenn Sie zum Beispiel bei einer Geschäftsleitungssitzung ein Konzept vorschlagen, so wird es meistens Einwände geben, die Sie entkräften oder aus dem Weg schaffen müssen, um schließlich »grünes Licht« zu bekommen. Oder auch, wenn Sie zum Beispiel in Ihrer Familie ein bestimmtes Urlaubsziel durchsetzen möchten.

Wenn Sie die Einwandbehandlung beherrschen, dann haben Sie es in sämtlichen Bereichen des Lebens leichter. Sie haben ganz einfach viel mehr Erfolg!

Einwände und Vorwände voneinander unterscheiden

Saxer: Die meisten Menschen haben mehrere Gründe, um etwas zu tun oder abzulehnen. Gründe, die sich gut anhören (Vorwände) – und die wirklichen Gründe (Einwände). Wenn Sie im Verkaufsgespräch oder bei Verhandlungen weiterkommen möchten, müssen Sie Einwände und Vorwände unterscheiden können. Wenn jemand bei Ihnen im Büro ist, der stinkt, dann sagen Sie vermutlich nicht zu ihm: »Verlassen Sie bitte mein Büro, Sie stinken.« Sie getrauen sich nicht, den wirklichen Grund zu sagen. Statt dessen sagen Sie etwas, das gut klingt. Zum Beispiel: »Herr Stinker, ich habe in ein paar Minuten die nächste Besprechung, bitte lassen Sie mir doch Ihre Unterlagen da, ich werde Sie dann anrufen.« – Hand aufs Herz, hätten Sie dieser Person jetzt gesagt, dass sie stinkt?

Farner: Das heißt ja, wenn ein Kunde mir einen Grund sagt, warum er nicht möchte, ist das ja meistens gar nicht die Wahrheit. Und dass ich so im Prinzip angelogen werde.

Saxer: Ja, das ist richtig. Wir Menschen sind nicht immer ganz ehrlich. Wenn man es genau betrachtet, verwenden wir täglich Dutzende und Aberdutzende von kleineren und größeren Ausflüchten, Ausreden und Lügen. Dies alles gehört in die Kategorie der Vorwände. Ein Vorwand ist immer eine Wand, die vor den wirklichen Grund geschoben wird.

Müller: Dann ist es äußerst wichtig, dass ich lerne, Einwände von Vorwänden zu unterscheiden, sonst versuche ich immer, die falschen Gründe, die Vorwände, aufzulösen und für die falschen Gründe Lösungen zu finden.

Saxer: Sie haben den Nagel auf den Kopf getroffen. Es geht sogar noch weiter.

Vor vielen Jahren, als ich noch Außendienstmitarbeiter bei der Patria Versicherung war, ist mir Folgendes passiert. Ich hatte einem Herrn Kuster, ein erfolgreicher Handwerker, eine größere Sparversicherung angeboten, damit er mit 60 Jahren in den Ruhestand treten kann. Für damalige Verhältnisse war dies für mich ein Riesengeschäft. Und ich habe mir vorgenommen, dass ich dieses Geschäft abschließe.

Als dann Herr Kuster sagte, er möchte dies noch mit seinem Buchhalter besprechen, wollte ich unbedingt den Namen des Buchhalters erfahren, damit ich den Ball nicht aus der Hand gebe. Je mehr ich Herrn Kuster drängte, mir doch den Namen des Buchhalters zu sagen, desto mehr riss die gute Stimmung zu ihm. Schlussendlich haben wir uns getrennt, ohne einen neuen Termin zu vereinbaren. Das Geschäft kam nicht zustande.

Viel später fand ich heraus, warum. Herr Kuster hatte gar keinen Buchhalter, und weil ich unbedingt den Namen des Buchhalters erfahren wollte, musste Herr Kuster den Kontakt zu mir abbrechen, damit er selbst sein Gesicht nicht verlor. Dies war eine große Lehre für mich. Seither unterscheide ich immer Einwände von Vorwänden.

Tanner: Wie soll ich Einwände behandeln?

Saxer: Behandeln Sie Einwände in vier Schritten:

- Schritt 1: Entwickeln Sie die richtige Einstellung gegenüber Einwänden.
- Schritt 2: Würdigen Sie das Gesagte.
- Schritt 3: Unterscheiden Sie Einwände von Vorwänden.
- Schritt 4: Einwand behandeln und Ziele erreichen.

Schritt 1: Entwickeln Sie die richtige Einstellung gegenüber Einwänden

Einwände werden von vielen Menschen als Gefahr erkannt. Wie wir auf eine Gefahr reagieren, haben wir von unseren Vorfahren gelernt. Damals besaßen wir noch einen Lendenschurz aus Fell und eine große Keule. Bei einer Gefahr hatten wir drei verschiedene Überlebensstrategien: Einige unserer Vorfahren haben zugeschlagen und wollten den Feind vernichten, andere haben sich tot gestellt, und wiederum andere sind davongerannt. Diese Überlebensmechanismen sind in uns drin, sie sind nach wie vor aktiv, bei jedem Menschen. Bei einer Gefahr läuft so sicher wie das Amen in der Kirche einer dieser drei Mechanismen ab.

Und genau da beginnt das Problem bei der Behandlung von Einwänden. Viele Menschen haben Angst vor Einwänden. Im Moment, in dem man Angst hat, erkennt man jeden Einwand als Gefahr – und dann ist man im Urzustand: Die einen werden persönlich, sie bekommen einen aggressiven Ton in der Stimme und greifen den Kunden verbal an; andere werden sprachlos und die letzten, die geben schlicht und einfach auf. Die können dann beweisen, dass das Verkaufen oder das Terminieren in der heutigen wirtschaftlichen Situation sehr schwierig ist.

Folgende Einstellung gegenüber Einwänden hilft beim Verkaufen:

Sie dürfen keine Angst vor Einwänden haben – denn Einwände sind oft Kaufsignale. Einwände sind auch Wegweiser, mit einem Einwand liefert uns der Kunde oft das stärkste Argument für den Abschluss. Einwände sind unsere Verbündeten, weil sie uns offenbaren, was den Kunden vom Kauf abhält. Einwände sind natürlich. Wenn der Kunde sehr stark an den Kauf denkt, so denkt er auch automatisch an Gründe, die gegen diesen Kauf sprechen.

Das heißt, zu dem Zeitpunkt, zu dem der Kunde bereits kaufwillig ist, kommen auch oft noch Bedenken oder Einwände vom Kunden zum Vorschein. Vielfach sind diese Einwände/Bedenken nichts anderes als versteckte Wünsche. Ihr Kunde gibt Ihnen so indirekt den Schlüssel für den Abschluss in die Hand. Leider öffnen die wenigsten Manager und Verkäufer die Hand, damit Sie den Schlüssel entgegennehmen können. Ich nenne ein Beispiel:

Müller:	Herr Verkäufer, ich habe gehört, dass Ihre Serviceleistungen nicht so gut sind.
Verkäufer:	Von wem haben Sie das gehört?
Müller:	Hmm, hmm – *(er zögert)* das möchte ich Ihnen nicht sagen.
Verkäufer:	*(wird leicht aggressiv)* Das sollte ich aber schon wissen, ich möchte diese Anschuldigung nicht auf mir sitzen lassen.

Wohin das führen kann, das können Sie sich gut selbst vorstellen. In dieser bedrängten Situation fühlt sich der Gesprächspartner sicher nicht mehr wohl.

Angenommen, Ihr Kunde hat die Aussage, dass Ihre Serviceleistungen nicht so gut sind, nur gefühlsmäßig geäußert, und Ihr Kunde kann oder will Ihnen nicht sagen, wer konkret dies gesagt hat. In so einem Fall bringen Sie Ihren Kunden mit der Frage »Von wem haben Sie das gehört?« arg in Bedrängnis, und er wird zumachen. Möglicherweise bricht er den Kontakt zu Ihnen ab, weil er nicht zugeben möchte, dass er nicht weiß, von wem er das gehört hat.

Meine Erfahrungen zeigen mir, dass die Mehrheit aller Manager und Verkäufer diesen sehr groben Fehler bei Verhandlungen machen!

Es ist völlig unwichtig für Sie, von wem Ihr Kunde gehört hat, dass

Ihre Serviceleistungen nicht so gut sind. Absolut wichtig ist es jedoch, dass Sie den Wunsch des Kunden heraushören! Ein neues Beispiel:

Müller: Herr Saxer, ich habe gehört, dass Ihre Serviceleistungen nicht so gut sind.

Saxer: Mhmm – für Sie ist es also wichtig, dass Sie sehr gute Serviceleistungen haben, ist das richtig?

Müller: Ja, das ist für mich entscheidend.

Saxer: Angenommen, ich kann Ihnen versichern, dass wir Ihnen die gewünschten Serviceleistungen bieten können, entscheiden Sie sich dann für unser Angebot?

Müller: Ja, sicher.

Farner: Wow! – Das ist ja wie Judo, Sie nutzen so die Energie des Gesprächspartners, um ans Ziel zu kommen.

Saxer: Genau darin liegt der Schlüssel zur einfachen und gezielten Einwandbehandlung. Dieses Vorgehen ist für alle Beteiligten viel angenehmer. Einverstanden?

Farner: Absolut.

Saxer: Mit der richtigen Einstellung gegenüber Einwänden werden Sie Einwände nicht mehr bekämpfen, sondern als Information und als Chance nutzen.

Schritt 2: Würdigen Sie das Gesagte

Saxer: Würdigen Sie das Gesagte – was meine ich mit dieser Aussage?

Farner: Herr Saxer, ich konnte Sie schon ein paar Mal erleben, wie Sie verkaufen. Sobald der Gesprächspartner Ihnen einen Vorwand oder Einwand bringt, würdigen Sie dies wie folgt:

- Ihre ganze Körperhaltung, jede Äußerung und Ihr Gesichtsausdruck sagen einem, dass Sie Verständnis für den Einwand/Vorwand haben. Der Gesprächspartner bekommt das Gefühl, dass er etwas Wichtiges, Interessantes gesagt hat.

- Sie lassen den Gesprächspartner aussprechen und signalisieren ihm mit einem »Mhmm«, dass Sie ihn verstehen. Er bekommt das Gefühl, Sie möchten nur das Beste für ihn.
- Zusätzlich ist mir aufgefallen, dass Sie oft einen Teil des Einwandes wiederholen. Zum Beispiel, wenn der Gesprächspartner sagt: »Es ist unmöglich, in der jetzigen Zeit den Umsatz zu verdoppeln«, dann höre ich zuerst ein »Mhmm« von Ihnen, und dann sagen Sie: »Sie sind der Meinung, dass es zur Zeit unmöglich ist, den Umsatz zu verdoppeln ...?« Und wenn ich jetzt den Gesichtsausdruck des Gesprächspartners anschaue, sehe ich, dass er die Vorstellung, das Gefühl hat und zu Gehör bekommt: »Ja – ich werde ernst genommen – Herr Saxer versteht meine Situation – er kann mir helfen.« Sie schwingen mit dem Gesprächspartner auf der gleichen Wellenlänge. Ohne Druck auszuüben, erreichen Sie Ihre Ziele.

Saxer: Mein Kompliment. Sie haben alles, worauf es ankommt, beobachtet. Bravo!

Drei wesentliche Dinge möchte ich nochmals wiederholen:

1. Zwingend – Sprechen Sie bei Einwänden/Vorwänden nicht gleich drauf los.
2. Zwingend – Lassen Sie den Kunden aussprechen.
3. Fakultativ – Würdigen Sie das Gesagte mit einem »Mhmm«, und gehen Sie direkt, ohne Pause, zu Schritt 3. Oder:
   a) Wiederholen Sie sinngemäß oder wortwörtlich Teile des Vorwandes/ Einwandes, und gehen Sie *nach der Antwort* des Kunden zu Schritt 3. Oder:
   b) Wiederholen Sie sinngemäß oder wortwörtlich Teile des Vorwandes/Einwandes, und gehen Sie direkt, ohne Pause, zu Schritt 3. Oder:

c) Wiederholen Sie in abgewandelter Form seine Aussage, und geben Sie ihr eine neue Bedeutung, die Sie näher zum Ziel bringt. Überspringen Sie danach Schritt 3.

d) Verändern Sie seine Aussage so, dass Sie direkt zum Termin oder zum Abschluss gehen können.

Ein paar Beispiele:

Kunde: Sie müssen nicht vorbeikommen, ich habe schon alle Versicherungen.

Saxer: *(3.)* Mhmm. *(Zu Schritt 3 gehen, zum Beispiel:* Gibt es ebenfalls noch etwas, das Sie davon abhält, dies mit mir ganz unverbindlich zu prüfen?) *Oder:*

(a) Mhmm, Sie sind also der Meinung, dass Sie schon alle Versicherungen haben, ist das richtig? *Oder:*

(b) Mhmm, Sie sind also der Meinung, dass Sie schon alle Versicherungen haben? *(Zu Schritt 3 gehen, zum Beispiel:* Gibt es sonst noch etwas, das Sie zögern lässt, mich zu empfangen?) *Oder:*

(c) Mhmm, für Sie ist es also wichtig, dass Sie nicht zu viele Versicherungen haben, ist das so? *(Schritt 3 überspringen.)*

(d) Wenn Sie schon alle Versicherungen haben, dann sind Sie jemand, der sich um seine Versicherungen kümmert und die auch regelmäßig überprüft, und wenn es etwas Besseres gibt vermutlich das Bessere möchte. Damit Sie unverbindlich prüfen können, was an Verbesserungen und Einsparungen an Prämien und Steuern bei Ihnen möglich ist, schlage ich Ihnen vor, dass ich am Montag, 16. Januar, um 20 Uhr oder am

Donnerstag 19. Januar, um 18.15 Uhr bei Ihnen vorbeikomme. Was passt Ihnen besser?

Kunde: Ich habe gehört, Ihre Firma hat einen schlechten Service.

Saxer: *(3.)* Mhmm. *(Zu Schritt 3 gehen, zum Beispiel:* Gibt es sonst noch etwas, das Sie zögern lässt, dies mit mir zu machen?) *Oder:*

(a) Mhmm, Sie haben gehört, dass unser Service nicht so gut ist? *(Antwort des Kunden abwarten und dann zu Schritt 3 gehen.) Oder:*

(b) Mhmm, Sie haben gehört, dass unser Service nicht so gut ist. *(Zu Schritt 3 gehen, zum Beispiel:* Gibt es außerdem noch etwas, das Sie davon abhält, diese Maschine zu nehmen?) *Oder:*

(c) Mhmm, für Sie ist also ein guter Service wichtig? *(Schritt 3 überspringen.)*

(d) Gerade wenn Sie einen guten Service möchten, sollten Sie bei uns kaufen, Sie werden dann feststellen, dass unser Service wirklich stimmt. Damit Sie dies feststellen können, ab wann hätten Sie gerne die Vorzüge von unserer Klimaanlage?

Kunde: Sie sind zu teuer.

Saxer: *(3.)* Mhmm. *(Zu Schritt 3 gehen, zum Beispiel:* Gibt es außer diesem Punkt noch etwas, das Sie von einer Zusage abhält«) *Oder:*

(a) Mhmm, teuer – gibt es außer dem Preis sonst noch etwas, das sie noch zögern lässt, Ja zu sagen? *(Antwort des Kunden abwarten und dann zu Schritt 3 gehen.) Oder:*

(b) Mhmm, Sie haben den Eindruck, dass wir einen rechten Preis haben. *(Zu Schritt 3 gehen, zum Beispiel:* Gibt es außerdem noch etwas, das Sie zögern lässt, von unserem Angebot zu profitieren?) *Oder:*

(c) Mhmm, für Sie ist also Preis/Leistung wichtig? *(Schritt 3 überspringen.)*

(d) Ich weiß, es ist eine rechte Investition, dafür sparen Sie in der Produktion 9% mehr ein, und dies ist um Welten mehr, als Sie bei uns investieren. Ab wann hätten Sie diese Einsparungen gerne?

Kunde: Sie wollen mir doch nur etwas verkaufen.

Saxer: *(3.)* Mhmm. *(Zu Schritt 3 gehen, zum Beispiel:* Gibt es sonst noch etwas, das Sie davon abhält, dies mit mir anzuschauen?) *Oder:*

(a) Mhmm, Sie haben Bedenken, dass ich Ihnen nur etwas verkaufe, das Sie nicht möchten, ist das so? *(Antwort des Kunden abwarten und dann zu Schritt 3 gehen.) Oder:*

(b) Mhmm, Sie haben Bedenken, dass ich Ihnen nur etwas verkaufe, das Sie nicht möchten. *(Zu Schritt 3 gehen, zum Beispiel:* Gibt es außer diesem Punkt noch etwas, das Sie von einem Termin mit mir trennt?) *Oder:*

(c) Mhmm, ja, das möchte ich, sofern es Ihnen große Vorteile bringt und Sie es auch wirklich möchten. Sind Sie grundsätzlich offen für Innovationen und Verbesserungen? *(Alle folgenden Schritte wurden übersprungen.)*

(d) Wenn es Ihnen Vorteile bringt, dann gerne. Ich

gehe davon aus, dass Sie grundsätzlich offen für Verbesserungen sind. In welchem Ausmaß Verbesserungen bei Ihnen möglich sind, können Sie am Mittwoch, dem 23. Februar, um 14.15 Uhr oder am Donnerstag, dem 2. März, um 9.30 Uhr kennen lernen, was passt Ihnen besser?

Falls Sie sich zukünftig an dieses einfache Schema halten, werden Sie feststellen, dass Sie Vorwände/Einwände auf einer emotionalen, angenehmen Ebene angehen können. Dadurch werden Sie alle Einwandbehandlungstechniken, die wir noch lernen werden, besser anwenden können.

Schritt 3: Einwände von Vorwänden unterscheiden

Das erreichen Sie, indem Sie immer den wirklichen Grund herausfinden möchten und Ihr Ziel im Auge behalten. Argumentieren Sie, wie wir bei Schritt 2 gelernt haben, nicht gleich gegen den ersten Vorwand oder Einwand. Lassen Sie den Gesprächspartner aussprechen, und geben Sie ihm das Gefühl, dass Sie ihn verstehen. Das heißt nicht, dass Sie ihm Recht geben müssen. Sie müssen ihn nur verstehen. Danach können Sie sinngemäß folgende Frage stellen (bei Schritt 2 konnten Sie schon Beispiele dieser Frage nachlesen):

- »Gibt es außerdem noch etwas, das Sie zögern lässt, von unserem Angebot zu profitieren?«
- »Gibt es sonst noch etwas, das Sie davon abhält, mit uns zusammenzuarbeiten?«
- »Gibt es außer diesem Punkt noch etwas, das Sie von einer Zusage abhält?«
- »Gibt es noch etwas, das Sie zögern lässt, bei mir zu bestellen?«

Wenn Ihr Gesprächspartner Nein sagt, und es nichts mehr gibt, können Sie annehmen, dass es sich um einen Einwand handelt. Falls es noch etwas gibt, dann können Sie zumeist davon ausgehen, dass der zuerst genannte Grund ein Vorwand, das heißt nicht der wirkliche Grund, war. Auf die Vorwände gehen Sie in keiner Weise mehr ein, die können Sie beiseite lassen. In 80 bis 90% der Fälle reicht es, wenn Sie den zuletzt genannten Grund, voraussichtlich den Einwand, behandeln. Erst mit den folgenden Einwandbehandlungstechniken werden Sie die größtmögliche Gewissheit erhalten, ob es sich um einen Einwand oder ob es sich immer noch um einen Vorwand handelt. Setzen Sie sich unbedingt zum Ziel, dass Sie immer den wirklichen Grund – den Einwand – herausfinden möchten!

Schritt 4: Einwände behandeln und Ziel erreichen

Bei Schritt 4 nehmen wir jetzt eine Grundmethode durch und danach fünf Variationen dieser Grundmethode. Später, wenn Sie alle Methoden beherrschen, werden Sie merken, dass Sie diese miteinander mischen.

Schritt 4a: Grundmethode der Einwandbehandlung

Bei der Grundmethode verwenden wir Bedingungsfragen. Das sind, wie es das Wort sagt, Fragen, die an eine Bedingung geknöpft sind. Zum Beispiel:

- »Angenommen, wir könnten X erfüllen, würden Sie dann Y machen?«
- »Vorausgesetzt, X wäre möglich, möchten Sie dann davon profitieren?«
- »Wenn ich Ihnen den Nachlass von X gewähren würde, habe ich dann jetzt Ihren Auftrag?«
- »Ich sehe das richtig – angenommen, Sie erhalten die Sicherheit, dass

wir bis Y liefern könnten, würden Sie dann mit uns zusammenarbeiten?«

- »Falls ich X lösen könnte, würden Sie dann Y veranlassen?«
- »Ich habe Sie richtig verstanden, Sie würden also X einsetzen, wenn ich Y erfüllen könnte?«
- »Ich verstehe Sie richtig, falls wir X haben, würden Sie Y tun?«
- »Ich höre das richtig – vorausgesetzt, Sie erhalten die Zusage von X, dann würden Sie Y bestellen?«

Bedingungsfragen haben Sie selbst schon oft in Ihrem Leben angewendet – vor allem, als Sie noch ein Kind waren. Vor ein paar Jahren habe ich erlebt, wie mein Sohn Fabian meine Frau gefragt hat: »Mami, darf ich fernsehen?« Da sagte meine Frau: »Nein, dein Zimmer ist noch in völliger Unordnung.«

Haben Sie als Kind in einer solchen Situation aufgegeben? Nein, sicher nicht. Fabian fragte dann: »Mami, habe ich dich richtig verstanden – wenn mein Zimmer aufgeräumt ist, darf ich dann fernsehen?« Meine Frau zögerte einen kurzen Augenblick, schaute meinen Sohn an und sagte: »Ja sicher, Fabian.« Und dann hat mein Sohn Fabian über das ganze Gesicht gestrahlt und gesagt: »Mami, ich habe vorhin das Zimmer schon aufgeräumt«, ging zum Fernseher und schaltete ihn gleich ein.

Das, was mein Sohn Fabian gemacht hat, war perfekte Verkaufstaktik. Wie oft fordert ein Kunde etwas, zum Beispiel: »Ich hätte noch gerne 2% Barzahlungsrabatt«, und der Manager/Verkäufer sagt: »Ja, gut, weil Sie es sind, kann ich es Ihnen noch geben«. Und jetzt entscheidet sich der Kunde? – Schön wäre es, oft macht er es noch nicht.

Wie stümperhaft doch so viele Manager und Verkäufer in solchen Situationen sind. Als Kinder hätten sie vermutlich dem Kunden geantwortet: »Angenommen, ich gebe Ihnen die 2% Barzahlungsrabatt, geben Sie mir dann auch den Auftrag?«

Als wir noch Kinder waren, haben wir mehrheitlich diese perfekte Verhandlungstaktik meisterhaft beherrscht, leider haben viele von uns große Teile davon während der Erziehung und in der Schulzeit verlernt.

Saxer: Wie würden Sie diese Methode anwenden, wenn ich Ihnen am Telefon sage: »Ihr Service stimmt nicht.«

Müller: »Ich habe Sie richtig verstanden: Wenn ich Ihnen zeigen kann, dass der Service stimmt, würden Sie mich dann empfangen?«

Saxer: Bravo! – Ich bringe den nächsten Einwand: »Sie möchten mir nur etwas verkaufen.«

Farner: »Nein, nein, das will ich nicht, ich würde Sie nur gerne beraten.«

Saxer: Haben wir das so gelernt?

Farner: Nein, ich habe es wie gewohnt gemacht.

Saxer: Was für eine Antwort wäre angebrachter?

Müller: »Falls wir Ihnen nur dann etwas verkaufen möchten, wenn es Ihnen große Vorteile bringt, würden Sie dann einen Termin mit mir vereinbaren, damit Sie dies unverbindlich prüfen können?«

Saxer: Gut, noch ein Einwand: »Ihr Produkt lässt sich bei uns im Geschäft schlecht weiterverkaufen.«

Farner: »Ich kann Ihnen versichern, dass es sich sehr gut weiterverkaufen lässt, man muss das Produkt nur richtig aufstellen.«

Saxer: Mhmm – welche Gefahr steckt in dieser Antwort?

Farner: Der Gesprächspartner fühlt sich nicht ernst genommen, und er wird motiviert, sich zu verteidigen.

Saxer: Genau das – wie kann man diesen Einwand auch noch behandeln?

Müller: »Angenommen, ich kann Ihnen Möglichkeiten aufzeigen, wie sich das Produkt sehr gut verkaufen lässt, würden Sie es dann ins Programm aufnehmen?«

Saxer: Bravo, auf Bedingungsfragen erhalten Sie eine zustimmende oder ablehnende Antwort. So oder so können Sie das Gespräch gut weiterführen. – Wie führen Sie das Gespräch weiter, wenn Ihnen der Kunde zu einer Bedingungsfrage zustimmt?

Müller: Entweder muss ich zuerst den Beweis antreten und kann dann erneut die Kaufbereitschaft testen, oder ich kann gleich anschließend an eine Bedingungsfrage verkaufen oder einen Termin vereinbaren. So oder so muss ich gezielt und ganz natürlich handeln.

Saxer: Richtig, jetzt ist es wichtig, dass Sie nicht zögern und Angst davor haben, den Abschluss zu machen, den Termin zu vereinbaren oder den Beweis anzutreten. Verkaufen ist das Natürlichste der Welt. Es ist wie frisches Brot essen – einfach und ein Genuss. Wenn Sie den Kunden sinngemäß gefragt haben: »Vorausgesetzt, ich kann X erfüllen, würden Sie dann Y tun?« und Sie ein Ja als Antwort bekommen, dann müssen Sie gradlinig Richtung Abschluss oder Termin steuern. Wie Sie jetzt wissen, ist Verkaufen das Natürlichste auf der Welt.

Mit folgenden Fragen kommen Sie zum Abschluss

Mit der Frage nach dem Zeitpunkt, zum Beispiel:

- »Wann hätten Sie es gerne?«
- »Wann sollte es zugestellt sein?«
- »Bis wann hätten Sie es gerne installiert?«
- »Wann sollen wir es ausführen?«
- »Ab wann möchten Sie davon profitieren?«
- »Wie passt Ihnen der nächste Montag, um 14 Uhr?«

Mit der Frage nach der Menge, zum Beispiel:

- »Wie viel hätten Sie gerne?«
- »Wie viel brauchen Sie?«
- »Wie viele sollen wir liefern?«
- »Wie viel möchten Sie einlegen?«

Mit Alternativfragen, zum Beispiel:

- »Ich kann Ihnen das demonstrieren. Passt es Ihnen am Montag, 16. Februar oder am Mittwoch, 25. Februar, um 14 Uhr besser?«
- »Möchten Sie lieber A oder B haben?«

- »Möchten Sie es abholen, oder sollen wir es Ihnen bringen?«

Mit Fragen nach Einzelheiten, zum Beispiel:

- »Welche Farbe hätten Sie gerne?«
- »Wohin sollen wir es liefern?«
- »An wen soll ich die Auftragsbestätigung senden?«
- »Wenn wir es nächste Woche vorbeibringen, bei wem sollen wir uns melden?«
  Wenn der Kunde zum Beispiel sagt: »Bei Herrn Müller«, *dann hat er auch indirekt Ja zum Geschäft gesagt.*
- »Gut, jetzt geht es darum, dass Sie das bekommen. Wenn wir es die nächste Woche bringen, haben Sie eine Rampe zum Abladen?«
  Das sagen Sie, bevor der Kunde Ja zum Produkt gesagt hat. Mit solchen Fragen nach Einzelheiten nehmen Sie dem Kunden die Kaufentscheidung ab. Er muss Sie bremsen, wenn er es nicht möchte. Da Menschen mehrheitlich sowieso nicht entscheidungsfreudig sind, sind viele Kunden Ihnen dankbar, wenn Sie ihnen die Entscheidung abnehmen. Beim Anwenden dieser Technik werden Sie erstaunt sein, wie wenige Kunden Sie bremsen werden, wenn Sie sie im richtigen Moment in der richtigen Betonung einsetzen.

Je banaler die Fragen nach Einzelheiten sind, desto besser ist deren Wirkung. Menschen haben in der Regel Mühe mit Entscheidungen. Wenn Sie direkt fragen: »Soll ich es Ihnen liefern?«, dann muss er sich entscheiden – und das tun viele nicht gerne. Darum fragen Sie zum Beispiel besser: »Nächste Woche kann ich sie Ihnen liefern. Soll ich Ihnen dann die Maschine noch einmal erklären?« Wenn der Kunde jetzt ja sagt, dann können Sie einfach sagen: »Gut, dann machen wir das so. – Nächste Woche am Dienstag, um 14 Uhr kann ich sie Ihnen bringen. Sind Sie dann da, damit ich Ihnen die Maschine erklären kann?«

Tanner: Umberto, wenn ich nach einer Bedingungsfrage nicht gleich abschließen kann und ich zuerst den Beweis antreten oder ein Angebot unterbreiten muss, wie komme ich dann zum Abschluss?

Saxer: Sehr einfach, nachdem du den Beweis angetreten oder ein Angebot unterbreitet hast, stellst du eine Meinungsfrage. Zum Beispiel:

- »Was halten Sie von diesem Angebot?«
- »Was meinen Sie zu diesem Vorschlag?«
- »Was sagen Sie zu der Rendite?«
- »Wie denken Sie über ...?«
- »Wie stehen Sie zu dieser Sache?«
- »Wie klingt das in Ihren Ohren?«
- »Was erzeugt das bei Ihnen für eine Vorstellung?«
- »Genügend Geld für ..., was würde das für Sie bedeuten?«

Meinungsfragen sind nicht suggestiv, und der Kunde kann nicht mit Ja oder Nein antworten. Der Kunde äußert bei einer Meinungsfrage frei seine Meinung – und du merkst sofort, ob er käufig ist oder nicht. Wenn er nicht käufig ist, fährst du einfach mit dem Verkaufsgespräch fort. Wenn er käufig ist, also bei einer positiven Antwort auf eine Meinungsfrage, kannst du dann die Kaufbereitschaft testen. Ich mache ein Beispiel:

Saxer: Was meinen Sie zu diesem Angebot, Frau Müller?

Farner: Sieht gut aus.

Saxer: Damit wir Ihr Produkt an den richtigen Ort liefern, frage ich: Ist die Lieferadresse die gleiche wie die Bestelladresse?

Farner: Ja.

Saxer: Herzlichen Dank für den Auftrag, ich wünsche Ihnen einen schönen Tag. Auf Wiederhören, Frau Müller.

Müller: Geht das so einfach?

Saxer: Ja, verkaufen ist eine Geisteshaltung, je natürlicher und selbstverständlicher Sie das Verkaufen finden, desto natürlicher und selbstverständlicher wird es Ihnen auch gelingen. Möchten Sie das?

Müller: Ja, sicher, verkaufen wird für mich von jetzt an mit jedem Tag einfacher und natürlicher werden.

Saxer: Wir haben durchgenommen, wie Sie vorgehen können, wenn der Gesprächspartner Ihnen eine bejahende Antwort auf eine Bedingungsfrage gibt. Jetzt möchte ich Möglichkeiten mit Ihnen trainieren, wie Sie vorgehen können, wenn der Kunde Ihnen eine verneinende Antwort auf eine Bedingungsfrage gibt. Wenn der Gesprächspartner Ihnen eine verneinende oder »Weiß-nicht-so-recht«-Antwort auf eine Bedingungsfrage gibt, dann wissen Sie, dass noch mehr dahinter steckt, dass der vermeintliche Einwand immer noch ein Vorwand ist. Ich bringe ein Beispiel – der Gesprächspartner sagt Ihnen als Einwand: »Ihre Serviceleistung stimmt nicht.« Und Sie sagen: »Angenommen, ich kann Ihnen zeigen, dass die Serviceleistung stimmt, würden Sie mir den Auftrag geben?« Wenn der Gesprächspartner jetzt nicht ja sagt, dann steht immer noch etwas zwischen Ihnen und dem Abschluss. Sie werden Ihr Ziel viel schneller erreichen, wenn Sie herausfinden, was noch zwischen Ihnen und dem Abschluss steht. Wie können Sie das herausfinden?

Farner: Ich muss einfach danach fragen.

Saxer: Ja, warum kompliziert sein, wenn es einfach auch geht?

Nachfolgend erhalten sie zwei verschiedene Möglichkeiten, wie Sie herausfinden, was noch zwischen Ihnen und dem Abschluss steht.

1. Mit Ergründung

- »In dem Fall gibt es noch Dinge, die Sie mir noch nicht gesagt haben. Was ist es?«
- »Was ist es, weshalb Sie mir den Auftrag noch nicht geben können?«
- »Was lässt Sie noch zögern, mit mir einen Termin zu vereinbaren?«
- »Ihre Antwort sagt mir, dass wir noch nicht alles besprochen haben. Was ist es?«

- »Das zeigt mir, dass wir noch nicht alles angeschaut haben. Was ist offen?«
- »In dem Fall gibt es Dinge, die noch unklar sind. Was ist es?«
- »Das erstaunt mich, dass Sie noch nicht Ja sagen können. Was ist für Sie noch nicht erfüllt?«
- »Warum können Sie mir noch keine Zusage geben?«
- »Warum möchten Sie mich nicht empfangen?«
- »Ich gehe davon aus, dass Sie öfters einen Termin vereinbaren, was gibt dort den Ausschlag für einen Termin?«
  Oft finden Sie Zugang zum Kunden, wenn Sie zu vergangenen Situationen gehen, bei denen Ihr Kunde einen Termin zugesagt oder erfolgreich eingekauft hat.
- »Ich nehme an, dass Sie in der Vergangenheit in solchen Situationen auch schon zugesagt haben. Es würde mich interessieren, was ist dort der Grund Ihrer Zusage gewesen?«
- »Ich schätze Sie so ein, dass Sie in der Vergangenheit Termine mit neuen potentiellen Lieferanten vereinbart haben, falls die Rahmenbedingungen es erforderten. Welche Rahmenbedingungen fehlen Ihnen dieses Mal noch, damit Sie einen Termin mit mir vereinbaren?«
- »Ich setze voraus, dass Sie auch schon einen Außendienstmitarbeiter empfangen haben, ist das richtig?« *(Bei positiver Antwort:)* »Was war der Ausschlag, dass Sie diesem Außendienstmitarbeiter den Termin gegeben haben?«

2. Direkt zum Ziel

- »Was müsste erfüllt sein, damit Sie Ja sagen?«
- »Was ist noch nötig, damit Sie zusagen können?«
- »Unter welchen Voraussetzungen würden Sie mir den Auftrag geben?«
- »Was könnte Sie dazu bewegen, mich zu empfangen?«
- »Was wäre für Sie ein Grund, um mit mir einen Termin zu vereinbaren?«
- »Was könnte Sie zu einer Zusammenarbeit mit uns bewegen?«
- »Unter welchen Voraussetzungen würden Sie mich empfangen?«
- »Was wäre ein Grund, damit Sie davon profitieren würden?«

Egal, welche Frageart Sie wählen – das Einzige was zählt ist, dass Sie vom Gesprächspartner mehr Informationen bekommen und dass der Gesprächspartner Ihnen den wirklichen Grund, den Einwand liefert.

Archimedes hat das Hebelgesetz erfunden. Vor 2250 Jahren, als die Menschen noch meinten, die Erde sei flach, hat er Folgendes gesagt: »Gebt mir einen Punkt, wo ich einen Hebel an unserer Welt ansetzen kann, und wenn ich den Hebelarm genug lang mache, werde ich nur mit meinem Körpergewicht die ganze Welt aus der Angel heben.«

Und so ist es auch mit der Einwandbehandlung. Wenn Sie den wirklichen Punkt herausgefunden haben, dann können Sie jeden Gesprächspartner aus der Angel heben. Entweder können Sie einen Termin vereinbaren/verkaufen, oder Sie wissen, warum Sie keinen Termin bekommen/nicht verkaufen können. So oder so gewinnen Sie – warum?

Farner: Ich kann enorm Zeit sparen und habe so mehr Zeit für mich und für potentielle Kunden.

Saxer: Genau das, denn viele Verkaufsgespräche sind überflüssig, und mit dieser kybernetischen Methode werden Sie zukünftig die überflüssigen erkennen und dadurch mehr Zeit für die wesentlichen Verkaufsgespräche bekommen. Das wird Ihr Einkommen und Ihre Freizeit verbessern.

Tanner: Umberto – ich möchte ein ganzes Beispiel, Schritt 1 bis 4a, von dir hören.

Saxer: Gestern habe ich Herrn Urs Keller, Inhaber eines mittelständischen Unternehmens, ein Trainingsprogramm verkauft. Er hatte folgenden Vorwand/Einwand:

> Keller: Ich möchte den Bedarf noch einmal mit unserem Verkaufsleiter prüfen.
>
> Saxer: Mhmm, Sie möchten den Bedarf noch prüfen. – Gibt es außerdem sonst noch etwas, das Sie zögern lässt, mit mir zu trainieren?
>
> Keller: Nein.

Saxer: Das heißt, wenn Bedarf festgestellt wird, dann bin ich Ihr Trainer, ist das richtig?

Keller: Das kann ich Ihnen jetzt noch nicht sagen.

Saxer: Herr Keller, Ihre Antwort sagt mir, dass es noch etwas gibt, das Sie zögern lässt. Was ist es?

Keller: Ja, es gibt da schon noch etwas – Ihr Honorar von 71.250 Franken, das am 1. Dezember fällig wäre ... Das würde kurzfristige Liquiditätsprobleme geben ... *(Diese Aussage ist Herrn Keller leicht unangenehm.)*

Saxer: Mhmm, kurzfristige Liquiditätsprobleme, ich verstehe Sie. – Mit anderen Worten, Sie würden das Training gerne mit mir machen, wenn wir mit der Bezahlungsmodalität eine Lösung finden würden, so dass Sie keine Liquiditätsprobleme mehr hätten. Habe ich Sie da richtig verstanden?

Keller: Ja, dann würde ich es gerne machen.

Saxer: Wie könnten Sie es bezahlen?

Keller: Ein Drittel am 1. Dezember, ein Drittel am 1. Januar und den Rest am 1. Februar.

Saxer: Mhmm – gut, einverstanden. Ich bestätige Ihnen also das Training, herzlichen Dank für den Auftrag.

Keller: Ich danke Ihnen für Ihr Entgegenkommen.

Tanner: Umberto, wenn du auf den ersten Grund, den Vorwand, eingegangen wärst, dann hättest du dich ja total verrannt und sicher nicht verkauft.

Saxer: Du sagst es. Wir haben einen Test gemacht, wie viele Manager und Verkäufer bei einer solchen Situation ins Fettnäpfchen trampeln würden. Das Resultat war erschreckend, es waren über 95%! Die Unfähigkeit, Vorwände von Einwänden zu unterscheiden, ist einer der Hauptgründe, dass so viele beim Verkaufen nicht vom Fleck kommen und dass es so viele durchschnittliche Manager und Verkäufer gibt.

Müller: Herr Saxer, als Herr Keller seine Liquiditätsprobleme äußerte, haben Sie nicht mehr gefragt, ob es sonst noch etwas gibt, warum?

Saxer: Manchmal mache ich es noch einmal und manchmal auch nicht, ich verlasse mich da auf mein Gefühl. Man kann es auch übertreiben: Sie haben mir gesagt, dass Sie auf der Suche nach Ihrer Traumfrau sind. Angenommen, Sie hätten Sie gefunden, und Sie hätten Ihre Traumfrau so weit gebracht, dass Sie sagt: »Komm, wir gehen miteinander aus!« – Wäre es dann sinnvoll, wenn Sie sagen würden: »Gibt es sonst noch etwas?«

Müller: *(lacht)* Nein – sicher nicht, da muss man nur noch handeln.

Saxer: Und so ist es beim Verkaufen auch.

Die kybernetische Grundmethode der Einwandbehandlung, Schritt 4a, haben wir durchgenommen. Jetzt kommen wir zu Schritt 4b bis 4f und nehmen fünf Variationen der Grundmethode durch. Diese heißen:

Schritt 4b: Einwände in Wünsche verwandeln

Schritt 4c: Bumerang

Schritt 4d: Fragen nach Wirklichkeiten und Grundbedürfnissen

Schritt 4e: Pfeile werfen

Schritt 4f: Metaphern

Nachdem wir die verschiedenen Schritte durchgenommen haben, werden Sie merken, dass Sie im Geschäftsleben und im Privatleben viel selbstsicherer in der Kommunikation werden. Es werden Dinge für Sie möglich, die für Sie in der Vergangenheit unmöglich waren. Je öfter Sie dieses Buch lesen, desto mehr werden die einzelnen Methoden ein Teil von Ihnen selbst. Es wird Ihnen so natürlich über die Lippen kommen, als ob Ihnen die Einwandbehandlungsmethoden als Kind in den Schoß gelegt worden wären.

Schritt 4b: Einwände in Wünsche verwandeln

Viele Einwände sind nichts anderes als versteckte Wünsche.

Tagtäglich werden wir überschwemmt von negativen Nachrichten. Viele Menschen sprechen auch über Negatives, wenn sie zusammen sind. Dadurch sind viele Menschen darauf programmiert, das Negative stärker wahrzunehmen als das Positive. Den meisten Menschen fällt es leichter, über Dinge zu sprechen, die sie nicht möchten, als über Dinge zu sprechen, die sie möchten, die sie sich wünschen.

Das fängt schon bei uns selbst an: Wir führen tagtäglich zu jeder Zeit und zu jeder Minute in uns drin, innerlich, einen Dialog. In Gedanken kommunizieren wir dauernd mit uns selbst.

Ich habe festgestellt, dass Menschen, die sehr gut in der Kommunikation sind, die glücklich und zufrieden sind, innerlich mit sich selbst auch schön und gut kommunizieren. Das heißt, wenn Sie glücklicher und zufriedener und ein besserer, liebenswerter Kommunikator werden möchten, dann müssen Sie mit sich selbst liebenswert sein und auch besser kommunizieren. Als Test: Achten Sie doch einmal einen Tag lang auf Ihre Gedanken, und machen Sie sich Notizen, wie oft Sie sich über etwas ärgern oder sich Sorgen machen, wie oft Sie etwas stört und wie oft Sie an Dinge denken, die Sie gar nicht haben möchten. Wie oft Sie Angst um irgendetwas haben, wie oft Sie Gedanken über Unwohlsein oder über sonst etwas Negatives haben, wie oft Sie denken: »Ich kann nicht, das geht nicht, das ist schwer, das liegt mir nicht, dazu habe ich keine Lust, für das bin ich nicht geeignet« usw. Wenn Sie das einen Tag lang machen, dann werden Sie feststellen, wie gut oder wie schlecht Sie mit sich selbst kommunizieren. So, wie Sie mit sich kommunizieren, so kommunizieren Sie auch mit der Außenwelt.

Durchschnittliche Menschen sprechen oft über andere Menschen und über Tagesereignisse. Menschen, die dazu beitragen, dass es anderen Menschen besser geht, die unterhalten sich oft über Ideen. Diese Menschen haben eine aufbauende Kommunikation mit sich. Sie unterhalten sich mit sich über Ideen, sie mögen ihre Gedanken, und sie haben sich selbst gern! »Ich kann nicht« ist Ihnen fremd, statt dessen denken sie:

»Wie kann ich, was kann ich, wo kann ich, wann kann ich, womit kann ich und wie kann ich lernen?«

Farner: Ich kann doch nicht über meine Gedanken bestimmen.

Saxer: Mhmm, das denken viele. Würden Sie gerne über Ihre Gedanken bestimmen können?

Farner: Ja, wer möchte das nicht?

Saxer: Dann sagen Sie nicht mehr: »Ich kann nicht über meine Gedanken bestimmen«, denn das ist eine selbsterfüllende Prophezeiung. Sagen Sie dafür: »Ich kann lernen und lerne ab jetzt, über meine Gedanken zu bestimmen.« So läuten Sie einen Prozess Richtung Ihres neuen Ziels ein. Da Sie es ja lernen können, beginnen Sie, bewusst an Dinge zu denken, die Sie gerne haben möchten. Setzen Sie sich Ziele, unterhalten Sie sich mit Menschen, die auch Ziele und Ideen haben.
Lesen oder hören Sie gute Bücher zu diesem Thema. Speziell empfehle ich die Bücher und Hörbücher »Alles kein Problem« von Dr. Richard Carlson, »Der wunde Punkt« von Dr. Wayne W. Dyer, »Denke nach und werde reich« von Napoleon Hill (als Buch), »Die großen 13 Erfolgsgesetze« von Napoleon Hill (als Hörbuch), »Berge versetzten« von Reinhold Messner, »Ein Leben für den Verkauf« von Joe Girard.
Ich persönlich habe die Mehrzahl dieser Titel als Bücher und auch als Hörbücher, so kann ich während dem Autofahren bequem gute Bücher hören – und die Zeit geht für mich vorbei wie im Flug. Die wichtigen Dinge kann ich dann zu Hause noch einmal nachlesen. Zum Lernen finde ich das einfach toll, und es macht auch noch Spaß.

Farner: Beim vorherigen Einwand: »Ich kann doch nicht über meine Gedanken bestimmen«, haben Sie diesen Einwand einfach in einen Wunsch verwandelt und gesagt: »Mhmm, das denken viele. Würden Sie gerne über Ihre Gedanken bestimmen können?« Dies wurde sofort bejaht. Die Effizienz dieser kybernetischen Methode hat mich fast vom Stuhl geworfen.

Saxer: Ja, ich bin auch immer wieder verblüfft, wie effizient sie ist. Mit dieser kybernetischen Methode werden Sie lernen, negative Aussagen Ihrer Mitmenschen in positive zu verwandeln. Es ist wie Judo, Sie werden die Energie, die in negativen Aussagen steckt, zu Ihrem Vorteil und zum Vorteil Ihren Mitmenschen nutzen können. Und Sie werden entzückt sein, wie gut Sie das können.

Müller: Habe ich die Methode richtig verstanden? Ich muss einfach sehr gut zuhören, und wenn ein Wunsch in einem Einwand steckt, dann mache ich nichts anderes, als diesen Wunsch herauszunehmen, damit ich den Wunsch dem Kunden nachher auftischen und ihn fragen kann, ob er das möchte. Ist das so?

Saxer: Ja, es ist so. Ich bringe ein paar Beispiele:

Kunde: Das ist unmöglich.

Verkäufer: Wenn es möglich wäre, hätten Sie es dann gerne?

Kunde: Ich habe gehört, dass Ihre Monteure viel Dreck verursachen.

Verkäufer: Für Sie ist es also wichtig, dass unsere Monteure keinen Dreck bei Ihnen verursachen und es nachher wieder sauber ist. Habe ich Sie da richtig verstanden?

Kunde: Ihre Befestigung hat zu wenig Tragkraft.

Verkäufer: Sie möchten also eine Befestigung mit genügend Tragkraft. Ist das richtig?

Kunde: Ja.

Verkäufer: Das heißt, wenn ich Ihnen zeigen kann, dass diese Befestigung genügend Tragkraft hat, dann würden Sie sie nehmen, ist das richtig?

Kunde: Ja.

Jetzt zeige ich dem Kunden, dass die Befestigung genügend Tragkraft hat, und wenn ich es gezeigt habe, stelle ich eine Kontrollfrage. Zum Beispiel: Genügt Ihnen diese Tragkraft? *Oder:* Was sagen Sie zu dieser Tragkraft? *Oder:* Was meinen Sie dazu? *Bei einer positiven Antwort verkaufe ich, bei einer negativen Antwort gehe ich zurück in die Einwandbehandlung.*

1995 hatte ich einen Termin bei einer Firma, die ein eigenes Telefonmarketing an acht Standorten in der Schweiz hat. Ich habe dort dem Direktor für die Schweiz und seinen acht Gebietsdirektoren mein Trainingskonzept vorgestellt. Damals hatten sie ein Problem: Sie brauchten 10 bis 20 Telefonanrufe, bis sie einen Termin bei einem potentiellen Neukunden bekamen. Ich habe ihnen gesagt, dass ihre Mitarbeiter, wenn ich sie trainiere, auf ein Verhältnis von vier zu eins runterkommen können, das heißt, dass sie nur noch vier Telefonanrufe tätigen müssen für einen Termin bei einem potentiellen Neukunden. Als ich diese Aussage gemacht habe, wurde ich von den acht Gebietsdirektoren fast gefressen. Sie tobten und sagten: »Das ist unmöglich, das geht nicht, wir haben schon alles versucht!« Ich erschrak ob der emotional geladenen Stimmung, und ich wusste: Das muss ein großes Problem bei dieser Firma sein!

Ich stand allein da – mir gegenüber neun Leute. Acht Gebietsdirektoren wollten mir beibringen, dass ein Verhältnis von vier zu eins unmöglich sei. Ich stellte dann folgende Frage: »Möchten Sie, dass Ihre Mitarbeiter lernen, wie man mit vier Telefongesprächen einen Termin bei einem potentiellen Neukunden bekommt?«

Diese Frage schlug ein wie eine Bombe. Es war augenblicklich still. Keiner sagte mehr etwas, man hätte das Aufschlagen einer Stecknadel hören können, so still war es. Und dann sagte der Direktor für die Schweiz: »Meine Herren, nehmen Sie bitte alle die Agenda hervor, damit wir mit Umberto Saxer Trainingstermine vereinbaren können.«

Saxer: Stellen Sie sich vor, wie ich von den Gebietsdirektoren in die Pfanne gehauen worden wäre, wenn ich versucht hätte, sie mit normalem Argumentieren für mich zu gewinnen.

Tanner: Du hättest keine Chance gehabt, Umberto.

Saxer: Solche emotionsgeladenen Situationen gibt es auch am Telefon – und Sie werden zukünftig mit dieser Methode in solchen Situationen so einfach wie im vorigen Beispiel ans Ziel kommen, und Sie werden das jeden Tag immer besser und besser beherrschen.

Schritt 4c: Bumerang

Wenn Sie einen Bumerang richtig werfen, kommt er immer wieder zu Ihnen zurück. Auf diesem Prinzip basiert die Bumerangmethode. Wenn der Kunde Ihnen einen Einwand bringt, sagen Sie:

- »Genau aus diesem Grund sollten wir uns treffen.«
- »Genau aus diesem Grund *(Kundeneinwand einfügen)* ist mein Vorschlag ideal für Sie.«
- »Genau aus diesem Grund *(Kundeneinwand einfügen)* habe ich das so angeboten.«
- »Genau aus diesem Grund *(Kundeneinwand einfügen)* möchte ich das mit Ihnen besprechen.«

Saxer: Am besten funktioniert die Bumerangmethode, wenn Sie am Schluss Ihrer Aussage, ohne eine Pause zu machen, einen Terminvorschlag machen oder eine Kontrollfrage stellen. Zum besseren Verständnis soll mir doch jeder von Ihnen einen Einwand zuwerfen, und ich werde ihn mit dem Bumerang zurückfliegen lassen.

Müller: Ich habe kein Budget mehr.

Saxer: Gerade aus diesem Grund sollten wir einen Termin vereinbaren, dann können Sie, wenn Sie von unserer Lösung begeistert sind, für nächstes Jahr genügend Mittel beantragen. Damit Sie unsere Lösung prüfen

	können, wann passt es Ihnen besser: am Dienstag, 20. Januar, um 8.30 Uhr oder am Mittwoch, 28. Januar, im Laufe des Nachmittags?
Farner:	Wir bestellen immer am gleichen Ort.
Saxer:	Genau darum sollten wir einen Termin vereinbaren, denn dann werden Sie feststellen, ob es sich nach wie vor immer noch lohnt, am gleichen Ort zu bestellen. Ansonsten zeige ich Ihnen neue Möglichkeiten, wie es sich zukünftig lohnt, bei uns zu bestellen. Haben Sie grundsätzlich ein offenes Ohr, gute Dinge unverbindlich zu prüfen?
Müller:	Ein Bekannter arbeitet bei einer Versicherungsgesellschaft.
Saxer:	Gerade aus diesem Grund sollten wir uns treffen, weil erfahrungsgemäß diese Versicherungsportefeuilles weniger von verschiedenen Leuten angeschaut werden, und dadurch werden vielfach nicht die Möglichkeiten ausgeschöpft, die die heutige Marktsituation bietet. Wenn wir uns treffen, wissen Sie nachher, ob Sie das Optimum haben, ansonsten können Sie es korrigieren. So oder so profitieren Sie. Damit Sie dies unverbindlich prüfen können, schlage ich Ihnen einen Termin vor: Dienstag, 17. Februar, um 18.30 Uhr oder Mittwoch, 25. Februar, am Morgen.
Müller:	Ich habe keine Zeit.
Saxer:	Gerade aus diesem Grund sollten wir uns treffen, weil ich Ihnen eine Lösung zeigen kann, wie Sie zukünftig pro Woche mindestens eine Stunde Zeit sparen, und Sie müssen für das nur eine halbe Stunde investieren. Sind Sie grundsätzlich interessiert, mehr Zeit zu haben?
Bürki:	Ich habe kein Geld.

Saxer: Genau aus diesem Grund lohnt es sich für Sie, wenn Sie unser Angebot anschauen, weil ich Ihnen Lösungen aufzeigen kann, wie Sie zukünftig Geld haben werden. Möchten Sie zukünftig Geld haben?

Saxer: Wenn der Kunde auf einen Bumerang einen neuen Einwand bringt, dann können Sie die Bumerangmethode wiederholen oder ihn mit einer der anderen Einwandbehandlungstechniken behandeln.

Tanner: Umberto, besteht nicht die Gefahr, dass ich den Kunden über die Tischkante ziehe?

Saxer: Ja, bei keiner Methode so stark wie bei dieser. Die Bumerangmethode ist in der Wirkung sehr stark, mit ihr kannst du Menschen zu Handlungen treiben, die sie gar nicht wollen. Da musst du aufpassen, das führt dann auch wieder zu einem Bumerang!
Jedoch im richtigen Moment eingesetzt, ist sie eine gute Ergänzung zu allen anderen Einwandbehandlungsmethoden – und vor allem ist sie am schnellsten gelernt.

Schritt 4d: Ja-Fragen nach Wirklichkeiten und Grundbedürfnissen

Diese kybernetische Methode ist universell einsetzbar. Man kann sie brauchen, um das Gespräch zu eröffnen, um Termine zu vereinbaren, um die Kaufbereitschaft zu testen, um Kundenwünsche herauszufinden, um Vertrauen zu gewinnen, um das Thema zu wechseln und um sich von Einwänden und blockierten Gesprächssituationen zu befreien. Es lohnt sich unbedingt, diese Methode zu beherrschen.

Farner: Warum heißt dann diese Methode »Ja-Fragen nach Wirklichkeiten und Grundbedürfnissen«?

Saxer: Zuerst geht es um die Wirklichkeiten. Wenn jemand auf einem

Stuhl sitzt, ein Angebot bekommen hat, Marketingleiter ist, Paul Müller heißt, Mercedes fährt, so sind das Wirklichkeiten. Ich kann dann sagen oder fragen: »Sie sitzen auf Ihrem Stuhl« – »Sie haben ein Angebot von uns bekommen« – »Sie sind Marketingleiter« – »Spreche ich mit Herrn Paul Müller persönlich?« – »Sie sind Mercedes-Fahrer«. Mit diesen Ja-Fragen nach Wirklichkeiten stelle ich Fragen oder mache Feststellungen, bei denen mir das Ja sicher ist. Wenn ich weiß, dass mein Gesprächspartner Mercedes fährt, dann sage ich: »Sie fahren Mercedes.« Dies sage ich so, dass er in Gedanken oder in Worten Ja sagt. Dann könnte ich sagen: »Als Mercedes-Fahrer legen Sie vermutlich Wert auf Qualität und einen hohen Fahrkomfort. Ist das so?« Auch bei dieser Aussage ist mir das Ja sicher.

Farner: Was ist der Sinn dieser Fragen, wenn ich die Antwort ja schon weiß?

Saxer: Aufbauen von Vertrauen, Vertrauen, Vertrauen und nochmals Vertrauen. Es geht nur um Aufbau von Vertrauen. Wenn Sie auf Widerstände am Telefon stoßen, dann haben Sie und Ihr Gesprächspartner unterschiedliche Standpunkte. Dies kann schnell zum Abbruch von Vertrauen führen. Menschen haben am meisten Vertrauen zu Menschen, die das gleiche Weltbild und die gleichen Meinungen haben. Sie möchten mit ihresgleichen zu tun haben. Ihnen glauben sie, mit ihnen möchten sie sich treffen, von ihnen möchten sie sich beraten lassen, ihnen möchten Sie etwas abkaufen.

Müller: Wann stelle ich eine Ja-Frage nach Grundbedürfnissen?

Saxer: Sobald ich eine gute Vertrauensbasis zwischen mir und meinem Gesprächspartner erzeugt oder wieder erzeugt habe. So nach ein bis vier Ja-Fragen nach Wirklichkeiten haben Sie das Vertrauen gewonnen oder zurückgewonnen, danach können Sie Ihrem Gesprächspartner eine Ja-Frage nach Grundbedürfnissen stellen. Die Methode funktioniert auch, wenn die Ja-Fragen nach Wirklichkeiten mit den Ja-Fragen nach Grundbedürfnissen nicht im direkten Zusammenhang stehen.

Zur Wiederholung – die Grundbedürfnisse, zu denen Sie Ja-Fragen stellen, sind:

1. **Profit** – dazu gehören: Gewinnstreben, Spartrieb, Zeit gewinnen und Geld einsparen
2. **Sicherheit** – dazu gehören: Selbsterhaltung, Gesundheit, Risikofreiheit und Sorgenfreiheit
3. **Komfort** – dazu gehören: Bequemlichkeit, Ästhetik, Schönheitssinn
4. **Ansehen** – dazu gehören: Stolz, Prestige, Anlehnungsbedürfnis, »in« sein und »dabei« sein
5. **Freude** – dazu gehören: Vergnügen, Großzügigkeit, Schenkungstrieb, Sympathie, Liebe zur Familie

Kein Mensch kauft ein Produkt oder eine Dienstleistung, sondern immer einen Cocktail dieser Grundbedürfnisse. Es geht nur darum, dass Sie und Ihre Mitarbeiter die Grundbedürfnisse kennen! Wenn Sie und Ihre Mitarbeiter die Fragen beantworten, die beim Thema Grundbedürfnisse auf den Seiten 59 bis 61 gestellt werden, dann kennen Sie die Grundbedürfnisse und Vorteile Ihres Produkts und haben sehr gute Werkzeuge, um Ihre Gesprächspartner zu Handlungen zu bewegen. Falls Sie besser werden möchten, dann müssen Sie wissen, wie Ihr Produkt und Ihre Dienstleistung die fünf Grundbedürfnisse Ihrer Kunden befriedigen. Sie müssen diese unbedingt, unbedingt wissen, es ist das A und O im Verkauf!

Ich gebe Ihnen ein paar Beispiele von Ja-Fragen nach Grundbedürfnissen:

- »Ich gehe davon aus, dass Sie als zufriedener Mercedes-Fahrer Spaß hätten, unsere neue S-Klasse anzuschauen, zu prüfen und wenn es Sie reizt, auch Probe zu fahren. Ist das so?«

- »Ich nehme an, Sie sind offen für Möglichkeiten, wie Sie in der Kommunikation Ihr Ziel vermehrt erreichen werden. Ist das richtig?«
- »Ich schätze Sie als Geschäftsführer so ein, dass Sie möchten, dass Ihre Mitarbeiter einfacher und mehr verkaufen.«
- »Wenn es eine Möglichkeit gibt, Ihren Gewinn zu maximieren, möchten Sie die kennen lernen?«
- »Können Sie mir zustimmen, dass es für ein Unternehmen wichtig ist, dass man immer wieder neue Möglichkeiten prüft, wie man den Gewinn und den Umsatz steigern kann?«
- »Legen Sie Wert auf messbare Resultate bei der Werbung?«
- »Ich gehe davon aus, dass Sie an einem Konzept interessiert sind, wie die Fluktuationsrate im Außendienst reduziert werden kann.«
- »Sagt Ihnen eine zehnprozentige Kostenreduktion zu?«
- »Sind Sie grundsätzlich an Möglichkeiten interessiert, wie Sie das Dreieck von Sicherheiten, Liquidität und Rendite bei Kapitalanlagen unter einen Hut bringen können?«
- »Sind Sie offen für ein sehr gutes Verhältnis von Preis, Service und Qualität?«
- »Sind Sie ein Mensch, der grundsätzlich offen ist für Neues?«
- »Sind Sie jemand, der Neuem eine Chance gibt?«
- »Haben Sie auch schon erlebt, dass, wenn Sie etwas Neues geprüft haben, Sie danach Vorteile hatten?«
- »Sind Sie offen für Fortschritt und Innovation?«
- »Sind Sie bereit, neue Dinge zu prüfen, wenn Sie dadurch Vorteile erhalten können?«

Sie können auch mehrere Ja-Fragen aneinander reihen, und es reicht, wenn der Kunde die einzelnen Aussagen gedanklich bejaht. So können Sie auch vom Unbestreitbaren zum Bestreitbaren kommen. Zum Beispiel:

- »Sie haben eine Schreinerei, und nicht nur Sie brauchen Aufträge, sondern viele von Ihren Kollegen brauchen auch Aufträge. Dadurch wird erfahrungsgemäß der Preis- und Zeitdruck bei den Arbeiten immer höher, dies führt vielfach zu mehr Stress und weniger Spaß. Da wäre es doch schön, eine Maschine zu haben, mit der man bis 30%

Zeit einspart und so wieder mehr Zeit hat. Das bringt doch mehr Lebensqualität – stimmen Sie mir zu?«

Das Aneinanderreihen von Aussagen, die logisch klingen, hat eine sehr gute Wirkung, sofern die Betonung stimmt. In meinen Kursen üben wir dies anhand eines Ja-Tanzes. Zu fünft stehen die Teilnehmer in einem Kreis, und einer muss um die anderen herumlaufen und Aussagen aneinander reihen, die man gedanklich bejahen kann. Pro Aussage darf der Teilnehmer einen Schritt machen. Das Ziel ist, dass er am Schluss mit der passenden Ja-Frage wieder im Kreis steht. Es ist eine anspruchsvolle und sehr lehrreiche Übung, die den Seminarteilnehmern viel Spaß macht.

Müller: Herr Saxer, mir ist noch nicht klar, wo und wann ich diese Methode bei der Einwandbehandlung anwenden soll, weil ich bis jetzt eher der Meinung war, dass dies eine Methode ist, um das Gespräch zu eröffnen.

Saxer: Für Gesprächseröffnungen können Sie diese Methode auch sehr gut gebrauchen. Sie ist universell einsetzbar. Bei Verkaufsgesprächen am Telefon oder bei Kunden haben Sie sicher schon oft erlebt, dass Sie in eine verfahrene, blockierte Situation kommen. Der Gesprächspartner hat einfach am Gesagten kein Interesse. In diesen Situationen ist es sinnvoll, wenn Sie das Gespräch auf neue Bahnen lenken – und mit dieser Methode können Sie jeden Gesprächspartner auf eine sehr angenehme Art und Weise auf neue Bahnen lenken.

Ich kann mich noch gut erinnern, wie ich meinen ersten Termin für einen Hypotheken-Reduktionsvertrag vereinbarte. Ich kann mich noch an jeden Widerstand erinnern, den mir mein Kunde entgegenbrachte. Der Kunde hatte keinen Bedarf, Prämien oder Steuern einzusparen, er hatte auch keinen Bedarf, den Lebensabend früher zu genießen, er war auch der Meinung, dass er sicher keine Über- und Unterversicherungen hat, und er hatte auch keinen Bedarf für Kapitalanlagen. Ich wollte schon aufgeben, als mir plötzlich in den Sinn kam, dass er in einem Einfamilienhaus lebt. Ich habe ihn dann Folgendes gefragt:

Saxer: Sie haben doch ein Einfamilienhaus?

Müller: Ja.

Saxer: Ich nehme an, als Hausbesitzer haben Sie auch Hypotheken?

Müller: Ja.

Saxer: Und wenn Sie Hypotheken haben, dann zahlen Sie die ab, und wenn Sie sie nicht abbezahlen, tun Sie dies wegen der Steuern. Ist das auch richtig?

Müller: Ja, das ist auch richtig.

Saxer: Da kann ich Ihnen etwas Interessantes zeigen. Sind Sie grundsätzlich daran interessiert, dass der Staat Ihnen bis zu einem Drittel zur Reduktion Ihrer Hypotheken zahlt, so dass das Haus schneller Ihnen gehört und nicht der Bank? Sind Sie grundsätzlich daran interessiert?

Müller: Ja, an dem bin ich interessiert.
(Übrigens, die obigen Ja-Fragen könnte ich auch gut aneinander reihen. Es reicht, wenn der Kunde mir die einzelnen Aussagen gedanklich bejaht. Am Schluss stelle ich die gleiche Frage wie vorhin: Sind Sie grundsätzlich daran interessiert?)

Saxer: Obwohl der Kunde vorher total verschlossen war, war er jetzt plötzlich ganz offen für einen Termin. Mein Finanzierungskonzept begeisterte ihn, und ich konnte ihm einen speziellen Vertrag für die Reduktion seiner Hypotheken verkaufen. Es war mein erster!

Im nächsten Jahr wurde ich als 24-Jähriger Sieger des Schweizerischen Sommerproduktionswettbewerbes bei der fünftgrößten Lebensversicherungsgesellschaft in der Schweiz, der Patria in Basel. Dieses System hat mir dabei geholfen! Für die gute Ausbildung und Unterstützung bedanke ich mich von ganzem Herzen bei meinem damaligen Generalagenten,

Herrn Reinhold Good, und meinem Organisationsleiter, Herrn Bruno Tessaro. Beide sind sehr tolle Menschen, und ich habe ihnen viel zu verdanken.

Es ist wichtig, dass Sie Fragen stellen, die der Gesprächspartner bejahen kann. Beim vorigen Beispiel wusste ich, dass mein Gesprächspartner Hausbesitzer ist. Deshalb habe ich zuerst gefragt: »Sie haben doch ein Einfamilienhaus?« Mit dieser Frage ist mir ein Ja sicher, mit dem Ja schenkt mir der Gesprächspartner mehr Vertrauen. Danach habe ich gefragt: »Ich nehme an, als Hausbesitzer haben Sie auch Hypotheken?« Das Ja ist mir wieder sicher, und das Vertrauen zu mir hat noch mehr zugenommen. Dann fragte ich: »Und wenn Sie Hypotheken haben, dann zahlen Sie sie ab, und wenn Sie sie nicht abbezahlen, tun Sie dies wegen der Steuern. Ist das auch richtig?« Auch diese Frage wird fast immer mit Ja beantwortet. Jetzt hatte ich drei Fragen gestellt zu Wirklichkeiten, zu Dingen, die ich bereits gewusst habe und bei denen mir das Ja sicher war. Die Idee, die dahinter steckt, ist die, dass Menschen am liebsten mit Menschen zu tun haben möchten, die ihnen ähnlich sind, die sie und ihre Lebenssituation verstehen. Wenn Ihr Gesprächspartner von Ihnen Gesagtes bejahen kann, dann zeigen Sie Ihrem Gesprächspartner, dass Sie ihn verstehen. Er fühlt sich zu Ihnen hingezogen.

Die nächste Frage führte direkt zum Ziel. Auch diese Frage musste der gesunde Menschenverstand bejahen: »Da kann ich Ihnen etwas Interessantes zeigen. Sind Sie grundsätzlich daran interessiert, dass der Staat Ihnen bis zu einem Drittel zur Reduktion Ihrer Hypotheken zahlt, so dass das Haus schneller Ihnen gehört und nicht der Bank? Sind Sie grundsätzlich daran interessiert?«

Wie Sie bereits wissen, können Sie mehrere Ja-Fragen ohne Pause nacheinander stellen. Es reicht, wenn der Kunde das Ja denkt. Das vorige Beispiel klingt dann so:

Saxer:	Sie haben doch ein Einfamilienhaus?
Müller:	Ja.
Saxer:	Und es geht um die Hypotheken von Ihrem Einfamilienhaus. Wenn Sie diese abzahlen, dann zahlen Sie

mehr Steuern. Darum zahlen viele die Hypotheken nicht ab. In diesem Zusammenhang kann ich Ihnen etwas Interessantes zeigen. Angenommen, Sie könnten Ihr bestehendes Einfamilienhaus abzahlen, und Sie bezahlen nicht mehr Steuern, sondern der Staat bezahlt Ihnen noch bis zu einem Drittel zur Reduktion Ihrer Hypotheken dazu, und es würde erst noch in Zusammenarbeit mit Ihrer bestehenden Bank funktionieren, sind Sie dann grundsätzlich daran interessiert, wenn dies gehen würde?

Tanner: Umberto, mir gefallen beide Versionen sehr gut.

Saxer: Das ist das Schöne an der Verkaufskybernetik, es gibt so viele gute Wege, um die Ziele zu erreichen.

Tanner: Umberto, ich habe schon von einigen Verkaufstrainern gehört, dass man keine weichen Ausdrücke verwenden soll wie »würde«, »könnte« oder »möglicherweise«. Wenn ich dir zuhöre, dann verwendest du diese am Laufmeter!

Saxer: Ja, das mache ich manchmal bewusst und gerne, und ich staune auch immer wieder, wenn ich höre, dass man das nicht tun soll.

In die gleiche Kategorie fallen Ausdrücke wie »vielleicht«, »manchmal«, »eigentlich«, »meistens«, »grundsätzlich«, »viel«, »wenig«, »besteht die Gefahr«, »kommt darauf an«, »je nach Fall« etc.

Es kommt darauf an, in welcher Phase des Verkaufsgesprächs ich mich befinde. In einer Phase, in der die Gefahr besteht, dass der Kunde in Abwehrhaltung geht, verwende ich gerne weiche, abgeschwächte Formulierungen und Fragen. Zum Beispiel: »Sind Sie grundsätzlich daran interessiert, wenn dies gehen würde?« Dem Kunde fällt das Ja-Sagen auf diese Frage leicht, denn er verpflichtet sich nur ein wenig.

Bei absoluten Formulierungen wie »immer«, »sicher«, »auf jedem Fall«, »falsch«, »richtig«, »nie« etc. denken Kunden gerne

an den Ausnahmefall, wo es nicht so ist. Darum besteht die Gefahr, dass er Ihnen beweisen möchte, dass es nicht so ist. Wenn Sie wissen, was dem Kunde wichtig ist, dann ist es wichtig, dass Sie absolut formulieren. Zum Beispiel: »Sie haben mir gesagt, dass der Service stimmen muss, wenn ich Ihnen das biete, machen Sie es dann?«
Gut ist, wenn du lernst, im richtigen Moment weich und im richtigen Moment absolut zu formulieren. Bis jetzt hast du in diesem Buch bereits ein gutes Gefühl dafür bekommen, wenn du es weiter liest und bearbeitest, wirst du automatisch merken, wann welche Art richtig ist. Dieses Buch wird dir diesbezüglich bereits sehr viel Sicherheit geben, und für den Verkaufsalltag ist es mehr als ausreichend. Wenn du dich jedoch diesbezüglich noch intensiver weiterbilden möchtest, dann empfehle ich dir mein Sechs-Tages-Training »Kybernetik-NLP im Verkauf«.

Kern: Umberto, man hört auch immer wieder, dass man das Wort »ich« durch »Sie« ersetzen soll. Mir fällt auf, dass du das Wort »ich« gezielt einsetzt.

Saxer: Ja, das mache ich bewusst. Es kommt auf die Situation an! Manchmal ist es besser, ich verwende das Wort »ich«, manchmal das Wort »Sie«. Wie beim Thema »weiche Formulierungen« wirst du beim Lesen dieses Buches ein gutes Gefühl und Gehör dafür bekommen. Ronald Amsler, Thomas Frei und ich schreiben zur Zeit gemeinsam ein neues Buch. In diesem Buch geht es um den Erfolgskreislauf der Besten. Dafür modellieren wir im Moment die besten Verkäufer. Uns interessiert, warum die Besten teilweise zehnmal und mehr verkaufen als der Durchschnitt, und wie es Einzelne unter Ihnen schaffen, trotzdem Freizeit und ein intaktes Familienleben zu haben und vor Gesundheit und Vitalität nur so zu strotzen. Diese Verkäufer zeichnen sich durch ein sehr hohes Selbstbewusstsein aus, und wir stellten fest, dass sie das Wort »ich« – wie in den Beispielen in diesem Buch – gezielt einsetzten.

Schritt 4e: Pfeile werfen

Vor ein paar Jahren habe ich diese kybernetische Methode für mich entwickelt. In der Kommunikation ist mir immer wieder aufgefallen, dass manchmal etwas Unausgesprochenes zwischen mir und meinem Gesprächspartner steht. Und wenn ich gefragt habe, was es ist, habe ich eine unbefriedigende Antwort erhalten. In solchen Situationen habe ich angefangen, nicht mehr zu fragen, was es ist, sondern ich habe irgendeinen Punkt aus meinen Beobachtungen oder aus den vorangegangenen Gesprächen genommen und gefragt, ob es das ist, was ihn noch unsicher macht oder was ihn noch zögern lässt.

Zum Beispiel:

- »Lässt Sie noch zögern, dass Sie im Moment kein Geld haben?«
- »Sind Sie unsicher, ob Sie wirklich so viel mehr Gewinn machen können mit diesem neuen Produkt?«
- »Haben Sie Bedenken, dass wir unsere Serviceleistungen nicht einhalten?«
- »Glauben Sie noch nicht an die Umsatzsteigerung von 20%?«

Wenn ich so einen Pfeil geworfen habe, habe ich entweder ins Schwarze getroffen, und der Gesprächspartner gab mir eine klare Antwort. Ansonsten bekam ich ein: »Nein, das ist es nicht«, und dann hat er meistens von sich aus gesagt, was es ist. In den wenigen Fällen, bei denen es der Gesprächspartner nicht tat, konnte ich danach fragen und bekam dann eine Antwort.

Diese Methode funktioniert zum Beispiel auch sehr gut, wenn der Kunde sagt: »Ich muss noch einmal darüber schlafen.« Wenn Sie jetzt fragen: »Ja, worüber möchten Sie noch schlafen?«, dann bekommen Sie meistens die Antwort: »Ich muss noch das Ganze überschlafen.« Mit dieser Antwort können Sie recht wenig anfangen. Wenn Sie ein guter Kommunikator sind, dann sind Sie auch ein guter Zuhörer und ein guter Beobachter. Und dann wissen Sie ungefähr, worüber der Kunde noch schlafen möchte. Und darauf sprechen Sie Ihren Kunden konkret an, und so erhalten Sie auch eine konkrete Antwort!

Farner: Die Antwort könnte aber auch etwas Unangenehmes sein, zum Beispiel, der Kunde möchte noch zusätzlichen Rabatt.

Saxer: Gerade die unangenehmen Dinge bewirken, dass wir oft nicht verkaufen können. Wenn Sie wissen, woher eine Gefahr kommt, dann können Sie auch etwas dagegen tun. Waren Sie schon mal im Keller, und plötzlich ging das Licht aus und es war ganz, ganz dunkel? Wie fühlten Sie sich? Und wenn es im gleichen Keller kurz darauf wieder hell wird, dann sind die ganzen negativen Gefühle auf einen Schlag wieder weg.

Müller: Was unternehme ich, wenn ich einen Pfeil werfe und frage: »Bestellen Sie noch nicht, weil Sie sich woanders noch umhören möchten, ob es dort billiger ist?« und ein Ja vom Kunden bekomme?

Saxer:
1. Freuen Sie sich. Mit Ihrer Frage haben Sie Vertrauen gewonnen und Hebel bekommen, die Sie jetzt ansetzen können.
2. Testen Sie, ob es der wirkliche Grund ist: »Gibt es sonst noch etwas, das Sie davon abhält, bei mir zu bestellen?«
3. Auf den zuletzt genannten Punkt gehen Sie ein. Von jetzt an können Sie alle Einwandbehandlungstechniken anwenden, die Sie gelernt haben. Wenn der Kunde auf die vorige Frage mit einem Nein geantwortet hätte, würde ich folgendermaßen weitergehen – Sie können den Kunden spielen:

Saxer: Mhmm, ich nehme an, Sie möchten sich noch umhören, weil Sie einfach sicher sein wollen, dass Sie in Bezug auf Preis und Leistung das Beste bekommen? Ist das so?

Müller: Ja, ich kaufe nicht jeden Tag in dieser Größenordnung ein, und da möchte ich sicher sein.

Saxer: Angenommen, ich kann Ihnen versichern, dass Sie in Bezug auf Preis und Leistung bei mir am besten fahren, würden Sie es dann nehmen?

Müller: Ja.

Saxer: Ich versichere Ihnen, dass Sie in Bezug auf Preis und Leistung bei mir am besten fahren, ab wann möchten Sie mit dem neuen Produkt arbeiten?

Müller: Am 1. Juni sollte ich es haben.

Saxer: Gut, 1. Juni ist möglich. Herzlichen Dank für den Auftrag.

Farner: Möchte der Kunde das nicht schwarz auf weiß bewiesen haben?

Saxer: Beides ist möglich. Entscheidungen werden überwiegend vom Bauch her gefällt – wenn dort das Gefühl bei Ihrem Kunden nicht stimmt, glaubt er Ihnen auch nicht, wenn Sie es ihm schwarz auf weiß beweisen können. Falls das Gefühl stimmt, glaubt Ihnen Ihr Kunde, und es sind oft keine Beweise mehr nötig. Zusätzlich kommt es noch darauf an, wie stark Sie persönlich daran glauben, dass der Kunde Ihnen glaubt. Vorausgesetzt, Sie sind diesbezüglich unsicher, überträgt sich das sofort auf Ihren Kunden. Glauben Sie an Ihre Aussagen! Glauben Sie, dass Ihre Kunden Ihnen glauben – und Sie werden genau das erleben.

Farner: Ich kann aber mit dem »Pfeilwerfen« den Kunden auch einmal auf etwas bringen, was mir nachher Leid tut.

Saxer: Diese Gefahr besteht, darum müssen Sie vorher gut zuhören und Ihre Pfeile gezielt werfen. Egal, welche Einwandbehandlungsmethode Sie anwenden, es ist immer möglich, dass Sie einmal die falsche anwenden und dadurch weniger verkaufen. Menschen, die sich davor schützen wollen, die verkaufen noch weniger, weil Ihnen der Mut fehlt, um konkrete Fragen zu stellen, und der Mut fehlt, gezielt Richtung Abschluss vorzugehen. Diese Menschen bleiben oft stehen und verbessern sich wenig.

Im letzten Winter konnte ich an einem Montagmorgen zwei Skigruppen zusehen. Die eine Gruppe bestand aus erwachsenen Engländern, die andere waren Kinder. Für alle war das Skifahren neu. Als ich kurz vor dem Mittagessen die beiden Gruppen wieder sah, konnten die Kinder bereits ein bisschen fahren. Als ich die Engländer sah, traute ich meinen Augen nicht – sie waren über das Stadium des Skianschnallens und des Stehens ohne umzufallen nicht rausgekommen!

Kinder haben keine Angst vor dem Umfallen! Wenn sie etwas Neues machen, das sie interessiert, und es geht nicht, dann geben Kinder nicht auf. Sie machen es einfach wieder, immer ein bisschen anders als das letzte Mal – so lange, bis es geht!

Dieses erfolgreiche Verhalten müssen wir in uns wieder aufdecken. Mit der Bereitschaft, auch einmal ins Fettnäpfchen zu treten, wenden Sie die neuen Techniken, die Sie bei mir lernen, auch an und sammeln dabei Erfahrungen. So werden Sie permanent besser und wissen immer mehr, wann Sie wie reagieren müssen. Alle Methoden von mir stammen aus der Praxis, sie sind erprobt und bewährt. Es geht nur darum, wie Sie die einzelnen Methoden zu einem Teil Ihrer selbst werden lassen. Verkaufen und Kommunikation ist wie Spitzensport. Bis zum Mittelfeld kommt man relativ schnell, wenn man aus der Mittelmäßigkeit ausscheren möchte, dann erreicht man dies mit permanentem Training. Und mit Training werden die verschiedenen Methoden ein Teil von Ihnen, sie werden dann ganz natürlich klingen, es wird so sein, wie wenn Sie die Methoden selbst erfunden hätten. Üben Sie dafür nicht nur live bei Ihren Kunden, sondern auch mit Arbeitskollegen, Freunden und Familienmitgliedern. Es macht mir und meinen Kindern jedes Mal Spaß, wenn wir gemeinsam üben. Wenn Sie selbst Kinder haben, können Sie mit Spiel und Spaß Ihren Kindern etwas mitgeben, das sie im Leben sehr gut gebrauchen können und in der Schule nie lernen werden.

Zurück zum Pfeilwerfen. Mein Vater war Landmaschinenhändler, und bis vor kurzem ging ich ab und zu mit ihm auf den Handel. Er hatte die Vertretung von Hürlimann-Traktoren. Es gab eine Zeit, da waren die Hürlimann-Traktoren sehr reparaturanfällig. Es war Montag, ich saß in meinem Büro, als mein Vater mich anrief und zu mir sagte: »Umberto, ich wäre unheimlich froh, wenn du einen Kunden von mir anrufen und ihm einen Traktor verkaufen würdest.« Ich war erstaunt und sagte: »Vater, ich habe ja vieles im Verkauf von dir gelernt, warum verkaufst du den Traktor nicht selbst?« Dann hat er gesagt: »Ich habe es versucht, ich habe ihm den Traktor vorgeführt, ich habe ihm eine Offerte gemacht, ich habe ihm einen guten Preis gegeben, und der Kunde ist mit allem einverstanden, nur unterschreiben möchte er nicht.« Mein Vater erzählte mir noch, dass dieser Kunde bei einem früheren Hürlimann-Traktor sehr viel Pech gehabt hatte.

Ich habe dann nach dem Mittagessen die Nachrichten abgewartet, und um zehn vor eins rief ich den Landwirt an. Das Gespräch verlief gut, nur kaufen wollte der Kunde auch bei mir nicht. Dann warf ich folgenden Pfeil: »Herr Huber, haben Sie denn Angst, den Kauf zu tätigen, weil Sie Angst haben, dass der neue Traktor genauso oft kaputt geht wie der letzte, den Sie bei uns gekauft haben? Ist es das wovor Sie Angst haben, und ist es das, was Sie abhält, einen neuen Hürlimann zu fahren?« Es war eine Zeit lang ruhig, und dann hat er gesagt: »Ja, davor habe ich Angst.« Ich war auch einen Moment ruhig und fragte dann: »Herr Huber, es interessiert mich, gibt es außer der Angst vor Reparaturen sonst noch etwas, das Sie zögern lässt, mit einem neuen Hürlimann zu fahren? Jetzt kam die Antwort schnell: »Nein, es ist nur das.« Jetzt packte ich die Gelegenheit beim Schopf: »Mhmm, das heißt also, wenn mein Vater Ihnen zeigen kann, dass die neueren Hürlimann-Traktoren qualitativ sehr gut sind und Sie keine Angst vor Reparaturen haben müssen, wenn mein Vater Ihnen das zeigen kann und Sie sich davon überzeugen können, fahren Sie dann einen neuen Hürlimann?« Auf diese Frage bekam ich ein klares Ja. Und noch am gleichen Tag konnte mein Vater den Vertrag mit Herrn Huber machen.

Schritt 4f: Geschichten

Wenn Sie einem Kunden am Telefon beweisen wollen, dass er nicht Recht hat, dann ist die Wahrscheinlichkeit groß, dass er sich wehrt. Wenn Sie ihm hingegen eine Geschichte erzählen, bei der die Information, dass er nicht Recht hat, indirekt auch enthalten ist, dann werden Sie erleben, dass er sich nicht mehr wehrt.

Geschichten unterlaufen das Bewusstsein und kommunizieren direkt mit dem Unbewussten. Darum sind viele Abwehrmechanismen, die sonst in der Kommunikation vorhanden sind, ausgeschaltet. Waren Sie auch schon bei einem Training, bei dem Sie nach ein paar Minuten eingeschlafen sind? Und später waren Sie wieder bei einem Training, es war sogar das gleiche Thema – und Sie waren von der ersten bis zur letzten Minute gefesselt?! Warum fallen Sie beim einen Trainer vor Langeweile fast vom Stuhl und beim anderen vergeht die Zeit im Flug? Die Lösung ist einfach: Der eine Trainer vermittelt Wissen teilweise in Form von Geschichten, Beispielen und Wortbildern.

Darum – wenn Sie Geschichten, Beispiele und Wortbilder am Telefon verwenden, werden Ihnen Ihre Gesprächspartner aufmerksamer zuhören, und die Zustimmung wird Ihnen sicherer sein. Wir sind von der Kindheit her gewohnt, dass wir uns entspannen und uns wohl fühlen, wenn wir eine Geschichte hören.

Menschen, die uns zu beweisen versuchen, dass wir nicht Recht haben, finden wir unsympathisch. Menschen, die dasselbe in Form von Geschichten tun, die finden wir sympathisch. An Geschichten können wir uns sehr gut erinnern. In einem Altersheim können Ihnen hundertjährige Menschen Geschichten erzählen, die sie in ihrer Kindheit gehört haben.

Seit Jahrtausenden wird Wissen in Form von Geschichten vermittelt. Geschichten wirken auf unser Bewusstsein und gleichzeitig sehr stark auf unser Unbewusstes. Wenn Sie eine Geschichte erzählen, kann die Bedeutung bewusst für den Kunden verborgen bleiben, sein Unbewusstes versteht sie jedoch. Er wird sich daher hingezogen fühlen, Ihnen zu folgen! Menschen filtern Informationen mit ihrer Einstellung. Diese Filter lassen nur die Informationen zu, die mit der eigenen Einstellung übereinstimmen. Die anderen werden abgelehnt, verfälscht oder nicht wahrgenommen. Diese Filterung kann mit Geschichten unterlaufen werden. Das Unbewusste hat immer alle fünf Sinne offen! Mit Geschichten sprechen Sie alle Sinne an.

Einwände am Telefon können Sie mit vier verschiedenen Arten von Geschichten behandeln. Diese kybernetischen Methoden, die wir jetzt lernen werden, können Sie nicht nur am Telefon für die Einwandbehandlung gebrauchen, Sie können sie generell im Leben anwenden.

Sie können Geschichten verwenden,

- um Kinder dazu zu bringen, dass sie das Zimmer aufräumen,
- um bei Ihrem Chef um eine Gehaltserhöhung zu bitten,
- um während Konferenzen Widerstände von Teilnehmern zu überwinden,
- um generell Einwände zu behandeln,
- um blockierte Gesprächssituationen zu meistern,
- um lebhafte, fesselnde Reden zu halten,
- um das Gespräch bei Kunden zu eröffnen,
- um in einer Bar jemanden kennen zu lernen usw.

Die vier verschiedenen Arten von Geschichten sind:

1. Wortbilder, damit Ihre Aussagen schlagkräftiger werden
2. Geschichten von mir selbst
3. Geschichten von anderen Personen und Firmen
4. Geschichten über die Zukunft, Vergangenheit oder Gegenwart unseres Kunden

1. Wortbilder, damit Ihre Aussagen schlagkräftiger werden

Farner: Was ist das, ein Wortbild?

Saxer: Wortbilder sind Bilder, die mit Worten gemalt worden sind. Sie können zum Beispiel sagen: »Sie haben Recht.« Sie können auch sagen: »Sie haben ins Schwarze getroffen.« Was bewegt Sie mehr?

Farner: Ja, ganz klar – »ins Schwarze getroffen« bewegt mich mehr.

Saxer: Mit Wortbildern malen und erzählen Sie kurze Geschichten. Entscheiden Sie selbst, was Sie mehr fasziniert:

- »Geben Sie nicht auf« *oder* »Werfen Sie doch nicht gleich die Flinte ins Korn«
- »Vergleichen Sie gerecht« *oder* »Vergleichen Sie nicht Äpfel mit Birnen«

- »Nehmen Sie es doch mit« *oder* »Packen Sie diese Gelegenheit beim Schopf«
- »Alles, was Sie sagen, bewirkt eine Reaktion« *oder* »So wie Sie in den Wald rufen, tönt es zurück«
- »Das ist nicht gegangen« *oder* »Das war ein Schlag ins Wasser«
- »Mit der Zeit muss man mithalten« *oder* »Geh mit der Zeit oder du gehst mit der Zeit«

Müller: Was ist dann der Unterschied zwischen einem Wortbild und einem Sprichwort?

Saxer: Mit Sprichwörtern malen Sie immer Wortbilder. Ein Wortbild, das Sie selbst aus Wörtern malen, ist noch kein Sprichwort, kann aber zu einem werden, wenn es von Ihren Mitmenschen übernommen wird.

Mit Wortbildern können Sie auch größere Geschichten ausschmücken und Ihren Aussagen mehr Schubkraft geben. Ich zeige mit einem Beispiel, was das in der Praxis bedeutet. Ein Angestellter mit 60.000 Euro Jahreseinkommen sagt einem Versicherungsberater am Telefon:

Kunde: Ihren Vorschlag brauche ich nicht, 80% Abdeckung im Krankheitsfall, das reicht mir, und das habe ich ja.

Jetzt kann der Versicherungsberater mit Wortbildern malen, was 20% weniger bedeuten:

Berater: In dem Fall ist es Ihnen ja möglich, 20% – das heißt 12.000 Euro – pro Jahr zu sparen und auf die hohe Kante zu legen.

Kunde: Sind Sie verrückt, so viel kann ich sicher nicht sparen.

Berater: In dem Fall können Sie im Krankheitsfall auf 20%, das heißt auf 12.000 Euro pro Jahr, nicht verzichten, und mein Angebot ist doch richtig für Sie. Ist das so?

Saxer: Dieses Beispiel ist typisch für die Versicherungsbranche, die meisten Leute in dieser Branche reden gerne in Prozenten vom Lohn. Zum Beispiel: »Reichen Ihnen 75% vom Lohn nach der Pensionierung?« Als Kunde ist man da schnell dazu geneigt, ja zu sagen. 25% ist nur eine Zahl – was Sie in der Praxis bedeutet, können sich die wenigsten Menschen vorstellen. Gute Verkäufer lassen Ihre Kunden mit Wortbildern, Beispielen und Geschichten erleben, was 25% bedeuten.

Bürki: Wie würden Sie, Herr Saxer, folgende Aussage mit einem Wortbild verstärken: »Wenn Sie diese Investition nicht tätigen, werden Sie zukünftig Geld verlieren«?

Saxer: »Wenn Sie diese Investition nicht tätigen, werden Sie Geld aus dem Fenster werfen. Ich nehme an, Sie möchten kein Geld aus dem Fenster werfen, ist das richtig?«

Diese Wortbilder zeichnen Ihrem Gesprächspartner intensive innere Bilder. Und Sie sind viel besser in der Wirkung als langweilige, gewöhnliche Beschreibungen. Wenn Sie Wortbilder verwenden, werden Sie merken, dass Ihre Aussagen an Schlagkraft gewinnen.

Herr Hermann Breu von der Firma La Pasteria Breu AG in Bürgeln hat mich an einem Kurs auf folgende Problematik angesprochen. Seine Firma macht qualitativ hochwertige Ravioli, viel bessere als alles, was sonst von Hotels und Großküchen eingekauft wird. Das führt oft zu folgendem Einwand: »Sie sind 30% zu teuer.«

Nun – 30% kann in Franken oder Euro gerechnet beim Einkauf sehr viel ausmachen, und es besteht die Gefahr, dass man nur noch die große Preisdifferenz anschaut. Herr Breu hat gelernt, mit folgenden Wortbildern zu arbeiten:

Breu: Herr Kunde, ich weiß, dass 30% im ersten Augenblick als sehr viel erscheinen. Wenn man es aber genau ausrechnet, machen 30% nur 4 Franken pro Kilogramm aus. Auf einem Teller Ravioli serviert man max. 200 Gramm. Das macht also pro Portion, die Sie dem Gast servieren, nur 0,80 Franken aus. Ihrem Gast spielt es keine Rolle, ob die Portion Ravioli 0,80 Franken mehr kosten, jedoch spielt es ihm eine große Rolle, ob sie schlechter oder besser zu genießen sind. Wenn Ihrem Gast die Ravioli super schmecken, dann kommt er wieder und empfiehlt Sie weiter. Das ist doch 0,80 Franken wert, stimmen Sie mir da zu?

Kern: Umberto, diese Geschichte ist so stark, da bekomme ich ja eine Gänsehaut.

Saxer: Das ist ja das schöne an Wortbilder, dass du andere so beeindrucken kannst!

2. Geschichten von mir selbst

Gute Manager und Verkäufer haben viele Geschichten von sich selbst, mit denen sie ins Schwarze treffen. Sie erzählen von den eigenen Erfahrungen, von eigenen Erlebnissen und wirken dadurch glaubwürdig und überzeugend. Ich bringe ein paar Beispiele, wie Sie bei Einwänden vorgehen können:

Farner: Ich habe Bedenken wegen der Qualität.

Saxer: Ich selbst habe dieses Produkt seit fünf Jahren, und es hat mich noch nie im Stich gelassen. Sie können sicher sein, dass es auch Sie nie im Stich lassen wird.

Müller: Ich weiß nicht recht, ob ich mir den Laserdrucker anschaffen soll.

Saxer: Ich kann Sie verstehen, ich war vor drei Jahren genau in der gleichen Situation. Damals habe ich mir auch überlegt, ob ich mir den Drucker anschaffen soll oder nicht. Ich habe mich dann durchgerungen und habe den Drucker für mich angeschafft. Und heute bin ich froh und glücklich, dass ich das getan habe.

Farner: Was mache ich, wenn ich das Produkt, das ich verkaufe, selbst nicht habe?

Saxer: Erstens: Wenn Sie selbst ein potentieller Kunde dafür sind,

dann empfehle ich Ihnen wärmstens, das Produkt selbst für sich anzuschaffen. Als ich noch Verkaufsleiter bei einer großen Versicherungsgesellschaft war, habe ich von 1988 an jedem neuen Mitarbeiter, der bei mir als Verkäufer anfing, sehr hohe Sparversicherungen verkauft. Oft haben Verkaufsleiterkollegen zu mir gesagt: »Umberto, du bist ja wahnsinnig, dass du deinen neuen Mitarbeitern so hohe Prämien aufbürdest.« Die Tatsache war, dass ich in den acht Jahren, als ich Verkaufsleiter war, nur drei Außendienstmitarbeiter, die ich eingestellt habe, nicht zu überdurchschnittlichem Erfolg gebracht habe. Dies war um ein Mehrfaches besser als der Branchendurchschnitt.
Zweitens: Wenn Sie selbst kein Kunde für Ihr eigenes Produkt sind, dann können Sie Geschichten von Personen und Firmen erzählen, die Ihr Produkt haben. Was auch noch geht, demonstriere ich in Form von ein paar Beispielen. Sie werden die für sich wählen können, die zu Ihnen passen:

- »Sobald ich die Möglichkeiten dazu habe, kaufe ich mir auch so ein schönes Haus, wie Sie jetzt schon die Möglichkeit haben.«
- »Dieses Auto ist ein persönlicher Traum von mir. Wenn ich zu Hause sitze und entspannt Musik höre, dann sehe ich mich, wie ich mit diesem Traumauto fahre. Sie können sich diesen Traum heute erfüllen. Was meinen Sie dazu?«
- »Ich kann Sie gut verstehen, dass Ihnen die Bedienung unserer neuen Maschine noch etwas unbegreiflich erscheint. Ich habe mir kürzlich ein neues Handy angeschafft, und vor dem Kauf habe ich zuerst auch geglaubt, dass ich die Bedienung und die vielen Möglichkeiten nicht begreifen werde. Heute bin ich selbst erstaunt, wie schnell ich alles begriffen habe und freue mich jedes Mal über die Handlichkeit meines Handys.«

Beim letzten Beispiel hatte ich die Bedienung einer Maschine mit der Bedienung meines Handys verglichen. Dieses Beispiel möchte ich im Detail mit Ihnen durchgehen:

Beide Geräte haben eine Bedienung, die man nicht sofort begreift. Darum konnte ich gut mitfühlen, als ich sagte: »Ich kann Sie gut verstehen, dass Ihnen die Bedienung unserer neuen Maschine noch etwas unbegreiflich erscheint.« Mit diesem Satz drücke ich Verständnis aus und habe Vertrauen gewonnen. Jetzt erzählte ich die Geschichte von meinem Handykauf: »Ich habe mir kürzlich ein neues Handy angeschafft, und vor dem Kauf habe ich zuerst auch geglaubt, dass ich die Bedienung und die vielen Möglichkeiten nicht begreifen werde.« Mit dieser Geschichte setze ich mich ins gleiche Boot wie der Kunde. Ich vermittle ihm: Ich bin wie du, wir sprechen vom Gleichen, ich kann dir nachfühlen, ich verstehe dich! Während dieser guten Stimmung erzählte ich ihm von meinen Erfahrungen: »Heute bin ich selbst erstaunt, wie schnell ich dies begriffen habe und freue mich jedes Mal über die Handlichkeit meines Handys.« In der Regel reicht eine solche Geschichte, damit Sie die Bedenken Ihres Kunden ausräumen und ihm das Produkt verkaufen können.

Je nach Situation gehe ich manchmal noch einen Schritt weiter und führe meinen Kunden mit folgendem Satz in eine Zukunftsprojektion: »Ich nehme an, dass Sie sich auch darüber freuen werden, wenn Sie die Bedienung begriffen haben und die Maschine für Sie handlich ist. Schätze ich Sie da richtig ein?« Mit diesem Satz lasse ich meinen Kunden in der Zukunft erleben, dass er die Maschine bedienen kann, dass er sich darüber freut und dass sie handlich ist. Dieses Erleben lasse ich mir vom Kunden noch bejahen. Nach dem Ja komme ich zum Abschluss, so als ob es das Natürlichste der Welt wäre.

Ihnen ist sicher schon aufgefallen, dass ich in diesem Buch immer wieder vergleichende Geschichten und Geschichten von mir selbst erzähle. Das mache ich seit Jahren beim Trainieren, beim Verkaufen, beim Telefonieren und in der Freizeit. Meine Erfahrungen sind diesbezüglich so gut, dass ich Ihnen wärmstens ans Herz lege, vermehrt Ihre eigenen Eindrücke, Beispiele und Erfahrungen zu erzählen.

Bedenken Sie einen Punkt: Lügen haben kurze Beine! Bleiben Sie darum immer bei der Wahrheit. Wenn Sie immer die Wahrheit erzählen, dann müssen Sie, damit Sie nichts Falsches sagen, nicht überlegen, was

Sie das letzte Mal erzählt haben. Eine Geschichte ist Geschichte und wahr.

3. Geschichten von anderen Personen und Firmen

Saxer: Wenn Sie keine Geschichten von sich selbst erzählen können, dann haben Sie sicher Beispiele und Geschichten von anderen Mitmenschen oder Firmen. Damit ich das demonstrieren kann, möchte ich gerne einen Einwand hören:

Müller: Ich habe keine Garantie, dass sich die Investition für Ihr Training amortisiert.

Saxer: Mhmm, Herr Schaller, ein Kunde von mir, hat mir das vor dreieinhalb Jahren auch gesagt. Damals verkaufte er 25 Geräte pro Monat. In diesem Jahr waren es durchschnittlich 76 Geräte pro Monat. Herr Schaller ist heute absolut happy, dass er und seine Freundin das Training bei mir gemacht haben, und er empfiehlt jedem, der noch unsicher ist, ob sich die Investition in mein Training lohnt, unbedingt diesen Schritt zu machen, wie er selbst vor dreieinhalb Jahren. Wann möchten Sie den Schritt machen?

Tanner: Diese Geschichten sind wahnsinnig stark. Ist es nicht besser, wenn man etwas bescheidener bleibt?

Saxer: Manchmal ist Bescheidenheit sehr wichtig, im falschen Moment kann sie jedoch tödlich sein. Zu diesem Thema pflegte meine mittlerweile 75-jährige Tante Lilli Folgendes zu sagen: »Bescheidenheit ist eine Zier, doch kommt man weiter ohne ihr.« Diese Aussage dürfen Sie hundertprozentig übernehmen.

4. Geschichten über die Zukunft, Vergangenheit oder Gegenwart unseres Kunden

Sie können sehr gut am Telefon etwas verkaufen oder Einwände am Telefon beheben, indem Sie Ihren Gesprächspartner die Zukunft, die Vergangenheit oder die Gegenwart erleben lassen.

Einem Manager hatte ich einen Vorschlag vorgerechnet, der es ihm ermöglicht hätte, mit 60 Jahren anstelle von 65 in den Ruhestand zu gehen. Er musste noch gewisse Dinge abklären. Als ich ihn am vereinbarten Tag angerufen habe, hat er mir am Telefon gesagt: »Ich möchte Ihren Vorschlag noch mit einem Freund besprechen.«

Ich habe ihn dann gefragt, ob es sonst noch etwas gibt. Darauf antwortete er: »Ich bin noch nicht sicher, ob ich mit 60 mit der Arbeit aufhören möchte.« Auf den zuletzt genannten Hinderungsgrund ging ich ein und erzählte ihm folgende Geschichte: »Stellen Sie sich einmal vor, Sie sind 60 und Sie haben genügend Geld, dass Sie mit der Arbeit aufhören könnten, aber Sie müssen nicht. Das heißt, wenn die Umstände in der Zukunft für Sie stimmen, und Sie Freude und Spaß an der Arbeit haben, können Sie bis fünf Jahre weiterarbeiten, wenn Sie möchten. Wenn jedoch die Umstände in der Zukunft für Sie unangenehm werden, Sie Voraussetzungen haben, die Ihnen das Arbeiten mühsam machen, sind Sie nicht auf Almosen von anderen angewiesen. Sie können zu Ihrem Chef gehen und sagen: ›Ich habe beschlossen, jetzt aufzuhören und meinen Lebensabend in allen Zügen zu genießen.‹ Stellen Sie sich vor, wie gut Sie sich fühlen, wenn Sie das sagen können. Möchten Sie diese Wahlmöglichkeit in Zukunft haben?« – Der Manager bejahte und wurde stolzer Besitzer meines Pensionskonzepts.

Solche und ähnliche Zukunftsprojektionen haben eine unglaubliche Wirkung. Der Gesprächspartner identifiziert sich mit Ihrem Produkt. Er erlebt in seiner Vorstellung, im Sehen, Hören und Fühlen, wie es ist, wenn er es besitzt. So wird Ihr Angebot ein Teil von ihm. Und was einem gehört, das gibt man nicht so gerne wieder her. Seine Zustimmung wird Ihnen sicherer.

Müller: Was sage ich einem, der das Haus nicht kaufen möchte und noch zuwarten will?

Saxer: »Stellen Sie sich vor, Sie möchten später, zum Beispiel in drei bis vier Jahren, ein Haus kaufen, und die Häuser kosten 50.000 Euro mehr als jetzt. Wie stark würden Sie sich ärgern, dass Sie das Angebot von heute, so ein preiswertes Haus, das Sie sich leisten könnten, abgeschlagen haben?« Sie können mit Zukunftsgeschichten Ihren Kunden alle Kundennutzen in der Zukunft erleben lassen. Sie können ihn erleben lassen, wie er mehr Profit macht, zusätzliche Sicherheit bekommt, sein Komfort gesteigert wird, das Ansehen wächst und sein Leben mit Freude durchtränkt ist.

Müller: Mir scheint es sehr schwierig, in der richtigen Situation eine Geschichte erzählen zu können.

Saxer: Mhmm, ich habe schon oft erlebt, dass das Menschen zuerst sehr schwierig vorkommt. Möchten Sie, dass es für Sie leicht wird und dass Sie immer eine passende Geschichte bereit haben?

Müller: Ja, selbstverständlich.

Saxer: Dann sagen Sie, dass Sie das lernen können! Beginnen Sie ab heute, Geschichten, die Sie tagtäglich erleben und von anderen hören, aufzuschreiben. In wenigen Wochen werden Sie schon massenweise gute Geschichten haben.

Diese Frage geht an alle, die dieses Buch lesen: Möchten Sie für jede Situation eine passende Geschichte haben? – Wenn ja, dann empfehle ich Ihnen, ab heute Geschichten aufzuschreiben. Nehmen Sie sich das bitte jetzt vor. Und allen Unternehmern, Geschäftsinhabern und Verkaufsleitern empfehle ich wärmstens, ein firmeninternes Geschichtenbuch anzulegen. Neue Mitarbeiter bekommen Erfahrungen und wertvolle Informationen auf eine amüsante Art mitgeteilt. Alle Mitarbeiter bekommen ein einfaches Instrument, um Einwände zu behandeln und um generell die Kommunikation lebendiger zu gestalten.

Gehen Sie jetzt in Ihren Gedanken Jahre in die Zukunft, und denken Sie daran, wie Sie sich freuen werden, wenn Sie Ihr eigenes Geschichtenbuch und/oder das der Firma lesen. Wie viel Freude das in Ihnen weckt und wie viele Erinnerungen das in Ihnen wachruft. Und jedes Mal, wenn Sie dieses Geschichtenbuch in der Zukunft lesen, gibt es Ihnen Motivation, neue Ideen und Kraft. Oh, wie schön ist das Leben!

Sie können Ihre Geschichten auch mit Ihren Mitarbeitern und Freunden teilen, zum gegenseitigen Nutzen. Im Internet unter http://www.umberto.ch finden Sie ein Geschichtenbuch, mit dem Sie Ihre Geschichten mit der ganzen Welt teilen können und wo Sie Ihrerseits auch die Geschichten anderer finden. Erzählen Sie der ganzen Welt Ihre Erfolgsgeschichten!

Aktiver kybernetischer Telefonverkauf

Saxer. Beim aktiven kybernetischen Telefonverkauf rufen wir an, führen das Gespräch und verfolgen konkrete Zielsetzungen.
Ein sehr wohlhabender und erfolgreicher Kooperationspartner von mir wurde kürzlich von einem Mercedes-Verkäufer angerufen. Er demonstrierte die negative Form von aktivem Telefoneinsatz. Hören Sie hin:

Schürpf: *(nimmt das Telefon ab)* Schürpf.

Blaser: Guten Tag, Herr Schürpf, hier Blaser von der Neuwiesengarage. Ich bin dabei, meine Kartei durchzumisten und bin auf Ihre Adresse gestoßen. Sie haben doch vor einem Jahr einen Mercedes bei uns angeschaut, ist das noch aktuell?

Schürpf: Ich habe mich für einen Volvo entschieden.

Blaser: In dem Fall kann ich Sie ja aus der Kartei streichen.

Schürpf: Ja, wenn Sie möchten.

Blaser: Ich bedanke mich für Ihre Angaben und wünsche Ihnen noch einen schönen Tag.

Tanner: Umberto, der Abgang war gut, der Rest eine Katastrophe.

Saxer: Ist dieses Telefongespräch ein negativer Ausnahmefall? *(Übrigens, die Namen des Verkäufers und der Garage wurden von mir geändert.)*

Farner: Ganz und gar nicht, ich habe manchmal den Eindruck, dass diesen Beratern ein guter Abgang lieber ist als ein Verkauf.

Saxer: Genau das meine ich – das vorige Telefongespräch war aktiv, und die Gesprächsführung hatte Herr Blaser bis zum Schluss. Wo hat es dann gehapert?

Müller: Beim Ziel und bei der Vorbereitung.

Saxer: Genau das. Herr Blaser hatte sich zum Ziel gesetzt, die Kartei durchzumisten – und das muss ich ihm neidlos zugestehen, das Ziel erreicht er ausgezeichnet. Einen Punkt hat er allerdings vergessen. Mist ist ein guter Dünger, und wenn mit Mist richtig umgegangen wird, dann wächst alles viel schneller.

Ich mache auch Feldtrainings, das sind aktive Verkaufsbegleitungen mit Außendienstmitarbeitern zu ihren bestehenden Kunden oder zu Neukunden. Bei so einem Feldtraining fragte ich den Außendienstmitarbeiter kurz vor dem Kundenbesuch: »Und was ist das Ziel dieses Besuchs?« Als Antwort bekam ich: »Ich möchte, dass der Kunde mich wieder sieht.« Nach dem Kundenbesuch fragte ich den Außendienstmitarbeiter: »Und, was haben wir erreicht?« Die Antwort war: »Der Kunde hat mich wieder gesehen.« Darauf antwortete ich: »Das habe ich auch gemerkt.«

Auch dieses Gespräch verlief erfolgreich, denn der Außendienstmitarbeiter hat sich zum Ziel gesetzt, »dass der Kunde ihn wieder sieht« – und dieses Ziel hat er erreicht!

Einer der Hauptgründe, dass es so viele mittelmäßige Manager und Verkäufer auf dieser Welt gibt, ist, dass viele Manager und Verkäufer sich vor einem Telefonat oder einem Kundenbesuch keine oder falsche Ziele stecken. Dementsprechend ist dann auch ihre Vorbereitung, Begrüßung, Gesprächseröffnung, Bedarfsermittlung usw. Interessant ist, dass diese Menschen auf ihre Weise erfolgreich sind und Recht haben. Sie können das beweisen:

- »Herr Schürpf wollte nicht mehr in der Kartei sein.«
- »Der Kunde war glücklich, als er mich sah, nur Bedarf hatte er gerade keinen.«
- »Heutzutage wird einem ja nichts mehr geschenkt, bei diesem Verdrängungskampf und Wettbewerb ist halt das Verkaufen viel schwieriger geworden.«
  Etc. etc. etc.

Es spielt keine Rolle, woran Sie glauben. Sie können beweisen, dass Sie

Recht haben. Ihre Ziele und dementsprechend Ihre Erwartungen sind wie selbsterfüllende Prophezeiungen. Sie erreichen in Ihrem Leben, woran Sie in Ihrem Innersten glauben und haben ein dementsprechendes Weltbild. Sie nehmen nur das wahr, was Sie auch wahrhaben möchten. Jeder Mensch kann zu jeder Zeit beweisen, dass er Recht hat. Das Leben ist unendlich großzügig, es gibt jedem das, was er für möglich und machbar hält und woran er glaubt. Menschen, die vom Pech verfolgt werden, und Menschen, denen das Glück zufällt, unterscheiden sich nur in ihrer Einstellung. Beide können beweisen, dass sie Recht haben.

Ihre Einstellung, Ihren Glauben äußern Sie tagtäglich mit dem, was Sie denken und sagen!

Die einen sagen:

- »Das kann ich nicht.«
- »Das fällt mir schwer.«
- »Das Verkaufen liegt mir nicht so, ich bin besser im Beraten.«
- »Heute kauft niemand mehr ohne hohen Rabatt.«
- »Es wird immer schwieriger, Termine zu vereinbaren.«
- »Ich kann Offerten telefonisch nicht gut nachfassen.«

Die anderen sagen:

- »Ich kann.«
- »Ich kann das lernen und lerne es ab jetzt.«
- »Das ist anspruchsvoll, packen wir es an.«
- »Ich kann lernen und lerne ab jetzt, dass mir das Verkaufen liegt und ich die Beratung gut integrieren kann. Ich werde jeden Tag immer besser, besser und besser.«
- »Es gibt Leute, denen ist eine gute Beratung und ein guter Service wichtiger als ein hoher Rabatt. Viele Kunden von mir bestellen daher ohne oder mit wenig Rabatt.«
- »Ich kann gut Termine vereinbaren und Offerten nachfassen.«
- »Ich kann lernen und lerne ab jetzt, gut Termine zu vereinbaren und Offerten nachzufassen.«

Egal, woran Sie glauben, Sie können Ihr Leben lang beweisen, dass Sie Recht haben!

Müller: Heißt das also: Wenn ich gute Resultate beim Telefonverkauf haben möchte, dann muss ich mir sagen, dass ich das kann oder dass ich das lernen kann und ab jetzt lerne. Ist das richtig?

Saxer: Ja, manche Menschen sind schon so weit, die wissen, dass sie gut am Telefon verkaufen und verhandeln können. Alle anderen können dies unter vier Voraussetzungen lernen:

1. Sie müssen den Wunsch haben, es lernen zu können. Schreiben Sie fünf bis zehn Vorteile und ein bis drei Nachteile auf, die Sie haben werden, wenn Sie das Ziel erreichen. Fragen Sie sich, wie Sie mit den Nachteilen umgehen können und ob Sie mit diesen Nachteilen leben können. Es ist sehr wichtig, dass Sie sich auch über die Nachteile Gedanken machen, denn wenn Sie jetzt Lösungen dafür finden oder Ideen bekommen, wie Sie damit umgehen können, dann haben Sie sich den Weg freigemacht, um am Telefon gut verkaufen oder terminieren zu können.
2. Sie müssen es sich zum Ziel setzen und sich im Sehen, Hören und Fühlen das Ziel immer wieder als erreicht vorstellen. Den ganzen Tag gehen Ihnen immer wieder Gedanken durch den Kopf. Menschen kommunizieren immerfort mit sich selbst. Gewöhnen Sie sich an, dass Sie immer wieder in Gedanken davon träumen, wie es ist, wenn Sie Ihr Ziel erreicht haben. Was Sie bekommen und was Sie sehen werden. Wie Sie sich fühlen werden. Wie Sie mit anderen Menschen sprechen werden. Malen Sie sich das in den schönsten Farben aus. Hören und fühlen Sie, wie es ist, wenn Sie immer besser und besser im Telefonverkauf, beim Verhandeln und beim Terminvereinbaren werden. Genießen Sie das, was Sie in Ihren Tagträumen sehen werden, und

freuen Sie sich über das, was Sie hören und fühlen werden.

3. Sie müssen Kriterien festsetzen, an denen Sie merken, dass Sie Ihr Ziel erreicht haben und guten Telefonverkauf betreiben können. Es kann Ihnen sonst passieren, dass Sie Ihr Ziel schon lange erreicht haben und gut sind – und Sie merken es nicht und geben auf.
4. Sie müssen schlechte Zwischenresultate als Weg zum Ziel ansehen. Ohne Misserfolg gibt oder gäbe es keinen Erfolg. Beides gehört zusammen wie Pech und Schwefel. Misserfolg ist natürlich, es geht nur darum, was Sie aus dem Misserfolg lernen können. Suchen Sie beim Misserfolg nicht den Fehler, den Sie gemacht haben, sondern das, was Sie hätten besser machen können und das nächste Mal besser machen werden. Sagen Sie sich immer wieder, dass Sie dies lernen werden.

Farner: Herr Saxer, ich habe bis jetzt immer nach den Fehlern gesucht, wenn ich etwas falsch gemacht habe. Warum soll ich das nicht mehr tun?

Saxer: Es gibt drei Gründe:

1. Wenn Sie die Fehler suchen und die Fehler gefunden haben, wissen Sie immer noch nicht, was Sie hätten besser machen können. In der Regel fehlt einem dann die Energie, um sich auch noch Gedanken zu machen, wie es das nächste Mal besser gemacht wird.
2. Beim Verkaufen kommt es darauf an, dass Sie im richtigen Augenblick das Richtige tun und sagen. Ihr Verhalten ist automatisch, und Sie machen das, was bei Ihnen am stärksten eingeübt ist. Wenn Sie Fehler analysieren, dann werden die Fehler in Ihrem Unterbewusstsein noch stärker eingeübt und verankert. Die Wahrscheinlichkeit, dass Sie den Fehler wiederholen, wird darum größer.
3. Wenn Sie sich Gedanken machen, was Sie hätten besser machen können und das nächste Mal besser machen wer-

den, gewinnen Sie Zeit und programmieren Ihr Unterbewusstsein auf Erfolg. Die Chance, dass Sie es das nächste Mal richtig machen, wächst.

Farner: Diese vier einfachen Voraussetzungen, damit ich eine noch bessere Telefonverkäuferin werde, die kann ich doch generell für den Verkauf auch gebrauchen?

Saxer: Ja, das ist richtig. Und zusätzlich ist diese Übung sehr geeignet, um jedes Lernziel, das Sie haben und noch haben werden, zu verwirklichen.

Bereiche des Telefonverkaufs

Beim Telefonverkauf gelten für die Kommunikation die gleichen Grundsätze wie sonst beim Verkaufen. Der Telefonverkauf ist in drei Bereiche unterteilt:

Bereich 1: Kaufbereitschaft direkt testen = Verkauf ohne Beratung

Bereich 2: Kundenergründung = Verkauf mit Beratung

Bereich 3: Angebote nachfassen

Bei allen drei Bereichen ist es äußerst wichtig, dass Sie sich vor dem Kundenkontakt Ziele setzen und eine Checkliste erstellen.

Ziele setzen und Checkliste erstellen

Nehmen Sie beim Telefonverkauf zukünftig nie mehr den Telefonhörer in die Hand, bevor Sie nicht Ziele gesetzt und eine Checkliste erstellt haben! Haben Sie auch schon jemanden angerufen, und ...

- ... Sie waren auf die Reaktionen des Kunden nicht vorbereitet?
- ... Sie haben ihm etwas angeboten und der Kunde sagte Nein, und Sie wussten nicht mehr weiter?
- ... Sie haben das Telefongespräch geführt, den Hörer aufgelegt – und dann haben Sie gemerkt, dass Sie etwas vergessen haben, und Sie mussten wieder anrufen?

Kern: Umberto, das ist vermutlich jedem schon oft passiert. Und ich ärgere mich jedes Mal, wenn ich noch einmal anrufen muss, nachdem ich den Hörer aufgelegt habe.

Saxer: Ich weiß, das ist ärgerlich. Wie Sie bereits wissen, geht es bei der Verkaufskybernetik darum, dass Sie automatisch gesteckte Ziele ansteuern, sich im richtigen Moment richtig verhalten und das Richtige sagen. Das heißt: Ohne Ziele kein kybernetisches Gespräch!

Bürki: Ich habe auch immer ein Ziel, wenn ich jemanden anrufe, das ist nichts Neues für mich.

Saxer: Genau das ist der Fehler, den viele machen. Es reicht nicht, wenn Sie nur ein Ziel haben. Wenn der Kunde an diesem Ziel kein Interesse hat, dann müssen Sie sich überlegen, was es auch noch gibt, und dafür fehlen Ihnen meistens die Zeit und auch die Umstände am Telefon. Darum empfehle ich Ihnen unbedingt, dass Sie sich eine Checkliste erstellen, wie wir es in diesem Trainingsbuch auf Seite 68 und 69 bereits durchgenommen haben.

Farner: Ich arbeite neu mit Checklisten. Bevor ich jemanden anrufe, schaue ich die Angaben an, die ich über die betreffende Person und Firma habe und überlege mir, was ich alles erreichen möchte. Das schreibe ich mir dann in Stichworten auf ein Blatt Papier auf, und seither fällt mir die Gesprächsführung viel leichter, und ich verkaufe viel mehr, vor allem auch Zusatzverkäufe, die ich früher nie getätigt habe.

Saxer: Gratuliere, kybernetische Verkaufsgespräche bedingen Checklisten. Setzen Sie Checklisten überall ein, zum Beispiel auch bei Gesprächen mit Mitarbeitern oder Vorgesetzten.

Bevor wir innerhalb der Firma Gespräche miteinander haben, verwenden wir Checklisten. So bereitet sich jeder vor, und die Gespräche sind sehr effizient.

Wenn Sie Lust haben, fragen Sie sich doch jetzt: »Wo überall in meinem Leben kann ich Checklisten einsetzen?«

Sie können mir eine große Freude bereiten, wenn Sie die Checklisten, die bei Ihnen besonders gut funktionieren, auf meine Homepage unter http://www.umberto.ch stellen. Klicken Sie dafür den Beispielserver an und schreiben oder kopieren Sie Ihre Checkliste rein. Vielleicht haben Sie gute Beispiele und Geschichten, bei denen Ihnen dieses Buch bereits geholfen hat. In diesem Fall können Sie mir ebenfalls einen riesigen Gefallen tun, wenn Sie diese Geschichten und Beispiele im Beispielserver speichern. Wir alle können davon profitieren! Auf dem Beispielserver gibt es auch Beispiele von Einwandbehandlungstechniken und Nutzenformulierungen. Vielleicht können Sie mir und uns allen auch zu diesen Techniken Ihre Erfahrungen mitteilen!

Wenn Sie mir und Ihren Kollegen diese Dinge auf die Homepage schreiben, tun Sie sich auch selbst einen kleinen Gefallen damit. Meine Erfahrung zeigt mir, dass diejenigen, die sich Zeit dafür nehmen, um einzelne Techniken, eigene Gesprächsleitfäden und Checklisten auszuarbeiten, diese am besten umsetzen und die investierte Zeit um das x-fache zurückgewinnen.

Gönnen Sie sich doch ein paar Minuten Pause und setzten Sie sich diesbezüglich Ziele. Sie werden es zukünftig schätzen, wenn Sie es jetzt tun.

Viele Menschen, die ich kenne, wenden in verschiedenen Situationen bereits Checklisten an. Mich erstaunt immer wieder die Tatsache, dass Verkäufer und Manager in Verkaufsgesprächen Checklisten gar nicht oder unvollständig einsetzen. Wenn Sie ein kybernetischer Verkäufer werden wollen: einer, der nicht so schnell aus der Bahn geworfen werden kann, einer, der die Fähigkeit hat, verschiedene Ziele anzustreben und Berge zu versetzten – wenn Sie das werden wollen, dann nehmen Sie sich jetzt vor (sofern Sie es vorhin nicht schon gemacht haben), dass es bei Ihnen keine Verkaufsgespräche ohne Checkliste mehr gibt, dass Sie sich ab jetzt vor jedem Gespräch Folgendes überlegen:

- Was möchte ich erreichen, was auch noch, was sonst noch und was ebenfalls? (Schreiben Sie alles auf, auch weniger wichtige Dinge wie zum Beispiel: »Kontrolle, ob die Anschrift noch stimmt«. Die Checkliste soll Ihnen auch helfen, alternative Vorschläge zu machen, wenn der Kunde an etwas kein Interesse hat.)
- Wie erreiche ich die Punkte auf der Checkliste am besten? Denken Sie sich verschiedene Möglichkeiten aus, und nehmen Sie die besten davon.

- Bei sehr wichtigen Gesprächen lohnt es sich, wenn Sie sich Möglichkeiten überlegen, wie der Kunde negativ reagieren könnte und wie Sie das im Voraus verhindern könnten. Überlegen Sie sich zusätzlich noch zwei bis drei Möglichkeiten, wie Sie agieren, wenn der Kunde trotz all Ihren Vorkehrungen negativ reagiert.

Kaufbereitschaft direkt testen = Verkauf ohne Beratung

Vor vielen Jahren, während meiner Lehre im Betrieb meiner Eltern, konnte ich tagtäglich das verkäuferische Verhalten der Vertreter beobachten, die uns besuchten. Das Vorgehen war bei den meisten fast immer gleich. Sie fragten immer zuerst, wie es einem geht; diesen Kick brauchten sie, damit sie dann das Neueste von sich erzählen konnten. Irgendwann einmal fragten sie dann nach dem Bedarf.

Die einen fragten: »Brauchen Sie wieder Schleifpapier, Öl, O-Ringe etc.?« Bei einem Nein wurde noch eine Story erzählt und dann zottelten sie wieder davon.

Die anderen fragten: »Haben Sie noch Luftfilter, Fett, Kugellager etc.?« Bei einem Ja zottelten auch die, nachdem sie noch einmal eine Story erzählt hatten, davon.

Die Vertreter waren ausnahmslos liebenswerte Menschen, und es machte immer Spaß, sich mit ihnen zu unterhalten. Meistens merkten wir erst, nachdem sie gegangen waren, wie viel unproduktive Zeit verstrichen war. Als ich im dritten Lehrjahr war, hatte meine Mutter die Nase voll, und wir durften Vertreter nur noch am Freitagnachmittag empfangen. Im Nachhinein muss ich dazu sagen, dass viele Vertreterbesuche durch das Telefon hätten ersetzt werden können. Bei den meisten Produkten wäre es für sie und uns rentabler gewesen.

Ideal ist eine Kombination zwischen Telefonverkauf und Verkauf vor Ort. Es ist besser, wenn Sie Ihre Kunden weniger, dafür intensiver besuchen.

Tanner: Umberto, was meinst du mit intensiver?

Saxer: Mit intensiver meine ich, dass Sie sich intensiv vorbereiten, eine Checkliste erstellen und gezielt den Bedarf ergründen mit folgenden Zielen:

- die Bestellmenge zu erhöhen,

- Zusatzverkäufe zu tätigen bzw. die Produktpalette auszuweiten,
- fachliches und verkäuferisches Know-how weiterzugeben,
- dass der Kunde treffende Ideen bekommt, wie er unsere Produkte/Dienstleistungen einsetzen kann,
- um Möglichkeiten aufzuzeigen, wie er und seine Mitarbeiter unsere Produkte/Dienstleistungen besser und gezielter verkaufen,
- dass der Kunde richtig dokumentiert ist und weiß, was er wie bei uns bestellen kann,
- dass Sie konsequent nach Weiterempfehlungen fragen und so viele erhalten, dass Sie die Neukunden-Akquisition vorwiegend über Weiterempfehlungen tätigen können.

Je nach Branche und Produkt gibt es dieser Liste noch einiges anzufügen.

Die Besuche müssen für den Kunden so interessant sein, dass er sich freut, wenn Sie ihn besuchen, und dass er jedes Mal denkt: »Dieser Besuch war nützlich für mich!« Wenn Sie das bei Ihren Kunden erreicht haben, dann findet der Kunde immer Zeit für Sie, und es ist sehr leicht, Termine zu bekommen. Sie sind dann gern gesehen und willkommen!

Farner: Ist der persönliche Kontakt überhaupt noch nötig, kann man nicht alles telefonisch und schriftlich bewerkstelligen?

Saxer: Das ist eine Frage, die müssen Sie sich selbst stellen. Mit gewissen Produkten und in einigen Branchen ist das zum Teil möglich. Wenn Sie Ihre Kunden vorwiegend telefonisch betreuen, dann ist es genauso wichtig, dass Sie sich an dieses Schema halten, das wir jetzt trainieren.

Wir haben durchgenommen, dass Sie Ihre Kunden weniger, dafür intensiver besuchen sollen. Zwischen diesen intensiven Kundenbesuchen oder Telefongesprächen kann ich jetzt die Kaufbereitschaft direkt testen = Verkaufen ohne Beratung!

Wie Sie die richtige Person in einer Firma ans Telefon bekommen, wie

Sie sie begrüßen und wie Sie sich richtig vorstellen, das haben wir bereits miteinander durchgenommen.

Der Verkauf ohne Beratung ist in vier Stufen aufgeteilt:

- Stufe 1: Vertrauen aufbauen
- Stufe 2: Sagen, um was es geht und was der Nutzen ist
- Stufe 3: Kaufbereitschaft testen
- Stufe 4: Zum nächsten Punkt auf der Checkliste gehen

Stufe 1: Vertrauen aufbauen

Wie Sie bereits wissen, möchten Menschen am liebsten mit Menschen zu tun haben, die sie verstehen und die sind wie sie. Gewinnen Sie darum das Vertrauen Ihres Kunden, indem Sie ein bis vier unbestreitbare Wirklichkeiten äußern oder danach fragen. Das sind Dinge, bei denen Sie wissen, dass Sie auf Ihren Kunden zutreffen und dass Sie ein ausgesprochenes oder gedankliches Ja bekommen werden. Zum Beispiel:

- »Beim letzten Telefongespräch haben wir X besprochen.«
- »Vor zwei Monaten hatten Sie Y bestellt.«
- »Sie haben mir gesagt, dass Z für Sie wichtig ist.«

In Steckborn am Bodensee habe ich auf dem Zeltplatz einen Wohnwagen. Für mich und die Familie ist das ideal: In wenigen Minuten bin ich von zu Hause dort, und kreative Dinge lassen sich auf dem Zeltplatz sehr gut entwickeln. Gerade vorhin, als ich die oberen Passagen geschrieben habe, kam Corinne, meine 13-jährige Tochter, zu mir und meiner Frau, mit dem Ziel, uns die Idee zu verkaufen, dass sie in dieser Nacht, morgens um 3 Uhr, auf dem Zeltplatz zu einer Morgenfete gehen dürfe. Sie ging folgendermaßen vor:

Corinne: Papi und Mami, wir sind doch hier in den Ferien! Und wir sind da, damit wir uns amüsieren können; und in den Ferien darf man ja Dinge machen, die man sonst nicht machen darf; und für euch ist es doch auch wichtig, dass ich langsam erwachsen werde, neue Dinge kennen lerne und Spaß und Freude habe. Das ist doch so, Papi und Mami?

Nachdem wir das bejaht hatten, trug sie ihr Anliegen vor. Ich hätte den Gesprächseinstieg nicht besser formulieren können. Alles, was Corinne sagte, konnte ich gedanklich oder wörtlich bejahen. Mit diesem Einstieg schuf sie sich die ideale Voraussetzung für ihr Anliegen. Wenn wir es unseren Kindern nachmachen, dann werden wir auch vermehrt ideale Voraussetzungen für unsere Anliegen haben!

Müller: Wenn ich einen bestehenden Kunden anrufe, soll ich nicht fragen, ob er zufrieden ist, ob er keine Probleme hat oder ob alles gut läuft?

Saxer: Leider ist diese Frage weit verbreitet.
Ein Freund von mir kaufte einen Hochdruckreiniger. Nachdem er ausgeliefert wurde, rief der Außendienstmitarbeiter an und erkundigte sich, ob er zufrieden sei, ob es keine Probleme gegeben habe und ob der Hochdruckreiniger laufe. Einen Tag später musste er in die Firma anrufen und hatte den Verkaufsleiter am Telefon. Dieser erkundigte sich auch, ob er zufrieden sei, ob es keine Probleme gegeben habe und ob der Hochdruckreiniger laufe. Eine Woche später sah er den Geschäftsführer bei einer Ausstellung, und der erkundigte sich auch, ob er zufrieden sei, ob es keine Probleme gegeben habe und ob der Hochdruckreiniger laufe. Danach hat mein Freund mich angerufen und mir erzählt, dass er vermutlich den einzigen Hochdruckreiniger habe, der noch laufe und mit dem man noch keine Probleme habe.

Wenn ein Kunde unzufrieden ist oder wenn etwas nicht geklappt hat, dann können Sie davon ausgehen, dass er es Ihnen direkt oder indirekt sagt.

Machen Sie es wie ein guter, selbstbewusster Koch, der weiß, dass seine Speisen ausgezeichnet sind. Der fragt nicht: »Hat es Ihnen geschmeckt?«, sondern: »Wie hat es Ihnen geschmeckt?« Oder er sagt: »Ich nehme an, dass unsere Hausspezialitäten eine Gaumenfreude für Sie sind.«

Bringen Sie unbedingt zum Ausdruck, dass es normal und völlig natürlich ist, dass es bei Ihnen klappt und Ihre Produkte gut sind. Darum fragen Sie zukünftig:

- »Wie sind Sie zufrieden?« *(Zufrieden ist klar, die Frage ist nur noch wie!)*
- »Ich nehme an, es hat mit der Lieferung alles geklappt und Sie und Ihre Mitarbeiter haben Spaß bei der Arbeit mit dem neuen Gerät. Ist das so?«
- »Ich gehe davon aus, dass Sie unsere Produkte gut verkaufen konnten?«
- »Wie ist es für Sie, seit Sie mit unseren neuen Produkten arbeiten?«
- »Welche Erfahrungen haben Sie mit der neuen Dienstleistung oder mit dem neuen Produkt gemacht?« *(Diese Frage ist völlig neutral, und der Kunde kann von seinen schlechten und/oder guten Erfahrungen erzählen.)*

Stufe 2: Sagen, um was es geht und was der Nutzen ist

Nachdem Ihr Kunde eine bis vier Wirklichkeiten bejaht hat und Sie eine gute Vertrauensbasis geschaffen haben, sagen Sie ihm, um was es geht und was es ihm nützt, wenn er jetzt bei Ihnen bestellt.

Je besser und gezielter Sie Ihrem Kunden den Kundennutzen darstellen, desto bessere Resultate werden Sie haben. Bedenken Sie immer wieder, dass Ihnen nie jemand auf dieser Welt ein Produkt oder eine Dienstleistung abkaufen wird, sondern immer das, was dahinter steckt.

Zur Wiederholung - Menschen kaufen:

1. Profit - dazu gehören: Gewinnstreben, Spartrieb, Zeit gewinnen und Geld einsparen
2. Sicherheit - dazu gehören: Selbsterhaltung, Gesundheit, Risikofreiheit und Sorgenfreiheit
3. Komfort - dazu gehören: Bequemlichkeit, Ästhetik, Schönheitssinn
4. Ansehen - dazu gehören: Stolz, Prestige, Anlehnungsbedürfnis, »in« sein und »dabei« sein
5. Freude - dazu gehören: Vergnügen, Großzügigkeit, Schenkungstrieb, Sympathie, Liebe zur Familie

Die in diesem Buch besprochenen fünf Grundbedürfnisse und den dazugehörenden Frageschlüssel können Sie zum Wiederauffrischen nachlesen. Benutzen Sie den Frageschlüssel der fünf Grundbedürfnisse, um sich auf diese Situation vorzubereiten, damit Sie im richtigen Moment genug Nutzen für verschiedenste Kunden zur Auswahl haben.

Stufe 3: Kaufbereitschaft testen

Wenn Sie ein gutes Verkaufsgespräch führen, ist der Abschluss selbstverständlich und die natürliche Folge davon. Wenn es Ihnen aber nicht gelungen ist, das Interesse des Kunden zu gewinnen, ihn zu überzeugen und in ihm den Kaufwunsch zu wecken, dann spielt es keine Rolle mehr, mit welcher Abschlusstechnik Sie versuchen, einen Auftrag zu erhalten. Abschlussschwierigkeiten beginnen also schon lange bevor das Gespräch dem Ende zugeht. Der Abschluss ist nichts anderes als das Ergebnis einer Reihe von vorher unternommenen Schritten.

Viele Manager und Verkäufer fürchten den Abschluss mehr als der Teufel das Weihwasser, auch dann, wenn sie vorher ein gutes Verkaufsgespräch geführt haben. Sie warten, bis der Kunde die Initiative ergreift und sich ihnen aufdrängt. Viele Kunden fürchten sich jedoch vor einer Entscheidung. Die einzige Entscheidung, vor der sie sich sicher nicht fürchten, ist die, dass sie sich heute nicht entscheiden. Das Interessante dabei ist, dass viele von ihnen das Produkt oder die Dienstleistung gerne kaufen würden, sie haben einfach Angst, den letzten Schritt zu machen.

Diese Kundengruppe ist stark in der Überzahl – sie können sich nur dann gut entscheiden, wenn ihnen dabei geholfen wird. Das heißt, Sie müssen über Ihren Schatten springen und Ihre Fragen so formulieren, dass der Abschluss vorausgesetzt wird. Sie müssen davon ausgehen, dass der Kunde kaufen möchte, Sie müssen Sicherheit ausstrahlen und etwas wagen.

Mit folgenden Fragen können Sie die Kaufbereitschaft testen:

- Wann-Frage
- Wie-viel-Frage
- Alternativfrage
- Frage nach Einzelheit, die mit der Kaufentscheidung zusammenhängt
- Direkt-/Bedingungsfrage

Gehen wir genauer auf die einzelnen Möglichkeiten ein, wie Sie die Kaufbereitschaft testen können.

Wann-Frage

Der große Unterschied! Statt zu sagen:

- »Hätten Sie das gerne?«
- »Sollen wir Ihnen dies zustellen?«
- »Möchten Sie davon profitieren?«

sagen Sie:

- »Wann hätten Sie das gerne? Und wie viel hätten Sie gerne?«
- »Wann sollen wir es Ihnen zustellen?«
- »Ab wann möchten Sie davon profitieren?«
- »Wann sollen wir es ausführen?«
- »Bis wann hätten Sie es gerne installiert?«

Farner: Ist die Frage nicht gefährlich, weil der Kunde mir sagen kann: »In drei Jahren«?

Saxer: Haben Sie auch schon Monate gebraucht, bis Sie sich endlich für ein Produkt entscheiden konnten? Und jetzt sagt Ihnen der Verkäufer, Sie müssten drei Wochen warten. Wie war das?

Farner: Für mich gingen die drei Wochen fast nicht mehr vorbei.

Saxer: So ist es auch mit der Wann-Frage. Kunden, die wirklich wollen, die wollen nicht erst in drei Jahren, sondern viel früher. Wenn jemand es viel später möchte, dann gehen Sie einfach in die Einwandbehandlung.
Mit der Wann-Frage nehmen Sie dem Kunden auf einer unbewussten Ebene die Entscheidung ab. Kaufen ist klar, die Gedanken kreisen nur noch um das Wann. Wenn Sie die Wann-Frage zukünftig vermehrt gebrauchen, werden Sie feststellen, wie gut diese Wann-Frage Ihnen und Ihren Kunden tut.

Wie-viel-Frage

Am 6. Dezember 1995, mein Sohn Fabian war zehn Jahre alt, kam er abends um 17 Uhr zu mir und fragte mich: »Papi, kommst du mit mir Schokoladeherzen verkaufen?«

Ich fiel aus allen Wolken und fragte, warum er denn mit mir Schokoladeherzen verkaufen wolle. Dann erzählte er mir, dass heute im Religionsunterricht der Pfarrer sie beauftragt hat, Schokoladeherzen für 1 Franken das Stück zu verkaufen. Der Erlös ist für ein Kinderspital in Jerusalem. Sie wurden in Paare aufgeteilt, und jedes Paar konnte selbst bestimmen, wie viele Schokoladeherzen es für den Verkauf mitnehmen wollte. In einer Schachtel waren 100 Stück, und Fabian hatte mit seinem Freund zusammen als einziges Paar vier Schachteln, also 400 Stück, für den Verkauf übernommen.

Sie hatten schon den ganzen Nachmittag Schokoladeherzen verkauft, und sein Freund musste dann nach Hause. Ich fragte: »Fabian, wie viele Schokoladeherzen sind schon verkauft?« und erfuhr dann, dass der Inhalt der ersten Schachtel schon fast weg war. Es waren also noch mehr als 300 Schokoladeherzen zu verkaufen, und es war der Nikolaustag, der 6. Dezember, und draußen war es bereits dunkel! Ich sagte: »Fabian, warum gibst du die Schokoladeherzen nicht einfach dem Pfarrer zurück? Und Fabian gab zur Antwort: »Papi, ich habe dem Pfarrer gesagt, dass wir alle Schokoladeherzen verkaufen werden.« Ich war gerührt und sehr beeindruckt – mein Sohn lebte als Zehnjähriger genau das, was ich trainiere: *nicht aufgeben, konsequent sein Ziel verfolgen und zu seinem Wort stehen!*

Er hatte mich überzeugt, und wir gingen zusammen von Haus zu Haus Türklinken putzen. Unterwegs begegneten wir vielen Nikoläusen, und an vielen Haustüren, an denen wir klingelten, hatten die Bewohner den Nikolaus und nicht uns erwartet. Ich hielt die Schokoladeherzen, und Fabian erzählte mit einer feinen, leisen Stimme, warum wir hier waren, um was es ging und was der Nutzen sei. Dann fragte er: »Ein Schokoladeherz kostet 1 Franken, nehmen Sie auch Schokoladeherzen?« Durchschnittlich nahmen sie drei Schokoladeherzen. Ich merkte bald, dass das auf keinen grünen Zweig führte. Wenn wir so weitermachten, dann brauchten wir noch eine Ewigkeit, bis alle verkauft waren!

Wir saßen draußen bei zehn Grad unter null unter einer Laterne auf einer Bank und besprachen das weitere Vorgehen. Ich sagte Fabian, dass er von jetzt an zusätzlich alle Menschen ansprechen solle, die uns auf der Straße und im Treppenhaus begegneten. Und ich lehrte Fabian, wie er den Nutzen stärker betonen und die Schokoladeherzen anders anpreisen sollte. Er soll nicht mehr sagen: »Ein Schokoladeherz kostet 1 Franken, nehmen Sie auch Schokoladeherzen?«, sondern: »Eine Einheit Schokoladeherzen macht 5 Franken und beinhaltet fünf Schokoladeherzen, wie viele solche Einheiten möchten Sie?«

Diese Veränderungen griffen, und von da an ging es rasant vorwärts. Interessanterweise nahmen die Leute durchschnittlich immer noch drei – aber jetzt waren es Einheiten à fünf Schokoladeherzen!

Um 20 Uhr kamen wir top motiviert nach Hause. Wir hatten unglaublich viel erlebt und alle Schokoladeherzen verkauft! Ich sehe heute noch das freudige und stolze Gesicht von Fabian, als er das seiner Mutter erzählte. Für mich war es der härteste Einsatz meines Lebens. Ich hatte noch nie so viel Mut gebraucht!

»Wie viele solche Einheiten möchten Sie?« – Diese Frage gab uns Flügel. Und die Frage »Wie viel?« gibt auch Ihnen Flügel! Die meisten meinen, dass Sie diese Frage schon gut einsetzen, jedoch die Praxis zeigt ein anderes Bild. Die Frage »Dürfen wir es Ihnen liefern?« höre ich öfter als die Frage »Wie viel dürfen wir Ihnen liefern?«. Wie beim »Wann?« wird mit der Frage »Wie viel?« die Kaufentscheidung vom Verkäufer vorweggenommen.

Mit folgenden Fragen nach der Menge können Sie die Kaufbereitschaft wunderbar testen:

- »Wie viel hätten Sie gerne?«
- »Wie viele Tonnen brauchen Sie?«
- »Wie viele Personen möchten Sie für das Training anmelden?«
- »Wie viele Düngersäcke sollen wir liefern?«
- »Wie viel Kapital möchten Sie einlegen?«
- »Wir haben Pakete à 25 Stück, wie viele Pakete möchten Sie abholen?«
- »Welche Menge hätten Sie gerne?«
- »Wer bei Ihnen in der Firma braucht das auch noch?«

In der Regel ist eine Kombination von »Wann?« und »Wie viel?« oder »Wie viel?« und »Wann?« ideal. Zum Beispiel:

Saxer: Wann brauchen Sie die Bohrmaschine?

Kunde: Nächste Woche.

Saxer: Wie viele Bohrmaschinen soll ich Ihnen nächste Woche liefern?

Oder:

Saxer: Wie viele Bohrmaschinen brauchen Sie?

Kunde: Zwei Stück.

Saxer: Wann brauchen Sie die zwei Bohrmaschinen?

Die Frage »Wie viel?« können Sie auch stellen, wenn nie von mehr als einer Bohrmaschine die Rede war. Vielleicht denken Sie jetzt, das kann man doch nicht. In Wirklichkeit denkt der Kunde mit dieser Frage darüber nach, wie viele er braucht. Möglicherweise erkennt er, dass er im

Moment wirklich nur eine Bohrmaschine braucht. Dies ist der schlechteste Fall! In allen anderen Fällen bestellt er mehr oder sagt einem, wann er mehr braucht!

Oft habe ich schon erlebt, dass mein Kunde geantwortet hat: »Ich brauche nur eine, aber Herr X würde auch noch eine brauchen.«

Auch im schlechtesten Fall, wenn er nur eine Bohrmaschine braucht, haben Sie den Samen für mehr Bohrmaschinen bei Ihrem Kunden unbewusst gesetzt. Diese Samen haben die Tendenz, zukünftig zu wachsen. Ich frage auch Privatpersonen, bei denen ich weiß, dass es nur um sie selbst geht, die Wie-viel-Frage in leicht abgewandelter Form: »Wen möchten Sie auch noch anmelden?« Vielfach lautet die Antwort: »Ich könnte noch mit Herrn/Frau Möglichkeit sprechen.« Diese Frage, mit der ich nur gewinnen kann, führt immer wieder zu zusätzlichen Anmeldungen.

Alternativfrage

- »Möchten Sie lieber A oder B haben?«
- »Soll ich Ihnen die Auftragsbestätigung faxen oder senden?«
- »Möchten Sie es abholen, oder sollen wir es Ihnen bringen?«
- »Wir haben es in weiß oder schwarz, welchem geben Sie den Vorzug?«
- »Hätten Sie es gerne in 10-kg-Säcken oder in 25-kg-Säcken ausgeliefert?«
- »Wünschen Sie, dass wir montieren, dann ergibt dies einen Mehrpreis von 100 Euro, oder möchten Sie die Montage selbst machen?«

Tanner: Umberto, diese Frageart, bei der auch die Kaufentscheidung vorweggenommen wird, kann ich auch bei meinen Kindern häufig beobachten.

Saxer: Ja, Kinder sind natürlich und zielgerichtet. Wenn wir es ihnen in der Erziehung nicht austreiben, dann können Kinder diese wichtigen und positiven Eigenschaften ins Erwachsenenalter retten.

Frage nach Einzelheit, die mit der Kaufentscheidung zusammenhängt

- »Brauchen Sie eine Auftragsbestätigung?«
  Der Auftrag wird auch bei dieser Frage vorausgesetzt. Wenn er eine braucht, haben Sie verkauft, wenn er keine braucht, haben Sie auch verkauft!
- »Wohin sollen wir es senden?«
- »An welche Adresse sollen wir es liefern?«
  Senden oder liefern ist schon klar, es geht nur noch um die richtige Adresse.
- »Sollen wir Sie anrufen, wenn es bei uns eingetroffen ist?«
- »Möchten Sie eine Kopie von der Police haben?«
- »Hätten Sie gerne eine Wegbeschreibung zum Trainingsort?«
  Ob Ihr Kunde Ja oder Nein sagt, spielt bei den letzten drei Fragen keine Rolle, so oder so haben Sie verkauft.
- »Brauchen Sie die Gebrauchsanweisung nur in Deutsch?«
  Wenn Nein, dann wird er Ihnen sagen, in welcher Sprache er die Gebrauchsanweisung auch noch möchte. Der Verkauf ist Ihnen bei Ja oder Nein sicher.
- »Möchten Sie, dass ich Ihre Nummer gleich in das neue Faxgerät eingebe?«
  Diese Frage zeigt Ihre Hilfsbereitschaft. Wenn der Kunde es selbst machen möchte, dann haben Sie trotzdem verkauft.

Saxer: Was ist der Vorteil, wenn Sie nach Einzelheiten fragen, die mit dem Kaufentscheid zusammenhängen?

Müller: Der Vorteil liegt auf der Hand. Bei allen Fragen wurde die Kaufentscheidung vorweggenommen. Es geht nur noch darum, ob er eine Auftragsbestätigung braucht oder nicht.

Direkt-/Bedingungsfrage

Während eines Verkaufsgespräches gibt es oft Fragen, Forderungen und Dinge, die vor einer Zusage stehen.

Zum Beispiel:

- »Könnten Sie am 15. liefern?«
- »Meine Lieferanten gestehen mir 2% Skonto zu.«
- »Vermutlich wird Ihre Gesellschaft der Risikoerhöhung nicht zustimmen.«
- »Ich muss das noch mit meiner Bank besprechen.«

Diese Aussagen und Fragen sind häufig Kaufsignale. Die wenigsten Kunden sagen Ihnen direkt: »Bitte helfen Sie mir beim Entscheiden!« Die meisten tun dies indirekt mit Fragen, Forderungen und Einwänden. Falls Sie sich in solchen Situationen richtig verhalten, ist Ihnen der Abschluss ziemlich sicher. Leider verhalten sich 80 bis 95% der Verkäufer in solchen Situationen falsch. Die Folgen liegen auf der Hand!

Wenn ein Kunde fragt: »Könnten Sie am 15. liefern?« und Sie könnten am 15. liefern – sind Sie dann versucht, Ja zu sagen und danach ruhig zu sein? Wenn Sie in einer solchen Situation einfach zustimmen, liegt die Kaufentscheidung immer noch beim Kunden. Er weiß jetzt, dass Sie am 15. liefern könnten, er muss jedoch immer noch über den eigenen Schatten springen und Ihnen den Auftrag geben. Dazu muss er sich entscheiden, und vor Entscheidungen drücken sich viele Kunden.

Farner: Herr Saxer, was soll ich tun, wenn mich ein Kunde fragt: »Könnten Sie am 15. liefern?«

Saxer: Bei einem so eindeutigen Kaufsignal gehen Sie entweder direkt zum Abschluss und verhalten sich so, als ob Ihnen der Kunde bereits den Auftrag gegeben hat. Zum Beispiel:

- »Gut, ich melde dies der Auslieferung, damit Sie es am 15. auch haben. Danke für den Auftrag.«
- »Der 15. ist möglich, soll ich Ihnen die Auftragsbestätigung senden oder faxen?«
- »Wie viele sollen wir Ihnen am 15. liefern?«
- »Sie möchten es am 15.?« *Bei einem Ja:* »Danke, ich werde veranlassen, dass Sie das am 15. haben.«

Oder Sie testen die Kaufbereitschaft mit einer Bedingungsfrage – zum Beispiel:

- »Angenommen, wir können am 15. liefern, geben Sie mir dann den Zuschlag?«
- »Vorausgesetzt, der 15. wäre möglich, würden Sie dann von unserem Angebot profitieren?«
- »Falls der 15. von der Disposition her ginge, wie viele sollen wir dann liefern?«
- »Wenn der 15. auch für uns in Ordnung ist, profitieren Sie dann von meinem Angebot?«

Beide Varianten sind nicht neu für Sie, als Kind haben Sie sie regelmäßig angewendet. Falls Sie diese Varianten ab jetzt regelmäßiger anwenden, werden Sie erfahren, dass Ihnen Dinge gelingen, die Ihnen in der Vergangenheit nicht gelungen sind, und dass Sie einfacher und mehr verkaufen werden.

Stufe 4: Zum nächsten Punkt auf der Checkliste gehen

Sie konnten bereits anhand vieler Beispiele erleben, wie wichtig eine Checkliste ist.

Nachdem man verkauft hat, kommt der Moment, in dem man sich frisch orientieren muss. Die Anspannung ist weg, und es geht nun darum, dass nichts vergessen wird. Wenn Sie in diesem Moment nicht schon genau wissen, woran Sie alles denken müssen, besteht die Gefahr, dass Ihnen einige Dinge durch die Lappen gehen.

Das Gleiche gilt, wenn der Kunde nicht kauft – auch da kommt es auf die nächsten Schritte an. Vielleicht hat der Kunde Weiterempfehlungen für Sie, oder er ist offen für ein ganz anderes Produkt etc.

Das Schöne an Checklisten ist, dass sie nach dem »Was-wäre-wenn-Prinzip« vorbereitet werden können. An was alles soll ich denken, wenn ich verkauft habe? Was alles könnte ich noch anbieten? Welche Informationen sind dann noch wichtig für mich? Etc.

Oder: Was mache ich, wenn der Kunde nicht kaufen möchte, welche Argumente (Kundennutzen) habe ich noch im Köcher? Welche Schwierigkeiten könnten auftreten, und wo? Wie verhalte ich mich, damit ich die Ziele trotzdem erreiche, und wie könnte ich es sagen? Welche Möglichkeiten und Chancen kann ich noch ausschöpfen, wenn der Kunde nicht kauft? Was könnte ich alternativ anbieten? Woran könnte der Kunde auch noch Interesse haben? Welche Menschen/Firmen könnte mein Kunde an mich weiterempfehlen? Etc.

Unlängst rief mich ein ehemaliger Kursteilnehmer an, um mich als Investor für seine Firma zu gewinnen. Er konnte den Nutzen sehr gut rüberbringen, und ich merkte, dass seine Idee Hand und Fuß hat. Trotzdem passte die Sache nicht zu meinen sonstigen Zielsetzungen, und ich erteilte ihm daher eine Absage. Als ob es das Selbstverständlichste auf der Welt wäre, fragte er mich nach potentiellen Investoren. Zu diesem Zeitpunkt wusste ich gerade von jemand, der ein solches Investment suchte, und ich konnte ihm diese Verbindung herstellen. Ich hätte vermutlich von mir aus nicht an diesen Investor gedacht, wenn er mich nicht so konkret danach gefragt hätte.

Tanner: Umberto, damit wir die Methode »Verkaufen ohne Beratung« noch besser anwenden lernen, würde ich gerne ein paar Beispiele von dir hören.

Beispiel 1

Saxer: Mhmm, Ausgangslage für Beispiel 1: Ich bin Außendienstmitarbeiter bei einer Versicherungsgesellschaft und rufe einen meiner Kunden an. Sein Name ist Rudolf Gerber, und ich habe ihm eine Kapitalanlage von 200.000 Euro vor zwei Jahren verkauft. Ich beginne nach der Begrüßung bei Stufe 1.

Stufe 1: Vertrauen aufbauen

Saxer: Herr Gerber, ich habe Sie vor zwei Jahren besucht. Ihnen hat mein Angebot sehr zugesagt, und Sie haben 200.000 Euro bei uns angelegt.

Gerber: Ja, ich war erstaunt, dass Versicherungsgesellschaften so gute Anlagemöglichkeiten haben.

Saxer: Damals war ein gesundes Verhältnis von Sicherheit, Rendite und Verfügbarkeit für Sie besonders wichtig. Ich nehme an, das ist nach wie vor besonders wichtig für Sie. Ist das richtig?

Gerber: Das ist richtig, für mich ist das das Wichtigste.

Stufe 2: Sagen, um was es geht und was sein Nutzen ist

Saxer: In diesem Zusammenhang rufe ich Sie an. Erfahrungsgemäß haben meine Kunden nach zwei Jahren wieder Anlagebedarf. Ich kann Ihnen die gleich gute Kapitalanlage anbieten, die ich Ihnen vor zwei Jahren angeboten habe. Wie Sie ja wissen, zeichnet sich diese Anlage besonders durch das gute Verhältnis von Sicherheit, Rendite und Verfügbarkeit aus.

Stufe 3: Kaufbereitschaft testen

Saxer: Mich interessiert, wann haben Sie wieder Anlagebedarf?

Gerber: In einem Monat würde Kapital frei werden. Können Sie mir dieses Angebot in einem Monat immer noch machen?

Saxer: Mhmm, wie viel Kapital könnten Sie in einem Monat anlegen?

Gerber: Wieder 200.000 Euro.

Saxer: Mhmm. – Ich habe Sie richtig verstanden, wenn ich Ihnen dieses Angebot machen kann, dann würden Sie die 200.000 Euro wieder bei uns anlegen?

Gerber: Ja.

Stufe 4: Zum nächsten Punkt auf der Checkliste gehen

Auf der Checkliste steht: »Details abklären: bis wann Geld überwiesen –

Beginn – wirtschaftlich Berechtigter – Adresskontrolle – bis wann er es unterschrieben zurückschickt«.

Saxer: Damit ich den Beginn richtig datieren kann, bis wann konkret können Sie uns das Geld überweisen?

Gerber: Ich schaue kurz nach, wann meine Obligation abläuft, Moment bitte ... Also, am 15. November wird sie fällig, ich könnte Ihnen also zu diesem Zeitpunkt das Geld überweisen.

Saxer: Herzlichen Dank, dann fülle ich Ihnen jetzt alle Unterlagen aus und mache überall ein Kreuz, wo Ihr Autogramm nötig ist. Die Unterlagen erhalten Sie übermorgen. Bis wann können Sie sie mir zurücksenden?

Gerber: Wenn ich die übermorgen bekomme, sollte es bis Freitag möglich sein.

Saxer: Gut, die Adresse, Kullmannstraße 12 in 56145 Bootstätten, stimmt die noch?

Kunde: Ja.

Saxer: Zu den Unterlagen kriegen Sie auch noch ein Formular, auf dem man ankreuzt, wer der wirtschaftlich Berechtigte des Geldes ist. Damit ich dieses Formular auch schon richtig ausfüllen kann, sind Sie der wirtschaftlich Berechtigte?

Gerber: Ja sicher, alles selbst im Schweiße meines Angesichts erarbeitet.

Saxer: *(lacht)* Solche Menschen braucht die Wirtschaft, mein Kompliment.

Gerber: *(lacht)* Das kann man laut sagen.

Auf der Checkliste steht auch noch: »Fragen nach noch mehr Geld – Kapitalanlage für die Frau/Kinder – Weiterempfehlungen«.

Saxer: Damit wir nichts vergessen, bevor wir das Telefon

auflegen, und Sie und Ihre Familienmitglieder von allen Möglichkeiten profitieren können, die wir haben, habe ich eine Checkliste erstellt, die ich gerne mit Ihnen durchgehen möchte. Haben Sie nochmals 10 bis 15 Minuten Zeit?

Gerber: Ja, die nehme ich mir noch.

Saxer: Außer diesen 200.000 Euro, wie viel Geld hätten Sie noch für eine so tolle Anlage?

Gerber: *(leise Stimme)* Würden Sie mir mit einer Million mehr diese Anlage auch noch empfehlen?

Saxer: *(mit sehr überzeugter Stimme)* Ja sicher! Bis wann können Sie uns das Geld überweisen?

Gerber: Ein schöner Teil ist in Aktien angelegt, ich kann die verkaufen und Ihnen die Million mit den anderen 200.000 Euro überweisen.

Saxer: Jetzt ist mir klar, warum Sie so erfolgreich sind, Sie sind ein Mann der Tat. Dann ändere ich die Unterlagen, die Sie übermorgen erhalten, auf 1,2 Millionen Euro ab, und Sie senden mir diese wie abgemacht am Freitag zurück, ist das so in Ordnung?

Gerber: Das machen wir so.

Saxer: Herzlichen Dank! Wie Sie bereits wissen, haben Sie eine sehr gute Anlage gewählt.

Gerber: *(lacht)* Ja, das weiß ich schon, sonst hätte ich es auch nicht gemacht.

Saxer: *(lacht, dann kurze Pause, und dann mit ruhiger Stimme, wie wenn es das Selbstverständlichste auf der Welt wäre)* Auf meiner Checkliste stehen noch zwei weitere Punkte, die ich gerne mit Ihnen besprechen möchte. Bei meinen Beratungen zeigt sich immer wieder, dass für den Familienvater sehr gute Lösungen betreffend Vermögenssicherung und -vermehrung getroffen werden, jedoch die Frau und in einem noch viel stärkeren Maß die Kinder oft vergessen werden. Für Ihre Frau und auch für Ihre Kinder könnten Sie die gleiche Anlage tätigen, mit den gleich großen Vorteilen. Wenn Geld dafür vorhanden ist, dann ist dies eine wirklich gute Sache, welche Möglichkeiten haben Sie?

Gerber: Sie sprechen einen wunden Punkt an. Meine Frau hat ihr Geld seit Jahren auf dem Sparbuch, und für meine Kinder existieren kleine Lebensversicherungen. Am besten ist, wenn Sie dies direkt mit meiner Frau besprechen, rufen Sie sie doch diesbezüglich morgen ab 9 Uhr an, bis dann habe ich bereits mit ihr darüber gesprochen.

Saxer: Herr Gerber, es macht Spaß mit Ihnen zu tun zu haben, ich freue mich auf den morgigen Anruf bei Ihrer Frau. – Zum letzten Punkt auf meiner Checkliste: Sie wissen ja, dass ich als Versicherungs- und Anlageberater immer wieder darauf angewiesen bin, tolle Menschen wie Sie kennen zu lernen. Ihre zwei Geschäftspartner haben möglicherweise auch ein offenes Ohr für Möglichkeiten, wie man Vermögen sichern und auf eine einfache und schnelle Art vermehren kann. Ich würde Ihre Partner diesbezüglich gerne anrufen und fragen. Wenn ich anrufe, darf ich sagen, dass Sie mich für einen guten und kompetenten Versicherungs- und Anlageberater halten und dass es sich durchaus lohnen könnte, dies mit mir anzuschauen?

Gerber: Ja, tun Sie das, und richten Sie auch einen herzlichen Gruß von mir aus.

Saxer: Vielen Dank für Ihre Hilfe, das mache ich gerne. Ich fasse kurz zusammen, was wir vereinbart haben:

Sie legen mit Beginn 15. November 1,2 Millionen Euro bei uns an. Die 1,2 Millionen Euro können Sie uns auf Valuta 15. November überweisen. Es wird die gleiche Anlage mit den gleichen Bedingungen und Vorteilen wie die Anlage, die Sie schon vor zwei Jahren bei uns gemacht haben. Die Unterlagen werden Sie übermorgen erhalten, und Sie werden mir diese am Freitag unterschrieben zurücksenden. Morgen ab 9 Uhr rufe ich Ihre Frau an betreffend Kapitalanlage für sie und die Kinder. Und wenn ich Ihre Geschäftspartner anrufe, darf ich einen Gruß ausrichten und mich auf Sie beziehen. Ist das alles korrekt?

Gerber: Ja.

Tanner: Umberto, das kann man doch so nicht machen! Es besteht doch die Gefahr, dass ich den Kunden überfordere, wenn ich so viele Punkte abchecke. Und zusätzlich muss ich noch damit rechnen, dass die Stimmung abbricht und ich schlussendlich gar nichts mehr habe.

Saxer: Du hast Recht. Wenn man denkt, das kann man doch nicht machen, wird und kann man es auch nicht machen! Denn sobald ich denke »Das kann man doch nicht!«, denke ich an Situationen, die nicht gehen. Da es solche Situationen immer gibt, bestätige ich mir, dass ich Recht habe – und ich werde es auch nicht anwenden, und wenn schon, dann höchstens, um mir zu beweisen, dass ich doch Recht habe. Es ist ein Teufelskreislauf! Wenn du wirklich noch besser werden willst, dann wirf doch einfach Aussagen wie »Das geht nicht«, »Das kann man nicht«, »Das tut man nicht«, »Das liegt mir nicht« etc. über Bord. Es ist sogar so, dass auch nachdem du solche negative Einstellungen über Bord geworfen hast, oft die Gefahr besteht, dass du deinem Kunden ins Messer läufst. Es gibt keine Methodik, die immer funktioniert – und daher braucht man wirklich viel Fingerspitzengefühl und die richtige Einstellung.

Darum ist es auch möglich, dass Top-Verkäufer so viel mehr verkaufen, kaum Stornos haben und die Kunden Sie sehr wertschätzen. Das Schöne daran ist, dass jeder ein Top-Verkäufer werden kann. Der eine hat eine Begabung dafür, der andere muss viel dafür tun und viel trainieren. Ich habe schon sehr oft erlebt, dass der Begabte schlussendlich schlechter war als der anfangs Unbegabte.

Wenn du beginnst, daran zu glauben, dass auf diese Art viel mehr an Verkäufen bei dir möglich sind, beginnst du deine Wahrnehmung auf diese Möglichkeiten zu richten, und du wirst erleben, dass diese Möglichkeiten in großer Anzahl vorhanden sind. Beginne dann, die Kunden einfach wie in diesem Buch beschrieben darauf anzusprechen. Wenn es nicht geht, dann frage dich: »Was mache ich das nächste Mal besser, damit es geht?« Wenn es geht, frage dich »Wo überall könnte dies auch wieder gehen?« So wirst du immer besser, besser und noch besser. Nur fehlender Mut und Hemmungen kann dich vor dem Noch-besser-Werden trennen. Jeder Mensch kann mutiger und besser werden, sofern er dies möchte.

Bedenke auch noch: Geschäfte kann man immer verlieren! Weniger Erfolgreiche verlieren Umsatz und Gewinn beim Zuwenig-mutig-Sein – ganz einfach, weil sie das Potential bei weitem nicht ausschöpfen. Erfolgreiche verlieren, weil sie manchmal zu weit gegangen sind. Von welchen Erfahrungen lernen Sie mehr?

Tanner: Klar Umberto, wenn ich über meinen eigenen Schatten springe und mutig bin, lerne ich mehr und habe noch mehr vom Leben.

Farner: Eine Frage: Kann ein Versicherungs- oder Bankberater eine Kapitalanlage am Telefon verkaufen?

Saxer: Ja, das kann er. Grundsätzlich kann man alles am Telefon verkaufen. Im vorigen Beispiel kannte der Kunde das Produkt, und ich konnte auf Bestehendem aufbauen. In solchen Fällen ist ein Termin vielfach nicht nötig.

Beispiel 2

Saxer: Ausgangslage: Ich verkaufe Schleifpapier und rufe Herrn Hans Meier an. Er ist Kunde und hat eine Schreinerei.

Stufe 1: Vertrauen aufbauen

Saxer: Herr Meier, Sie bestellen regelmäßig Schleifpapier bei uns. Das letzte und das vorletzte Mal haben Sie vom 60er, 80er und 100er je zehn Pack und vom 40er, 150er, 250er und 400er je fünf Pack gebraucht.

Stufe 2: Sagen, um was es geht und was sein Nutzen ist

Saxer: Dieser Vorrat hält erfahrungsgemäß drei Monate, und jetzt wäre es wieder so weit. Damit Ihren Mitarbeitern das Schleifpapier nicht ausgeht und Sie von allen Sorten genug haben, frage ich Sie:

Stufe 3: Kaufbereitschaft testen

Saxer: Von welchen Sorten brauchen Sie wieder – und wie viel?
Oder:
Möchten Sie wieder einen Vorrat für drei Monate einkaufen? In dem Fall würde ich Ihnen einfach das Gleiche senden wie beim letzten Mal. Reicht Ihnen ein Vorrat für drei Monate?

Meier: Sie können mir von allem wieder die gleiche Menge senden. Das nächste Mal müssen wir unsere Vorräte wieder einmal genau kontrollieren.

Stufe 4: Zum nächsten Punkt auf der Checkliste gehen

Auf der Checkliste steht: »Informationen und Weiterempfehlungen von drei potentiellen Firmen im gleichen Dorf holen«.

Saxer: Vielen Dank für den Auftrag. Herr Meier, können Sie mir noch einen kleinen Gefallen tun?

Meier: Gerne, sofern es in meiner Macht steht.

Saxer: Bei Ihnen im Dorf gibt es drei Firmen, die ich noch nicht kenne und bei denen ich gerne vorbeischauen würde. Es sind die Firmen Rost und Schweiß AG, Zimmerei GmbH und das Spritzwerk zum goldenen Lauf. Ich würde gerne genauer wissen, wem diese Firmen gehören, wer mein Ansprechpartner sein könnte und in etwa wie viele Mitarbeiter sie haben. Können Sie mir da helfen?

Meier: Das mache ich gerne. Bei der Firma Rost und Schweiß AG ist die Inhaberin eine Frau Trudi Haudenschild, sie ist vermutlich auch Ihre Ansprechpartnerin, und die Firma hat sicher 40 Mitarbeiter, wenn nicht mehr. Die Firma Zimmerei ist ein Drei-Mann-Betrieb, Herr Speck ist der Inhaber – wobei zu sagen ist, dass sie oft Zahlungsschwierigkeiten haben. Beim Spritzwerk zum goldenen Lauf ... *(Lassen Sie den Kunden erzählen, so erhalten Sie wichtige Informationen. Führen Sie danach das Gespräch wie folgt weiter:)*

Saxer: Danke, diese Angaben helfen mir schon weiter. Wenn ich anrufe, bei welchem darf ich sagen, dass wir von Ihnen aus gesehen ein guter Lieferant für Schleifpapier sind?

Meier: Das können Sie bei allen mit einem Gruß von mir machen.

Kundenergründung = Verkauf mit integrierter Beratung

Ein altes Sprichwort sagt: »Der Mensch hat zwei Ohren und nur einen Mund, darum soll er doppelt so viel zuhören wie er spricht.«

Vermutlich haben Sie auch festgestellt, dass es bei den meisten Managern und Verkäufern umgekehrt ist. Beim Verkaufen ohne Beratung ist es nicht notwendig, dass der Kunde viel spricht. Denn Sie wissen, was er braucht und testen nur noch die Kaufbereitschaft. Bei diesem Test merken Sie sofort, ob Ihre Annahmen richtig waren und der Kunde kaufen möchte. Falls er nicht kaufen möchte, dann steckt etwas dahinter, das Ihren Kunden vom Kauf abhält.

Wenn jetzt ein Manager oder Verkäufer ins Argumentieren verfällt – das heißt, er labert dem Kunden die Ohren voll –, dann wird er die Wünsche und Bedürfnisse des Kunden nicht erkennen. Diese zu kennen, ist jedoch wichtig für den bedarfsgerechten Verkauf. Das erreichen Sie, indem Sie in einer solchen Situation in die Einwandbehandlung gehen oder indem Sie Ihren Kunden ergründen – also mit integrierter Beratung verkaufen.

Das Wort Beratung habe ich nicht so gerne, weil ich schon so viele schlechte Erfahrungen mit Beratern gemacht habe.

Vor einem Jahr rief ich ein bekanntes Computerfachgeschäft an und verlangte einen versierten Verkäufer. Ich wurde mit ihm verbunden, und er begrüßte mich herzlich und fragte: »Womit kann ich Ihnen helfen?« Als Antwort gab ich: »Ich interessiere mich für eine neue EDV-Lösung in meiner Firma und möchte mich gerne am Telefon beraten lassen.« Ich dachte, dass er mir jetzt Fragen stellen wird, aber es kam ganz anders. Er erzählte von allen Computern, die sie haben, er erzählte von den einzelnen Vor- und Nachteilen, er erzählte von allen Bildschirmen, er erzählte von den verschiedenen Möglichkeiten, wie man Netzwerke aufbauen kann usw.

Bevor ich anrief, hatte ich eine konkrete Vorstellung von meinen

Wünschen und Bedürfnissen und wusste in etwa, was ich wollte. Nach einer halben Stunde Beratung am Telefon war meine Vorstellung in Rauch aufgelöst, und ich wusste überhaupt nicht mehr, was ich wollte. Mein Kopf war voll! Ich bat dann den Verkäufer um ein Angebot und dachte: »Jetzt wird er sicher fragen, was er anbieten soll.« Weit gefehlt, er stellte keine einzige Frage. Als Angebot bekam ich ein paar Tage später massenweise Prospekte und Preislisten.

Ich hatte das Pech, dass ich mit keinem Verkäufer, sondern mit einem Berater zu tun gehabt hatte. Ein Verkäufer, der den Titel Verkäufer auch tragen darf, hätte mir Fragen gestellt, herausgefunden, welche Wünsche und Bedürfnisse ich habe, mir die Informationen und die Beratung gegeben, die ich gebraucht hätte – und er hätte mir geholfen, eine Entscheidung zu fällen. Ich wäre stolzer und glücklicher Besitzer einer neuen EDV-Anlage geworden und hätte eine Firma mehr regelmäßig weiterempfehlen können.

Bürki: Herr Saxer, ich kann Ihnen gut nachfühlen. Kürzlich ging ich in ein Kleidergeschäft und wollte eine komplette Kleidung einkaufen. Ich wurde auch nicht gefragt, und mir wurden so viele Hosen, Jacketts und Hemden gezeigt, dass ich nachher auch nicht mehr wusste, was ich wollte. Ich hatte ebenfalls mit einem Vollblutberater zu tun und kaufte letztlich nicht ein.

Saxer: Ich glaube, wir alle wurden schon so mit Informationen von Beratern zugedeckt, dass wir nicht mehr kaufen konnten, ist das richtig?

Kern: Dem kann ich voll und ganz zustimmen.

Saxer: Kommen wir nun zum kybernetischen System der Kundenergründung = Verkaufen mit integrierter Beratung.

Farner: Herr Saxer, Sie haben ja Beratung nicht so gerne und sprechen doch von Beratung.

Saxer: Das ist richtig, es gibt Beratung und Beratung. Es gibt das generelle und wahllose Weitergeben von Informationen, und es gibt das gezielte Weitergeben von Informationen während eines

Verkaufsgesprächs. Ein guter Verkäufer ist zwangsläufig auch ein guter Berater, er gibt seinen Kunden die Informationen weiter, die sie brauchen, um eine gute Entscheidung fällen zu können. Ein Berater kann unmöglich ein Verkäufer sein, denn in dem Moment, in dem ein Berater seinem Kunden bei der Entscheidung hilft, also verkauft, ist er kein Berater mehr, sondern ein Verkäufer!

Die Kundenergründung, das Verkaufen mit integrierter Beratung, ist ein kybernetisches System, das Sie befähigt, die Wünsche und Bedürfnisse Ihrer Kunden herauszufinden und – wenn notwendig – zu wecken. Es ist ein kybernetisches System, mit dem Sie Ihren Gesprächspartnern gezielt helfen, eine Entscheidung zu fällen. Mit der Kundenergründung fragen Sie viel, hören aufmerksam zu und hinterfragen Aussagen, Details und Unklarheiten.

Die Kundenergründung durchlaufen Sie in sieben Schritten:

- Schritt 1: Vertrauen aufbauen
- Schritt 2: Einleitende Erklärung und noch mehr Vertrauen aufbauen
- Schritt 3a: Mit einer Frage, die Richtung Ziel führt, in die Ergründung einsteigen
- Schritt 3b: Ergründung im Fluss halten mit Was-auch-noch-, Was-sonst-noch- und Was-ebenfalls-noch-Fragen
- Schritt 3c: Unklarheiten, Aussagen und Details hinterfragen
- Schritt 3d: Ideen, Fachwissen und wichtige Punkte in die Ergründung einfließen lassen
- Schritt 4: Alle Antworten/Punkte wiederholen
- Schritt 5: Nach dem wichtigsten Punkt oder den wichtigsten Punkten fragen
- Schritt 6: Kaufbereitschaft mit einer Bedingungsfrage testen
- Schritt 7a: Antwort Ja – provisorisch oder definitiv abschließen
- Schritt 7b: Antwort Nein – zurück zur Kundenergründung
- Schritt 7c: Antwort Nein – direkt zum Ziel

Liebe Leser und Trainingsteilnehmer, gehen wir zusammen vorwärts und durchlaufen die einzelnen Schritte gemeinsam.

Schritt 1: Vertrauen aufbauen

Dieser Schritt ist Ihnen bereits geläufig: Gewinnen Sie das Vertrauen Ihres Gesprächspartner, indem Sie ein bis vier unbestreitbare Wirklichkeiten äußern oder danach fragen. Das sind Dinge, von denen Sie wissen, dass Sie auf Ihren Kunden zutreffen und dass Sie ein ausgesprochenes oder gedankliches Ja bekommen werden.

Schritt 2: Einleitende Erklärung und noch mehr Vertrauen aufbauen

Wenn Sie Fragen stellen, und Ihr Gesprächspartner weiß nicht, warum Sie fragen, und er spürt aus Ihren Fragen keinen Nutzen/Vorteil für sich, dann fühlt sich Ihr Gesprächspartner nicht mehr wohl. Damit er sich nicht ausgefragt vorkommt und er Ihnen gerne seine Wünsche und Bedürfnisse anvertraut, ist es von Vorteil, wenn Sie, bevor Sie viele Fragen stellen, Ihre Fragen mit einer einleitenden Erklärung begründen.

Begründen Sie Ihre Fragen zum Beispiel so:

- »Wenn Sie mir ein paar Informationen am Telefon geben, kann ich Ihnen einen passenden Vorschlag machen.«
- »Damit ich Sie am Telefon richtig beraten kann, möchte ich Ihnen ein paar Fragen stellen.«
- »Damit ich das Beste für Sie entwickeln kann, sollte ich noch ein paar Angaben haben.«
- »Damit ich Ihnen das genau sagen kann, brauche ich noch ein paar Informationen von Ihnen.«
- »Da kann ich Ihnen einen guten Vorschlag ausarbeiten, ich brauche nur noch ein paar Angaben von Ihnen.«

Müller: Ist es immer notwendig, dass ich eine einleitende Erklärung abgebe?

Saxer: Nein, wenn Ihnen jemand unaufgefordert von seinen Wünschen und Bedürfnissen erzählt, dann sind Sie schon in der Kundenergründung. Eine einleitende Erklärung dient nur als Eisbrecher und als Stimmungsmacher. Wenn beides schon vorhanden ist, dann können Sie auch Fragen stellen. Aus meinen Erfahrungen kann ich sagen, dass eine einleitende Erklärung noch nie geschadet, jedoch schon sehr viel zu einem guten, harmonischen Gesprächsverlauf beigetragen hat.

Schritt 3a: Mit einer Frage, die Richtung Ziel führt, in die Ergründung einsteigen

Die nächste Frage nach der einleitenden Erklärung soll konkret sein und direkt zum Ziel führen!

- »Worauf legen Sie bei einem neuen EDV-System Wert?«
- »Worauf achten Sie bei der neuen Arbeitsstelle?«
- »Wie hätten Sie es gerne?«
- »Was erwarten Sie von einem guten Verkaufstraining?«
- »Wie müsste das neue Konzept sein?«
- »Was soll Ihnen die Werbung bringen?«
- »Wie stellen Sie sich eine optimale Lösung vor?«
- »Sie haben sich sicher schon Gedanken gemacht, was die neue Maschine erfüllen sollte. Was für Gedanken sind das?«
- »Bei dem ..., das Sie suchen, was ist Ihnen da wichtig?«
- »Nur einmal angenommen, Sie werden Verkäufer. Worauf achten Sie dann?«

Tanner: Umberto, wie finde ich die richtige Frage für meine Branche?

Saxer: Das ist einfach für dich:

1. Denke nach, welche Ziele du erreichen möchtest.
2. Was muss ich fragen, damit ich herausfinde, was mein Gesprächspartner genau möchte.

Schritt 3b: Ergründung im Fluss halten mit Was-auch-noch-, Was-sonst-noch- und Was-ebenfalls-noch-Fragen

Nachdem Sie eine Frage gestellt haben, die Richtung Ziel führt, geht es darum, gut zuzuhören, sich Notizen zu machen und Ihren Gesprächspartner nicht zu unterbrechen. Muntern Sie ihn auf, weitere Vorstellungen, Wünsche, Bedenken zu äußern. Achten Sie darauf, dass der Kunde spricht und nicht Sie, so erhalten Sie wertvolle Informationen und gewinnen sein Herz und sein Vertrauen. Mit folgenden Fragen muntern Sie Ihren Gesprächspartner auf, weitere Vorstellungen, Wünsche, Bedenken zu äußern:

- »Was wäre für Sie auch noch wichtig?«
- »Was sollte sonst noch erfüllt sein?«
- »Was müsste ebenfalls berücksichtigt werden?«
- »Worauf achten Sie außerdem noch?«

Hören Sie den Antworten des Kunden aufmerksam zu und schreiben Sie sie auf. Es gibt Gesprächspartner, bei denen müssen Sie nicht mehr fragen: »Und was auch noch?« Bei ihnen reicht es, wenn Sie eine Antwort mit einem »Mhmm« quittieren – und sie zählen Ihnen wie ein Zählwerk ihre Wünsche und Bedürfnisse auf. Bei den anderen fragen Sie einfach weiter:

- »Und was ist sonst noch von Bedeutung?«
- »Und worauf schauen Sie auch noch?«
- »Was ist ebenfalls wichtig?«
- »Was wäre außerdem noch in Betracht zu ziehen?«
- »Und was sonst/auch/ebenfalls/außerdem noch?«

Wichtig ist auch, dass das Gespräch rund und harmonisch läuft. Wenn der Gesprächspartner etwas sagt, dürfen Sie nicht Knall auf Fall sagen: »Was ist sonst noch wichtig?« Es muss ein Gesprächspuffer dazwischen sein. Sagen Sie, bevor Sie die nächste Frage stellen, ein »Mhmm« und/oder wiederholen Sie die letzte Aussage. Zum Beispiel:

Kunde: Eine lange Lebensdauer ist für mich wichtig.

Saxer: Mhmm, eine lange Lebensdauer ist etwas, das unsere Kunden besonders wichtig finden. Was finden Sie sonst noch wichtig?

Die Kundenergründung können Sie gut mit solchen Aussagen abrunden. Es darf ruhig humorvoll zugehen, wenn Ihr Gesprächspartner auch ein humorvoller Mensch ist. Generell gilt in der Kundenergründung das Gleiche, was in der Kommunikation immer gilt: Passen Sie zuerst Ihre Stimmung der Stimmung Ihres Gesprächspartners an. Dies gibt Vertrauen. Wenn Sie auf einer ähnlichen Stimmungsebene sind, dann können Sie Ihre Gesprächspartner bewusst auf eine andere Stimmungsebene führen. Das gibt noch mehr Vertrauen.

Wenn der Gesprächspartner Dinge möchte, die technisch nicht gelöst werden können, dann fragen Sie ihn, welche Nutzen er sich davon verspricht. Wenn Sie diese wissen, dann können Sie mit ihrem Fachwissen Alternativen vorschlagen, die Ihrem Kunden die gleichen Nutzen sicherstellen und technisch lösbar sind. Testen Sie mit einer Kontrollfrage, ob der alternative Lösungsvorschlag für Ihren Kunden in Ordnung ist. Zum Beispiel: »Ist diese Lösung in Ordnung für Sie?« Wenn »Ja«, fahren Sie mit der Kundenergründung weiter: »Was ist für Sie auch noch wichtig? Was sonst noch?« Wenn »Nein«, fragen Sie: »Was wäre für Sie eine alternative Lösung?«

Ich empfehle Ihnen, auf negative Punkte während der Kundenergründung nicht einzugehen. Wenn Ihr Gesprächspartner zum Beispiel sagt: »Ihr habt sowieso einen schlechten Service«, dann gehen Sie auf diese Provokation nicht ein, sondern sagen: »Für Sie ist also ein guter Service wichtig, was ist auch noch wichtig für Sie?« Mit dieser Antwort haben Sie gleich zwei Fliegen mit einer Klappe geschlagen. Erstens haben Sie eine negative Aussage in einen Wunsch verwandelt und zweitens sind Sie ohne Diskussionen weiterhin in der Kundenergründung.

Tanner: Umberto, warum soll ich dann negative Dinge nicht gleich bereinigen?

Saxer: Bei der Kundenergründung geht es darum, dass wir herausfinden, was der Kunde denkt, was ihm wichtig ist und welche Werte er hat. Ich merke und notiere mir seine Antworten und gehe in der Ergründungsphase weder auf negative noch auf positive Dinge ein. Wenn ich zu früh auf einen negativen oder auch positiven Punkt eingehe, besteht die Gefahr, dass die Ergründung unterbrochen wird, wir am Argumentieren sind und die wirklich wichtigen Dinge nicht mehr erfahren. Wenn Sie positive sowie auch negative Dinge einfach notieren, werden Sie erleben, dass sich negative Punkte während der Kundenergründung oft von selbst bereinigen.
Übrigens: Negativ und positiv ist nur Ansichtssache.

Schritt 3c: Unklarheiten, Aussagen und Details hinterfragen

Hinterfragen Sie – sofern notwendig – Unklarheiten und Aussagen, die man verschieden verstehen kann. Zum Beispiel:

- »einfache Handhabung«
- »schöner Baum«
- »modernes Design«
- »servicefreundlich«
- »gute Betreuung« usw.

Diese Aussagen werden von jedem Menschen etwas anders verstanden. Es geht bei der Kundenergründung nicht darum, was Sie darunter verstehen, sondern was Ihr Gesprächspartner darunter versteht. Hinterfragen Sie wie folgt:

- »Wie genau?«
  Zum Beispiel: »Wie soll ich das verstehen?«

- »Was genau?«
  Zum Beispiel: »Was möchten Sie damit erreichen?«
- »Wo genau?«
  Zum Beispiel: »Wo genau möchten Sie es?«
- »Wann genau?«
  Zum Beispiel: »Wann hätten Sie es gerne?«
- »Womit genau?«
  Zum Beispiel: »Womit soll es hergestellt werden?«

Wir beschreiben Dinge mit Worten. Jedes Wort ist in uns mit unseren verschiedenen Sinnesorganen verknüpft.

Wenn ich »Bach« sage oder höre, dann sehe ich ein kleines, ungefähr zwei Meter breites Bächlein, das durch einen Wald fließt. Die Sonne scheint, es ist warm, und ich sehe das Lichtspiel auf seiner Oberfläche, sehe die Forellen herumschwimmen und rieche den frischen Geschmack von Wasser und Waldluft, höre das Wasser plätschern und rauschen und höre, wie die Vögel Lieder zwitschern. Ich fühle die Natur und fühle mich als Teil von ihr, ich entspanne mich und fühle mich immer wohler, wohler und wohler. Ich bin tiefe Ruhe, hellwach und voller Harmonie.

Ein Bekannter von mir kam mit dem Auto von der Straße ab, überschlug sich zweimal und knallte, die Räder nach oben, in ein Bachbett. In letzter Sekunde konnte er sich durch das defekte Heckfenster vor dem Ertrinken retten. Wenn er »Bach« hört oder sagt, dann sieht, hört, fühlt, riecht und schmeckt er innerlich ganz andere Dinge als ich. Das Interessante dabei ist – es ist dasselbe Wort.

Darum bedenken Sie, es gibt nicht zwei Menschen auf der Welt, die unter dem gleichen Wort genau das Gleiche verstehen. Das führt oft zu Missverständnissen, Enttäuschung und Streit. Wir können uns vermehrt vor Missverständnissen schützen, indem wir Aussagen und Unklarheiten hinterfragen.

Wenn ein Kunde zu einem Grafiker sagt: »Können Sie mir noch ein schönes, passendes Bild in meinen Prospekt einfügen?«, dann hat der Grafiker eventuell schon eine Idee, was ein schönes, passendes Bild ist. Und darum besteht die Gefahr, dass er den Kunden nicht mehr fragt, was er darunter versteht und was er damit bezwecken möchte.

Aussagen von Mitmenschen werden generell zu wenig hinterfragt, und darum sind Missverständnisse und Enttäuschungen an der Tagesordnung. Missverständnisse und Enttäuschungen können weitgehend vermieden werden, wenn Sie in das Wertesystem des Kunden eintauchen und mit Fragen herausfinden, was er darunter versteht.

Also nochmals – mit folgenden Fragen hinterfragen Sie Aussagen, Details und Unklarheiten:

- »Wie genau?«
- »Was genau?«
- »Wo genau?«
- »Wann genau?«
- »Womit genau?«

Schritt 3d: Ideen, Fachwissen und wichtige Punkte in die Ergründung einfließen lassen

Wir sind bei der Ergründung und fragen unseren Gesprächspartner, worauf er Wert legt und auf was sonst/auch/ebenfalls und außerdem noch. Wir hinterfragen Aussagen, die uns unklar sind. Was können wir tun, wenn der Gesprächspartner wichtige Dinge, die unter anderem auch für unser Produkt oder unsere Dienstleistung sprechen, nicht sagt?

Müller: Ich könnte es meinem Gesprächspartner sagen und ihn fragen, ob das etwas Wertvolles für ihn ist.

Saxer: Sehr gut, ich nenne ein Beispiel: Sie verkaufen eine kapitalbildende Lebensversicherung, deren Zinsertrag steuerfrei ist. Während der Kundenergründung sagen Sie: »Legen Sie Wert darauf, dass der Zinsertrag einkommenssteuerfrei ist?« Oder: »Ich gehe davon aus, dass Sie es schätzen, wenn der Zinsertrag einkommenssteuerfrei ist. Ist das so?« Oder: »Der Zinsertrag ist einkommenssteuerfrei, somit erhöht sich die Rendite um 30 bis 40%. Ich nehme an, das ist für Sie auch ein wichtiger Punkt.

Richtig?« Oder: »Sie haben die Möglichkeit, Ihr Geld bei uns einkommenssteuerfrei anzulegen, würden Sie das schätzen?« Solche Fragen werden mehrheitlich von Ihrem Gesprächspartner bejaht. Wie Sie bereits wissen, gewinnen Sie dadurch an Vertrauen, und Ihr Gesprächspartner fühlt sich verstanden und wohler. Diese Fragen sollen Sie gezielt in die Kundenergründung einbauen.
Im Anschluss an eine solche Frage sagen Sie wieder: »Worauf legen Sie sonst/auch/außerdem und ebenfalls noch Wert?«

Farner: Was mache ich, wenn ich gefragt habe: »Sie haben die Möglichkeit, Ihr Geld bei uns einkommenssteuerfrei anzulegen, würden Sie dies schätzen?« und der Kunde mit »Nein« antwortet?

Saxer: Dann fragen Sie: »Was würden Sie dann schätzen?« – und das Gespräch läuft normal weiter.

Müller: Ich staune über die Einfachheit und Genialität dieses Systems. Was kann ich tun, wenn der Gesprächspartner nicht gesprächig ist oder ihm einfach nichts einfällt?

Saxer: Dann sagen Sie anstelle Ihres Gesprächspartners, worauf andere Kunden Wert legen und lassen dies von Ihrem Gesprächspartner bestätigen. Hören Sie hin:
»Andere Kunden finden Folgendes bei einem Fotokopierer wichtig:

- dass er sehr einfach zu bedienen ist und trotzdem alle Möglichkeiten und Funktionen hat,
- dass es keine Papierstaus gibt,
- dass er auch noch nach Jahren einwandfrei und schön kopiert,
- dass man sich auf den Service verlassen kann.

Sind das für Sie auch wichtige Punkte?« Oder: »Welche von diesen Punkten sind für Sie wichtig?«

Mit dieser Vorgabe bringen Sie meistens das Rad ins Rollen. Nachdem Ihr

Gesprächspartner geantwortet hat, können Sie normal mit der Kundenergründung weiterfahren und fragen: »Was ist Ihnen auch/sonst/ außerdem und ebenfalls noch wichtig?«

Bei der vorigen Vorgabe und während des ganzen Gesprächs geht es immer um das Gleiche: Vertrauen, Vertrauen, Vertrauen gewinnen und Wünsche und Bedürfnisse wecken und erhalten. Weniger gesprächige Gesprächspartner und Gesprächspartner, denen wenig einfällt, werden so gesprächiger und bekommen eigene Ideen, wenn Sie zuerst aufzählen, worauf andere Kunden Wert legen. Wenn ich mir weniger Zeit für eine Kundenergründung am Telefon nehmen möchte, dann steige ich auf diese Art direkt, ohne einleitende Erklärung, in die Kundenergründung ein.

Schritt 4: Alle Antworten/Punkte wiederholen

Farner: Herr Saxer, wie lange mache ich diese Ergründung?

Saxer: Fragen Sie sinngemäß solange: »Was auch noch?«, bis Sie die Bedürfnisse und Wünsche des Gesprächspartners herausgefunden haben. Wiederholen Sie dann alle Antworten. Ich betone: alle, auch diejenigen, die Sie nicht so gerne gehört haben. Dadurch fühlt sich der Kunde ernst genommen und verstanden. Oft müssen Sie, nachdem Sie alle Antworten wiederholt haben, auf negative Punkte nicht mehr eingehen.

Farner: Warum soll ich Antworten, die zu meinem Nachteil sind, wiederholen?

Saxer: Wenn Sie es nicht tun, dann sagt Ihr Gesprächspartner Ihnen: »Sie haben einen Punkt vergessen«, und er zählt Ihnen diesen Punkt auf. Dadurch verlieren Sie an Vertrauen, und der nachteilige Punkt steht nicht mehr innerhalb einer Aufzählung da, sondern für sich alleine.

Schritt 5: Nach dem wichtigsten Punkt oder den wichtigsten Punkten fragen

Erst nachdem Sie alle Antworten wiederholt haben, fragen Sie den Kunden nach den wichtigsten Punkten oder nach dem wichtigsten Punkt. Zum Beispiel:

- »Welche dieser Punkte sind für Sie am wichtigsten?«
- »Auf welche Dinge legen Sie am meisten Wert?«
- »Von all diesen Sachen, was müsste man besonders berücksichtigen?«

Schritt 6: Kaufbereitschaft mit einer Bedingungsfrage testen

Wenn Sie die wichtigsten Punkte oder den wichtigsten Punkt herausgefunden haben, können Sie die Kaufbereitschaft testen. Das tun Sie, bevor Sie ein Angebot oder eine aufwendige und zeitraubende Offerte gemacht haben. So gewinnen Sie viel Zeit und Kompetenz, und Sie wissen, woran Sie sind.

Während der Kundenergründung geht es unter anderem darum, dass Sie Ihre Ziele und die des Gesprächspartners aufeinander abstimmen und Ihrem Gesprächspartner zu verstehen geben, dass seine Wünsche und Bedürfnisse von Ihnen und Ihrer Firma erfüllt werden. Diese Entscheidungshilfe ist für Ihre Gesprächspartner so vertrauensbildend, dass sie Ihnen vertrauen und sich bewusst und unbewusst zu Ihnen und Ihrer Firma hingezogen fühlen. Dies ist für eine Zusammenarbeit und den Verkauf eine optimale Basis. Einverstanden?

Die Kaufbereitschaft kann wie folgt mit einer Bedingungsfrage getestet werden.

- »Angenommen, ich könnte ... *(wichtigster Punkt des Kunden)* zu Ihrer Zufriedenheit erfüllen, würden Sie dann mit uns zusammenarbeiten?«
- »Wenn ich Ihnen zeigen könnte, dass wir ... *(wichtigster Punkt des*

Kunden) der richtige Partner sind, würden Sie dann zu uns wechseln?«
- »Falls Sie mit dieser Gesamtberatung feststellen, dass Änderungen notwendig sind, damit Sie Ihre Ziele erreichen, machen Sie dann die Änderungen mit mir zusammen?«
- »Vorausgesetzt ... *(wichtigster Punkt des Kunden)*, würden Sie dann X einsetzen/kaufen/bestellen/davon profitieren?«

Sie können die Kaufbereitschaft auch mit einer der anderen Abschlussmethoden, die wir bereits durchgenommen haben, testen.

Schritt 7a: Antwort Ja – provisorisch oder definitiv abschließen

Saxer: Wenn Ihr Gesprächspartner Ja sagt, dann schließen Sie definitiv oder provisorisch ab.

Farner: Was meinen Sie mit provisorisch?

Saxer: Oft muss man zuerst noch den Beweis antreten, dass man die Bedingung erfüllen kann. Manchmal müssen Angebote geschrieben werden. Manchmal ist ein Kundenbesuch nötig. – Je nachdem, was Sie verkaufen, können zwischen dem ersten Ja des Kunden und dem definitiven Abschluss Sekunden oder Jahre liegen.
Die Frage »Angenommen, unsere Webmaschinen erfüllen Ihre Anforderungen, bestellen Sie dann die Webmaschinen?« und die Frage »Angenommen, es sind noch zwei Plätze im Flug nach Rom frei, möchten Sie dann die Plätze gleich buchen?« können mit Ja beantwortet werden. Beim ersten Fall sind oft noch Angebote, Abklärungen, Sitzungen usw. nötig. Beim zweiten Fall können Sie vielfach die Tickets und die Rechnung senden, wenn die Plätze frei sind.

Farner: Ist es beim Fall der Webmaschine überhaupt noch notwendig, die Kaufbereitschaft mit einer Bedingungsfrage zu testen?

Saxer: Ja, absolut! Die moralische und unbewusste Bindung eines Ja ist viel stärker als man allgemein glaubt.

Herr Martin Moser, ein guter Freund und Kunde von mir, hat ein gut gehendes Gartenbauunternehmen. Im Gartenbau herrscht eine Problematik, die Ihnen folgende Geschichte verdeutlichen wird.

Herr König (Name wurde von mir geändert) hat bei Herrn Moser, von Gartenbau Moser AG, ein detailliertes Angebot für eine Rasenerneuerung verlangt. Selbstverständlich wurde ein Angebot gemäß Normpositionen-Katalog für Herrn König gemacht. Herr König hatte viel Freude, ließ aber leider nichts mehr von sich hören. Als man später bei ihm anfragte, wie es mit dem Auftrag stehe, meinte er, dass es noch nicht so weit wäre. Wie sich schließlich herausstellte, hatte Herr König die Rasenerneuerung selbst gemacht. Er wusste durch das detaillierte Angebot ja wie!

Kennen Sie das?

Zwei Jahre später meldete sich Herr König aufgrund einer Werbeaktion wieder. Diesmal wollte er ein Angebot für einen Sichtschutz, eine Palisadenmauer und eine Erweiterung des Sitzplatzes. Selbstverständlich wurde ein Angebot erstellt und dem Kunden persönlich unterbreitet und erklärt.

Bei der ersten Nachbesprechung wollte Herr König, um Kosten zu sparen, gewisse Abstriche vornehmen. Das Angebot wurde, wie von Herrn König ausdrücklich gewünscht, blitzartig von Herrn Moser angepasst. Bei der zweiten Nachbesprechung ging das gleiche Spiel wieder von vorne los. Wieder wurde geändert, verringert und Kosten für Herrn König gespart. Wieder bestand er auf einem neuen Angebot. Nun ist das Angebot gemacht – geht das gleiche Spiel jetzt in einer neuen Runde los?

Wie oft wiederholt sich diese alltägliche Geschichte und raubt uns den verdienten Feierabend? Gibt es diese Problematik nur im Gartenbau? Oder ist dies eine Problematik, die in vielen Branchen vorkommt?

Damals war Herr Moser noch nicht bei mir in der Verkaufsschulung. Er machte, wie die meisten Handwerkerkollegen auch, noch keine saubere Kundenergründung und testete die Kaufbereitschaft noch nicht mit einer Bindungungsfrage. Im Frühjahr 1995 hat sich sein Leben massiv verändert. Herr Moser war über den Gärtnermeisterverband bei mir zu einem mehrtägigen Verkaufstraining und hat bei mir gelernt, wie man seine Kunden sauber ergründet.

Er fragt jetzt, wie sich seine Kunden ihren Wunschgarten vorstellen. Dann fragt er seine Kunden, was ihnen auch noch/sonst noch und ebenfalls noch wichtig ist. Seine Ideen und sein großes Fachwissen flicht er nun in die Kundenergründung so mit ein, dass Ideen und Vorschläge genau zu seinen Kunden passen und von ihnen bejaht werden. Nach ca. einer Stunde weiß jetzt Herr Moser, was sich seine Kunden wünschen und hat mit ihnen ihren Wunschgarten entwickelt. In erster Linie hat der Kunde gesprochen und nicht er. Der Kunde hat den Kopf nicht vollgestopft mit Informationen und muss nicht mit einem »Ich möchte noch einmal darüber schlafen« seinen Kopf entleeren.

Der Kunde weiß jetzt genau, was er möchte und fühlt, hört und sieht seinen Wunschgarten. Er fühlt auf einer unbewussten Ebene, dass Herr Moser seinen Wunschgarten bauen wird. In diesem Zustand des Wohlseins zählt nun Herr Moser noch einmal alles auf, was sie besprochen haben und fragt nach den wichtigsten Punkten. Das verstärkt die guten Gefühle des Kunden noch mehr, er sieht, hört und spürt seinen Wunschgarten noch deutlicher. Nachdem Herr Moser die wichtigsten Punkte weiß, testet er die Kaufbereitschaft mit einer Bedingungsfrage: »Vorausgesetzt, ich kann Ihnen den Punkt X, Y und Z erfüllen, bauen Sie dann Ihren Wunschgarten mit mir zusammen?«

Die Mehrheit der Kunden sagt seit dem Frühjahr 1995 gerne Ja, sie möchten unbedingt, dass Herr Moser ihren Wunschgarten baut! Beim Rest steckt noch etwas Wesentliches, Unausgesprochenes dahinter. Mit der Bedingungsfrage hat sich die Spreu vom Weizen getrennt. Herr Moser hat bei mir gelernt, wie man mit der Einwandbehandlung die Tatsachen ergründet. Er hat gelernt, wie Kunden Unausgesprochenes doch noch aussprechen und sich dabei trotzdem wohl fühlen. In dieser frühen Phase des Verkaufsgesprächs findet Herr Moser daher bereits heraus, ob der Kunde wirkliche Kaufabsichten bei ihm hat oder ob Herr Moser vom Kunden einfach als Mitanbieter oder als Ideenlieferant missbraucht wird. Weil Herr Moser der Wirklichkeit auf den Grund geht, kann er seine und die Zeit des Kunden einsparen! Herr Moser hat wieder seinen verdienten Feierabend!

Zurück zum Ja des Kunden. Nachdem Herr Moser ein Ja auf eine Bedingungsfrage oder ein Ja während der Einwandbehandlung bekommen hat, hilft er seinem Kunden, auch noch den letzten Schritt zu machen. Er fragt ihn: »Wann möchten Sie in Ihrem Wunschgarten leben und ihn genießen?«

Mit der Kundenergründung und der menschlich wunderbaren Art, die Herr Moser ausstrahlt, bekommt er von vielen Kunden den Auftrag, ohne dass er zuerst ein zeitraubendes, detailliertes Angebot mit genauer Preisangabe erstellen muss. Vielen Kunden reicht eine Schätzung des Preises und ein genauerer Richtwert auf der Auftragsbestätigung. Das war früher absolut unmöglich, und Herr Moser hatte mich ausgelacht, als ich ihm das erste Mal von dieser Möglichkeit erzählt habe. Heute findet er es natürlich und selbstverständlich. Der Erfolg gibt ihm Recht.

Mittlerweile habe ich viele Gärtner trainiert. Viele von ihnen haben die gleich guten Resultate wie Herr Moser. Erfolg ist lernbar – und noch mehr Erfolg, Lebensfreude und Freizeit ist auch lernbar. Der durchschnittliche Mensch gibt wesentlich mehr Geld für den Unterhalt seines Autos aus, als er für sich selbst, für seine Person investiert. Wertvolle Menschen vollbringen wertvolle Taten. Für Sie selbst sind Sie der wertvollste Mensch. Je mehr Wertvolles Sie für sich selbst tun, desto mehr Wertvolles können Sie für andere tun!

Liebe Freunde und Leser dieses Trainingsbuches! Wenn Sie etwas Wertvolles für sich selbst tun wollen, dann erleben Sie mich live als Trainer! Im Live-Training profitieren Sie zusätzlich, da ich im Training auf aktuelle Probleme und Lösungen der Teilnehmer eingehen kann. Wenn Sie und Ihre Mitarbeiter und Ihre Freunde mich live erleben möchten, dann haben Sie folgende Möglichkeiten:

Ein beliebter Anfang ist mein kostenloses zweieinhalbstündiges Seminar oder mein mehr als halbtägiges, sehr preiswertes Intensiv-Seminar in der Schweiz. Eine große Vertiefung ist das sechstägige Seminar »Verkaufskybernetik«, und das Sahnehäubchen obendrauf ist das sechstägige Seminar »Kybernetik-NLP-Verkaufstraining«. Auch gibt es Spezialtrainings wie »Messeverkauf«, »Termine vereinbaren« etc. Alle aktuellen Seminardaten und Preise sowie die Dokumentationen zu den verschiedenen Seminaren – inklusive einem Check, welches Seminar für Sie richtig ist – finden Sie auf meiner Homepage unter http://www.umberto.ch. Sie können sich auf meiner Homepage bequem für eines meiner Seminare anmelden, unseren Newsletter abonnieren und Kassetten/Bücher bestellen. Wenn Sie Fragen haben, erreichen Sie uns bei Umberto Saxer Training unter der Telefonnummer 0041/52/365 26 24, Fax: 0041/52/365 13 89, E-Mail: info@umberto.ch.

Übrigens: Wenn Sie nächstens als Aussteller oder Verkäufer an einer Messe teilnehmen, gibt es sehr viel, woran Sie denken und was Sie planen müssen. Auf meiner Homepage finden Sie als Unterstützung ein komplettes Messekonzept mit dazugehörigen Checklisten.

Farner: Herr Saxer, folgende Ausgangslage: Ich habe Vertrauen gewonnen und eine einleitende Erklärung gemacht, den Kunden ergründet, alle Punkte wiederholt, den Kunden nach dem wichtigsten Punkt gefragt und diesen mit einer Bedingungsfrage: »Angenommen, ich könnte X erfüllen, würden Sie dann bestellen?« getestet. Wie komme ich bei einem Ja provisorisch oder definitiv zum Abschluss?

Saxer: Bei einem Ja ist es wichtig, dass Sie nicht zögern und keine Angst vor dem nächsten Schritt, dem Abschluss, dem Termin oder dem Beweisantreten haben. Verkaufen ist wie frisches Brot essen, das Natürlichste auf der Welt. Sie können die Kaufbereitschaft mit allen Abschlussmethoden, die wir bereits durchgenommen haben, testen.

Zur Wiederholung: Fragen, die Ihnen helfen, zum Abschluss zu kommen

Mit der Frage nach dem Zeitpunkt und der Frage nach der Menge und umgekehrt:

- »Wann hätten Sie es gerne?«
- »Wie viel hätten Sie gerne?«
- »Wann soll der Beginn sein?«
- »Von welcher Menge möchten Sie profitieren?«
- »Wie viel brauchen Sie?«
- »Bis wann sollte es zugestellt sein?«
- »Wie viel möchten Sie einlegen?«
- »Ab wann möchten Sie es haben?«

Mit Alternativfragen:

- »Damit Sie das prüfen können, passt es Ihnen am Dienstag, 17. Februar oder am Freitag, 6. März, um 9 Uhr besser?«
- »Möchten Sie lieber A oder B haben?«
- »Auf Wunsch können wir Ihnen die Police mit einer Policenkopie ausstellen. Möchten Sie die Police mit oder ohne Kopie haben?«
- »Möchten Sie das Gut-zum-Druck in einfacher oder in zweifacher Ausführung?«
- »Soll ich Ihnen die Auftragsbestätigung faxen oder senden?«

Mit Fragen nach Einzelheiten:

- »Gut, indem Fall ist es das Richtige für Sie, ist die Lieferadresse gleich wie die Bestelladresse?«
- »Möchten Sie die Maschine bei der Auslieferung erklärt haben?«
- »Sollen wir nach der Auslieferung das Leergut kostenlos für Sie entsorgen?«
- »An welche Adresse sollen wir es senden?«
- »Damit auf der Auftragsbestätigung die Adresse korrekt notiert ist, können Sie mir Ihre Anschrift noch einmal sagen?«

Direkt zum Abschluss:

Nach dem Ja auf eine Bedingungsfrage sagen Sie:

- »Danke für den Auftrag, wir werden es Ihnen nächste Woche zustellen.«
- »Vielen Dank für die Bestellung.«
- »Herzlichen Dank, das Besprochene bestätigen wir noch mit einer Auftragsbestätigung.«
- »Ich habe es mir so notiert, ich veranlasse, dass es Ihnen in den nächsten Tagen zugestellt wird.«

Mit Gegenfragen herausfinden, was noch nötig ist:

- »Was ist für Sie ein akzeptabler Beweis, damit Sie sich überzeugen können, dass wir X erfüllen?«
- »Was kann ich Ihnen noch sagen, damit Sie sicher sind, dass X möglich ist?«
- »Wenn X nicht funktioniert, dürfen Sie das Produkt innerhalb einer Woche zurücksenden. Ist das in Ordnung?«
- »Sie erhalten eine schriftliche Garantie von uns, dass X funktioniert, reicht Ihnen das?«
- »Damit Sie sich von X überzeugen können, sollten Sie zu uns ins Geschäft kommen. Wann würde es Ihnen passen?«
- »Gut, ich mache jetzt aufgrund Ihrer Angaben eine Offerte und werde Ihnen diese in den nächsten Tagen zustellen. Bis wann erhalte ich von Ihnen den Auftrag, wenn Sie sehen, dass Ihre Punkte erfüllt sind?«
- »Damit wir in diesem Projekt einen Schritt weiterkommen – was sollen wir jetzt von Ihnen aus gesehen tun?«

Schritt 7b: Antwort Nein – zurück zur Kundenergründung

Farner: Herr Saxer, angenommen, ich erhalte von meinem Kunden ein »Nein« oder »Ich weiß nicht« auf eine Bedingungsfrage. Wie bleibe ich bei einem »Nein« oder »Jein« nach der Ergründung am Ball?

Saxer: Wenn Sie ein »Nein« oder »Weiß nicht« als Antwort bekommen, dann ist die Kundenergründung noch nicht abgeschlossen. Es gibt mit Sicherheit noch Dinge, die Sie noch nicht wissen. Diese Dinge trennen Sie und Ihren Kunden vom Abschluss. Oftmals sind diese Dinge nicht einmal Ihrem Kunden bewusst, möglicherweise weiß er selbst nicht recht, warum er nicht möchte. In solch einer Situation lohnt es sich für alle Beteiligten, wenn Sie dem Kunden helfen, nach dem Hinderungsgrund zu forschen oder die Dinge aufzudecken, die für einen Abschluss nötig sind. Ihnen stehen beide Möglichkeiten offen! Einige Beispiel:

- »In dem Fall gibt es noch Dinge, die wir noch nicht besprochen haben. Was ist es?«
- »Ihre Antwort sagt mir, dass noch Dinge unklar sind. Was ist es?«
- »Das erstaunt mich, dass Sie noch nicht Ja sagen können. Welche Dinge lassen Sie noch zögern?«
- »In dem Fall gibt es Dinge, die ich noch nicht weiß. Was ist es?«
- »Ihre Schilderung zeigt mir, dass wir noch nicht alles angeschaut haben. Was ist offen?«
- »Was ist es, das Ihnen noch unklar ist und das Sie noch zögern lässt?«
- »Ihr Nein sagt mir, dass es noch Dinge gibt, die ich Sie noch nicht gefragt habe. Was lässt Sie noch zögern?«
- »Warum können Sie mir noch keine Zusage geben?«
- »Es muss Dinge geben, die ich noch nicht weiß. Warum zögern Sie?«
- »Ich nehme an, dass Sie in solchen Situationen auch schon zugesagt haben. Was ist damals der Grund gewesen?« *(Manchmal ist es besser, wenn Sie in vergangenen Situationen forschen, bei denen Ihr Kunde zugesagt hat.)*

- »Ich gehe davon aus, dass Sie öfters X einkaufen. Was gibt dort den Ausschlag für eine Bestellung?«
- »Ich schätze Sie so ein, dass Sie in der Vergangenheit den Zuschlag gegeben haben, wenn die Rahmenbedingungen für Sie in Ordnung waren. Welche Rahmenbedingungen fehlen Ihnen dieses Mal noch?«

Schritt 7c: Antwort Nein – direkt zum Ziel

Möglichkeit 2 – direkt zum Ziel:

- »Es interessiert mich, was Sie zu einer Bestellung bewegen könnte?«
- »Was müsste erfüllt sein, damit Sie Ja sagen?«
- »Ich frage mich, was könnte Sie zu einer Zusammenarbeit mit uns bewegen?«
- »Unter welchen Voraussetzungen würden Sie mir die Zusage geben?«
- »Es würde mich interessieren, was wäre ein Grund, damit Sie davon profitieren würden?«
- »Unter welchen Voraussetzungen würden Sie mit uns zusammenarbeiten?«
- »Damit ich Ihnen das Beste bieten kann, was wäre für Sie ein Grund, damit Sie zusagen würden?«

Jede Einwandbehandlungsmethode, die wir bereits gelernt haben, ist hierfür geeignet. Sie können die Kaufbereitschaft mit allen Abschlussmethoden, die wir bereits durchgenommen haben, testen.

Beispiel Rekrutierungsgespräch

Farner: Herr Saxer, ich bin unter anderem für die Rekrutierung des Außendienstpersonals zuständig. Könnte ich die Kundenergründung auch für Bewerber anwenden, die mich auf ein Stelleninserat oder eine Weiterempfehlung anrufen? Und kann ich mit der Kundenergründung die geeigneten von den weniger geeigneten Bewerbern trennen?

Saxer: Beides geht ausgezeichnet, die Kundenergründung ist für Rekrutierungsgespräche sehr geeignet. Ich bringe ein Beispiel: Ausgangslage: Ich bin Generalagent bei einer Versicherungsgesellschaft und suche via Inserat Außendienstmitarbeiter. Ich habe ein Inserat im »Wochenanzeiger« aufgegeben:

Saxer: *(Telefon klingelt)* Aadorfer Versicherung – Umberto Saxer.

Meier: Guten Tag, Herr Saxer, mein Name ist Meier, und ich habe gelesen, dass Sie Außendienstmitarbeiter suchen. Ist diese Stelle noch frei?

Schritt 1: Vertrauen aufbauen

Saxer: Guten Tag, Herr Meier, es freut mich, dass Sie mich anrufen. Ja, im Moment ist die Stelle noch zu haben. – Haben Sie das Inserat im »Wochenanzeiger« gelesen? *(Mit der Antwort:* »Ja, im Moment ist die Stelle noch zu haben«, *vermittle ich unbewusst: Sofort zugreifen, sonst ist sie weg! Das Inserat habe ich nur im »Wochenanzeiger« aufgegeben, und darum weiß ich, dass diese Frage mit Ja beantwortet wird. Ich stelle diese Frage, damit Stress abgebaut und Vertrauen aufgebaut wird.)*

Meier: Ja, in der gestrigen Ausgabe. Ich habe noch nie in der Versicherungsbranche gearbeitet. Werde ich als Außenstehender wirklich gründlich eingeschult?

Saxer: Ja – wirklich sehr gründlich. Wir legen großen Wert auf eine wirklich gründliche Einschulung, und ich habe von Ihnen gehört, dass Sie auch Wert auf eine gründliche Einschulung legen. *(Ich zeige, dass wir aus demselben Holz sind und hole mir seine gedankliche Zustimmung. Ohne Pause gehe ich zu Schritt 2.)*

Schritt 2: Einleitende Erklärung und noch mehr Vertrauen aufbauen

Saxer: Herr Meier, Sie haben vermutlich noch weitere Fragen. Damit ich Ihnen alles beantworten kann, was Sie wirklich interessiert, möchte ich Ihnen auch ein paar Fragen stellen. Ist Ihnen das recht? *(Und noch mehr Vertrauen, Herr Meier fühlt sich wohl und verstanden.)*

Meier: Ja, selbstverständlich.

Schritt 3a: Mit Frage, die zum Ziel führen wird, in die Ergründung einsteigen

Saxer: Sie sind auf der Suche nach einer neuen Arbeitsstelle. Mich interessiert, worauf legen Sie bei der neuen Arbeitsstelle Wert?

Meier: Wie Sie mir bereits bestätigt haben, ist es für mich wichtig, dass ich fachlich und verkäuferisch sehr gut eingeschult werde, damit ich möglichst schnell erfolgreich bin und laufend besser werde.

Schritt 3b: Ergründung im Fluss halten mit Was-auch-noch-, Was-sonst-noch- und Was-ebenfalls-noch-Fragen

Saxer: Mhmm, Sie möchten möglichst schnell erfolgreich sein und laufend immer besser, besser und besser werden, was ist Ihnen sonst noch wichtig?

Meier: Ich möchte selbständig arbeiten können und trotzdem die Unterstützung von einem Team haben.

Schritt 3c: Unklarheiten, Aussagen und Details hinterfragen

Saxer: Mhmm, was meinen Sie damit, »selbständig arbeiten können und trotzdem die Unterstützung von einem Team haben«?

Meier: Ich möchte mir einen eigenen Kundenstamm aufbauen können, den ich dann auch persönlich betreue. In der Administration und der Verwaltung möchte ich von einem verkaufsorientierten Team im Hintergrund unterstützt werden.

Saxer: Mhmm, diese Kombination von selbständigem Arbeiten und Unterstützung von unserem verkaufsorientierten Team schätzen meine Außendienstmitarbeiter. Was würden Sie auch noch schätzen? *(Das »Mhmm« und das teilweise Wiederholen seiner Aussage mit seinen Worten sind Gesprächspuffer, die den Gesprächsablauf rund und harmonisch gestalten. Der Gesprächspartner merkt, dass ich ihn verstehe, und er fühlt sich pudelwohl.)*

Meier: *(überlegt)* Mhmm, ja, mhmm.

Schritt 3d: Ideen, Fachwissen und wichtige Punkte in die Ergründung einfließen lassen

Saxer: Meine Mitarbeiter schätzen noch, dass Sie einen Leistungslohn haben. Das heißt, wenn sie durch selbständiges Arbeiten und richtigen Arbeitseinsatz mehr Leistung bringen, haben sie dementsprechend mehr Lohn. Schätzen Sie das auch?

Meier: Ja, wenn ein gewisses Grundgehalt während einer gewissen Zeit sichergestellt ist. Auf das würde ich schon achten.

Saxer: Mhmm, da haben wir eine gute Lösung. Auf was achten Sie ebenfalls?

Meier: Ich glaube, das Wesentliche haben Sie mir beantwortet.

Schritt 4: Alle Antworten/Punkte wiederholen

Saxer: Ich fasse nun zusammen, worauf Sie bei einer neuen Arbeitsstelle Wert legen:

- Sie legen Wert auf eine fachlich und verkäuferisch sehr gute Einschulung, damit Sie möglichst schnell erfolgreich werden und laufend besser, besser und besser werden.
- Sie möchten selbständig arbeiten können und trotzdem die Unterstützung eines Teams haben, das heißt: Sie möchten den eigenen Kundenstamm aufbauen können und den dann auch persönlich betreuen. In der Administration und der Verwaltung möchten Sie von einem verkaufsorientierten Team im Hintergrund unterstützt werden.
- Sie schätzen einen Leistungslohn und möchten mehr Lohn haben, wenn Sie durch selbständiges Arbeiten und richtigen Arbeitseinsatz mehr Leistung bringen.
- Ihnen ist auch wichtig, dass ein gewisses Grundgehalt während einer gewissen Zeit sichergestellt ist.

(Das Wiederholen aller Punkte verstärkt noch einmal das Vertrauen und das gute Gefühl. Manchmal präzisiert der Gesprächspartner einen Punkt oder ergänzt noch einen. Ich frage auf jeden Fall nicht mehr nach weiteren Punkten!)

Schritt 5: Nach dem wichtigsten Punkt oder den wichtigsten Punkten fragen

Saxer: Welcher von diesen Punkten ist für Sie am wichtigsten?

Meier: Die gute Einschulung, damit ich möglichst schnell erfolgreich werde, das ist der wichtigste Punkt für mich.

Schritt 6: Kaufbereitschaft mit einer Bedingungsfrage testen

Saxer: Angenommen, ich kann Ihnen bei einem persönlichen Gespräch zeigen, dass Sie durch unsere sehr gute Einschulung schnell erfolgreich werden, falls Sie das Geschulte anwenden. Möchten Sie dann die Stelle annehmen, wenn Sie unseren Anforderungen entsprechen?

Meier: Mhmm, das kann ich Ihnen nicht sagen.

Schritt 7b: Antwort Nein – zurück zur Kundenergründung

Saxer: Mhmm *(nachdenkliche Stimme)* – das können Sie mir nicht sagen. *(deutliche Stimme)* In dem Fall gibt es noch Dinge, die wir noch nicht besprochen haben, was ist es?

Meier: *(räuspert sich, leicht verlegen)* Meine Frau ist dagegen, dass ich meine sichere Stelle aufgebe und in den Außendienst gehe.

Saxer: Mhmm *(nachdenklich)* – Ihre Frau ist dagegen. *(deutlich)* Gibt es sonst noch etwas, das Sie zögern lässt, in den Außendienst zu gehen? *(Ab jetzt ist die Kundenergründung gleich wie die Einwandbehandlung. Alles was Sie in der Einwandbehandlung gelernt haben, können Sie auch während der Kundenergründung anwenden.)*

Meier: Nein, nur das.

Zurück zu Schritt 6: Kaufbereitschaft mit einer Bedingungsfrage testen

Saxer: Das heißt also, wenn Ihre Frau nicht mehr dagegen, sondern dafür ist, dann würden Sie sich gerne eine selbständige Zukunft im Außendienst aufbauen, habe ich Sie da richtig verstanden? *(Mit dieser Art von*

Bedingungsfrage drücke ich Verständnis aus und zeige, dass ich ihn verstehe.)

Meier: Ja, dann würde ich diesen Schritt sehr gerne machen. *(Er vertraut mir.)*

Schritt 7a: Antwort Ja – provisorisch oder definitiv abschließen

Saxer: *(nachdenklich)* Diesen Schritt würden Sie gerne machen, mhmm – ab wann würden Sie gerne diesen Schritt machen?

Meier: Ich habe drei Monate Kündigungsfrist, danach möchte ich gerne beginnen.

Saxer: Gut, dann schlage ich Ihnen vor, dass wir einen Termin miteinander vereinbaren, bei dem ich Sie und Ihre Frau kennen lerne. Und dass Sie mir vorgängig eine schriftliche Bewerbung mit handgeschriebenem Lebenslauf und zwei Fotos von Ihnen senden. Ist dieser Weg auch in Ihrem Sinn und Geist?

Meier: Ja.

Farner: Herr Saxer, ziehen Sie die Kundenergründung immer vom Anfang bis zum Schluss durch?

Saxer: Die Kundenergründung ist ein Mittel zum Zweck. In der Praxis werden Sie aus den verschiedensten Gesprächssituationen in die Kundenergründung einsteigen und – wenn die Kundenergründung nicht mehr notwendig ist – auch wieder aussteigen. Sie werden zukünftig merken, wann Sie die ganze Kundenergründung anwenden müssen und wann Teile reichen. Je öfter Sie und Ihre Mitarbeiter dieses Trainingsbuch durchlesen und durcharbeiten, desto öfter werden Sie im richtigen Moment das Richtige auf eine ganz natürliche Art und Weise tun. Mit jedem Mal Durchlesen und Durcharbeiten des Buches werden Sie immer besser, besser, besser und besser.

Zusammenfassung Kundenergründung

1 + 2 Bauen Sie Vertrauen mit unbestreitbaren Wirklichkeiten auf, und finden Sie mit gezielten Fragen heraus, was Ihr Kunde möchte, bevor Sie etwas anbieten oder erklären. Damit er sich nicht ausgefragt vorkommt und er Ihnen gerne seine Wünsche und Bedürfnisse anvertraut, ist es von Vorteil, wenn Sie das gezielte Fragen mit einer einleitenden Erklärung begründen. Zum Beispiel so:

- »Wenn Sie mir ein paar Informationen geben, kann ich Ihnen einen passenden Vorschlag machen.«
- »Damit ich Sie richtig beraten kann, möchte ich Ihnen ein paar Fragen stellen.«
- »Damit ich das Beste für Sie entwickeln kann, sollte ich noch ein paar Angaben haben.«
- »Damit ich Ihnen dies genau sagen kann, brauche ich noch ein paar Informationen von Ihnen.«
- »Da kann ich Ihnen einen guten Vorschlag ausarbeiten, ich brauche nur noch ein paar Angaben von Ihnen.«

3a **Die nächste Frage soll konkret sein und Richtung Ziel führen:**

- »Worauf legen Sie bei ... Wert?«
- »Auf was achten Sie bei ...?«
- »Wie hätten Sie ... gern?«
- »Angenommen, Sie werden Partner, was erwarten Sie von uns?«
- »Wie müsste ... sein?«
- »Wie stellen Sie sich eine optimale Lösung vor?«
- »Sie haben sich sicher schon Gedanken gemacht, wie ... sein sollte. Was für Gedanken sind das?«
- »Bei dem ..., das Sie suchen, was ist Ihnen da wichtig?«

Unterbrechen Sie den Kunden nicht. Muntern Sie ihn auf, seine Bedenken, Vorstellungen, Wünsche etc. zu äußern. Schauen Sie, dass der Kunde spricht und nicht Sie, so gewinnen Sie sein Herz und Vertrauen.

3b Ergründung im Fluss halten:

»Was wäre für Sie auch noch wichtig?«

»Mhmm.« *(Vielfach reicht dies, damit der Kunde von sich aus weiter spricht.)*

»Was sollte sonst noch erfüllt sein?«

»Mhmm.«

»Was müßte ebenfalls berücksichtigt werden?«
Oft reicht ein Mhmm, damit der Kunde weiterspricht.

»Auf was achten Sie außerdem noch?«

»Und was ist sonst noch von Bedeutung?«

»Und auf was schauen Sie auch noch?«

»Was ist ebenfalls wichtig?«

»Was wäre außerdem noch in Betracht zu ziehen?«

»Mhmm.«

»Und was sonst/auch/ebenfalls/außerdem noch?«

3c Details/Unklarheiten hinterfragen:

»Wie soll ich das verstehen?«
»Wie meinen Sie das?«
»Wie müßte es genau sein?«

3d Ideen, Fachwissen in die Ergründung einbringen:

»Ist es wichtig für Sie, daß ...?«

Ja: »Was ist sonst noch wichtig?«

Nein: »Was ist dann wichtig?«

»Legen Sie Wert auf ...?«

Ja: »Auf was legen Sie auch noch Wert?«

Nein: »Auf was legen Sie dann Wert?«

Wenn der Kunde Dinge möchte, die technisch nicht gelöst werden können: Kunden darauf aufmerksam machen und Lösung vorschlagen.

Fragen Sie sinngemäß so lange »Was auch noch?«, bis Sie die Bedürfnisse und Wünsche des Kunden herausgefunden haben.

4 Wiederholen Sie dann alle Antworten. Dadurch fühlt sich der Kunde ernst genommen und verstanden.

5 Nachdem Sie alle Antworten wiederholt haben, fragen Sie den Kunden nach den wichtigsten Punkten. Zum Beispiel:

- »Welche dieser Punkte sind für Sie am wichtigsten?«
- »Auf welche Dinge legen Sie am meisten Wert?«
- »Von all diesen Sachen, was müsste man besonders berücksichtigen?«

Wenn Sie die wichtigsten Punkte herausgefunden haben, können Sie die Kaufbereitschaft testen. Dies können Sie machen, bevor Sie ein Angebot oder eine aufwendige und zeitraubende Offerte gemacht haben. So gewinnen Sie viel Zeit und Kompetenz, und Sie wissen, woran Sie sind.

6 Kaufbereitschaft testen:

Mit einer »Angenommen«-/«Falls«-/«Wenn«-/»Vorausgesetzt«-Frage. Zum Beispiel so:

- »Angenommen, ich könnte ... *(wichtigster Punkt des Kunden)* zu Ihrer Zufriedenheit erfüllen, würden Sie dann ... nehmen?«
- »Wenn ich Ihnen zeigen könnte, dass wir in Sachen Preis/Leistung der richtige Partner sind, würden Sie dann ... zu uns wechseln?«
- »Falls Sie mit dieser Gesamtberatung feststellen, dass Änderungen notwendig sind, damit Sie Ihre Ziele erreichen, machen Sie dann die Änderungen mit mir zusammen?«
- »Vorausgesetzt ..., würden Sie dann ... einsetzen/kaufen/bestellen?«

7a **Kunde sagt Ja → provisorisch oder definitiv verkaufen:**

- »Wann hätten Sie es gerne?« → »Wie viel ...?«
- »Ab wann können wir liefern?« → »Wie viel ...?«
- »Wohin sollen wir liefern?« → »Wie viel ...?«
- »Wann soll der Beginn sein?«→ »Wie viel möchten Sie einlegen ...?«
- »Ab wann soll es laufen?« → »Um wie viele Personen geht es?«

- »Ab wann möchten Sie vom Schutz profitieren?« → »Wie viel ...?«
- »Wann passt es Ihnen, damit wir ... besprechen können?«

7b Kunde sagt Nein → zurück in die Ergründung:

- »In dem Fall gibt es noch Dinge, die wir noch nicht besprochen haben. Welche?«
- »Das sagt mir, dass wir noch nicht alles, was für Sie wichtig ist, angeschaut haben. Was ist es?«
- »Was ist noch offen?«
- »Was haben wir noch nicht angeschaut oder besprochen?«
- »Was hat Sie das letzte Mal veranlasst, ... zu nehmen?«
- »Sie haben doch auch schon ... Was gab damals den Ausschlag?«
- »Warum zögern Sie noch?«
- »Warum geben Sie mir noch nicht den Zuschlag?«
- »Warum sagen Sie noch nicht Ja zu dieser super Lösung?«

(Vorsicht, Kunde kann mit einem »Warum?« zu Äußerungen gedrängt werden, von denen er sich schwer trennt.)

7c Kunde sagt Nein → direkt zum Ziel:

- »Unter welchen Umständen würden Sie es doch machen?«
- »Was für Voraussetzungen müssten dann erfüllt sein, damit es für Sie in Frage käme?«
- »Was müsste man noch berücksichtigen, damit es für Sie ein Thema wäre?«
- »Was würde Sie veranlassen, ... bei mir zu kaufen?«
- »Was wäre für Sie ein Grund, um jetzt zu bestellen?«

Kybernetisches Nachfassen von Kundenanfragen, Angeboten, Mailings

Saxer: Haben Sie schon Unterlagen bestellt, und Sie hörten von dieser Firma nie mehr etwas? Wurde Ihnen schon ein Angebot erstellt, und Sie hörten nie mehr etwas von dieser Firma? Wöchentlich erhalten Sie Mailings, aber wie oft wird telefonisch nachgefasst? Haben Sie sich auch schon gewundert, wie lahm und nachlässig das Nachfassen von Anfragen, Angeboten und Mailings gehandhabt wird?

Farner: Ich staune immer wieder, wie viel Aufwand eine Firma betreibt, bis sie mir überhaupt ein Angebot unterbreiten kann und wie wenig danach passiert, damit ich mich für dieses Angebot entscheide.

Saxer: Ein guter Kollege hatte eine Vertriebsfirma für Garagentore. Er hatte qualitativ und preislich sehr gute Produkte. Sein Montageteam war gut ausgebildet und hatte gute Werkzeuge. In der Firma hatte er einen schönen, teuren Ausstellungsraum. Zusätzlich hatte er eine mobile Ausstellung, mit der er zu vielen Messen ging. Er war sehr aktiv, was das Anreißen von Interessenten betraf. Er konnte massenweise Angebote abgeben oder verschicken. Er hätte von diesem Punkt her erfolgreich sein müssen.

Als seine Bank ihm den Geldhahn zudrehte, rief er mich an und sagte, er habe noch massenweise Eisen im Feuer und ob ich ihm ein paar Tipps geben könne, wie er die ausstehenden Angebote unter Dach und Fach bringen könne. Ich ging zu ihm und sah, dass er tatsächlich mehrere Aktenordner voll Kopien von ausstehenden Angeboten hatte. Als ich dann die Ordner in die Hand nahm, erschrak ich. Diese Ordner waren vollgestopft mit Angeboten, die zwischen einem Tag und zwei Jahre alt waren – und bei diesen Angeboten war nie telefonisch nachgefasst

worden! Es stellte sich heraus, dass er vor lauter Aktivität keine Zeit mehr für das Nachfassen der Angebote hatte. Vom Zeitpunkt, an dem das Angebot abgegeben wurde, blieb alles brach liegen. Er kam mir vor wie ein 100-Meter-Läufer, der nach 90 Metern stehen bleibt.
Zusammen haben wir dann ein Skript erstellt, wie er, beginnend mit den Angeboten neueren Datums, telefonisch nachfassen kann. Von da an verkaufte er wieder gut. Als er das Steuer endlich herumriss, stand ihm das Wasser aber schon bis zum Hals. Seine Firma ging ein paar Wochen später mangels Liquidität trotzdem Pleite.

Tanner: Umberto, bei dieser Geschichte läuft es mir kalt den Rücken runter, wenn ich daran denke, dass auch bei uns niemand gerne telefonisch nachfasst und dass es darum oft liegen bleibt.

Saxer: Du sagst etwas Interessantes. Ist es denn notwendig, dass man das telefonische Nachfassen gerne tun muss?

Tanner: Nein, man muss es einfach nur tun.

Saxer: Genau das, es gibt keine Arbeit auf dieser Welt, die einem ausnahmslos Spaß macht. Jede Arbeit besteht aus verschiedenen Tätigkeiten – solche, die wir gerne und solche, die wir weniger gerne tun. Es besteht die permanente Gefahr, dass wir Tätigkeiten, die wir nicht so gerne machen, liegen lassen. Das Liegenlassen von Anrufen jeglicher Art, die wir tätigen müssten, belastet uns zusätzlich und drückt auf unsere Stimmung. Eine alte Regel besagt: Erledige die unangenehmen Dinge zuerst!
Das gibt Ihnen Kraft, Selbstvertrauen und mehr Freude an der Arbeit. Alle, die diesen Schritt machen, wissen, wie gut es einem tut und wie stolz man auf sich selbst sein kann, wenn man über den eigenen Schatten gesprungen ist.

Kundenanfragen, Offerten und Mailings können Sie jeweils in zwei Schritten mit vier verschiedenen kybernetischen Methoden nachfassen:

- Schritt 1: Vertrauen aufbauen und Bezug herstellen

- Schritt 2a: Express-Methode
- Schritt 2b: Meinungsfrage-Methode
- Schritt 2c: Suggestions-Methode
- Schritt 2d: Ergründungs-Methode

Liebe Freunde und Leser, gehen wir zusammen vorwärts, und durchlaufen wir die einzelnen Schritte und die verschiedenen Methoden gemeinsam.

Schritt 1: Vertrauen aufbauen und Bezug herstellen

Dieser Schritt ist bei jeder Methode gleich. Gewinnen Sie das Vertrauen Ihres Gesprächspartners, indem Sie ein bis vier unbestreitbare Wirklichkeiten äußern. Beziehen Sie sich dabei auf das letzte Gespräch, auf die Abmachungen, auf Ihr Mailing etc. Äußern Sie Wirklichkeiten, und beziehen Sie sich unbedingt auf Dinge, von denen Sie wissen, dass Sie auf Ihren Kunden zutreffen und dass Sie ein ausgesprochenes oder gedankliches Ja bekommen werden.

Teilnehmer, die bei einem kostenlosen zweistündigen Verkaufstraining von mir waren, fasse ich wie folgt nach:

Höscheler:	Hilti AG, Höscheler.
Saxer:	Grüezi, Herr Höscheler, da ist Umberto Saxer, ist Herr Horst Höscheler selbst am Apparat?
Höscheler:	Ja, guten Tag, Herr Saxer.
Saxer:	Herr Höscheler, Sie waren am Montag bei mir zum kostenlosen Verkaufstraining.
Höscheler:	Ja, es war äußerst beeindruckend.
Saxer:	Mhmm, ich habe gesehen, dass Sie sich viele Notizen gemacht haben.
Höscheler:	Herr Saxer, es kamen so viele gute Dinge, die wollte ich mit nach Hause nehmen.

Saxer: Dies höre ich gerne, herzlichen Dank für Ihr Kompliment. Zusätzlich bedanke ich mich dafür, dass Sie zwei Kollegen mitgebracht haben.

Höscheler: Ja, die fragten mich, wohin ich gehe, und dann habe ich sie gleich mitgenommen. Übrigens, meinen beiden Kollegen hat es auch sehr gut gefallen.

Saxer: Oh, das höre ich gerne. An diesem kostenlosen Seminar konnten Sie ja schon einiges lernen und vermutlich feststellen, dass auch gute Verkäufer noch viel einfacher, leichter und mit noch mehr Freude und Spaß verkaufen können.

Höscheler: Ja, das hat mich sehr an Ihrer Verkaufskybernetik beeindruckt.

In diesem kurzen Gespräch hatte ich bereits unbestreitbare Wirklichkeiten geäußert und so viel Vertrauen aufgebaut, dass ich frohen Mutes zu Schritt 2 gehen konnte.

Auf eine weit verbreitete Todsünde möchte ich Sie aufmerksam machen. Folgende Aussagen haben Sie sicher schon gehört:

- »Wir haben Ihnen letzte Woche Unterlagen gesandt. Konnten Sie die schon lesen?«
- »Sie haben mir das letzte Mal gesagt, dass Sie meinen Vorschlag mit Ihrem Geschäftspartner anschauen werden. Sind Sie schon dazu gekommen?«

Mit solchen und ähnlichen Aussagen bringt man sich selbst um, es ist wie Kamikaze!

Farner: Ist es denn nicht gut, wenn ich mich auf die Unterlagen beziehe, die ich gesandt habe?

Saxer: Doch, doch – nur die Anhängsel wie »Haben Sie es schon gelesen?«, »Konnten Sie es schon besprechen?« etc. müssen Sie unbedingt weglassen!

Eine weitere Möglichkeit um Vertrauen aufzubauen und Bezug herzustellen:

Im Idealfall haben Sie, bevor Sie ein Angebot erstellen, den Kunden ergründet. Sie wissen dann, was im wichtig ist und welche Werte er hat. Kunden, die ergründet werden, fühlen sich wohl und verstanden und empfinden bewusst und unbewusst, dass Sie seine Wünsche und Bedürfnisse erfüllen werden.

Eine weitere Möglichkeit, um Vertrauen aufzubauen und Bezug herzustellen ist, wenn Sie die wichtigen Punkte, die Sie von der Kundenergründung her wissen, wiederholen. Das ist sehr stark, denn mit dem Wiederholen der wichtigen Punkte versetzten Sie Ihren Kunden wieder in den schönen Gefühlszustand, den er bei der Ergründung hatte. Auch alle übrigen Sinne werden so vom Kunden aktiviert – er riecht, schmeckt, hört und sieht die Welt, die Sie mit ihm während der Kundenergründung erschaffen haben.

Das sind optimale Voraussetzungen für den nächsten Schritt.

Schritt 2 kann ich mit vier verschiedenen Methoden ausführen:

Schritt 2a: Express-Methode

Nachdem Sie mit Schritt 1 Vertrauen aufgebaut haben, testen Sie gleich die Kaufbereitschaft! Wie, haben wir ja bereits gelernt. Beim Beispiel vom Schritt 1, Verkaufstraining, würde der Schritt 2a, die Express-Methode, wie folgt klingen:

Höscheler: Ja, das hat mich sehr an Ihrer Verkaufskybernetik beeindruckt.

Saxer: Schön, das Leben wird einfach schöner, wenn man leichter, schneller und mehr verkaufen kann. Darum möchte ich Sie fragen:

- Wann möchten Sie zu mir zum Training kommen?
- Zu welchem Training möchten Sie kommen?

- Mit wie viel Personen möchten Sie zu mir zum Training kommen?
- Möchten Sie zum Training 31 oder 32 kommen?
- Nachdem, was ich jetzt von Ihnen gehört habe, würden Sie gerne zu mir zum Training kommen. Habe ich das richtig herausgehört?
- Ich höre und sehe, dass Sie gerne zu mir zum Training kommen würden. Damit wir die Trainingsbestätigung an den richtigen Ort senden, wiederhole ich die Anschrift. Ist Kullmannstraße 15 richtig?

Ein weiteres Beispiel: Ich verkaufe Kaffeemaschinen (Zuerst wiederhole ich die wichtigen Punkte, die ich von der Kundenergründung her kenne).

Schritt 1

Fröhlich: Fahrschule Fröhlich, Rosemarie Fröhlich.

Saxer: Saxer, Grüezi Frau Fröhlich, mein Name ist Umberto Saxer vom Kaffeehaus.

Fröhlich: Grüezi Herr Saxer.

Saxer: Frau Fröhlich, Sie waren am Dienstag bei mir im Geschäft, und Ihnen hat der Kaffee von der »Master pro« besonders gut geschmeckt, auch hat Ihnen gefallen, dass es ein so schönes »Schümli« gibt und dass die Maschine so leise läuft.

Fröhlich: Ja, sie hat mir sehr gefallen und sie gibt einen wunderbaren Kaffee.

Schritt 2a: Express-Methode

Saxer: Gut, in dem Fall ist es die richtige Kaffeemaschine, und damit Sie zukünftig den wunderbaren Kaffee genießen können, möchte ich Sie fragen,

	per wann soll ich für Sie die Kaffeemaschine bereitstellen?
Fröhlich:	Ich würde Sie gerne heute Abend abholen.

Schritt 2b: Meinungsfrage-Methode

Meinungsfragen wie: »Was halten Sie von meinem Angebot?« wirken Wunder! Wenn Sie Meinungsfragen stellen, erhalten Sie nicht einfach ein Ja oder Nein, sondern wertvolle Informationen. Je nach Meinung Ihres Gesprächspartners merken Sie sofort, ob Sie direkt verkaufen können oder ob das Verkaufsgespräch weitergeführt werden muss.

Meinungsfragen können Sie so oft stellen, wie Sie wollen. Bei einer negativen Antwort kommen Sie nie in eine schlechtere, bei einer positiven Antwort immer in eine bessere Situation!

Nachdem Sie mit Schritt 1 das Vertrauen Ihres Gesprächspartners gewonnen haben, fragen Sie:

- »Wie sehen Sie meinen Vorschlag?«
- »Was halten Sie von unserem Angebot?«
- »Was meinen Sie zu meiner Offerte?«
- »Was sagen Sie zu unserer Lösung?«

Beim Beispiel von Schritt 1, Verkaufstraining, würde der Schritt 2b, die Meinungsfrage-Methode, wie folgt klingen:

Höscheler:	Ja, das hat mich sehr an Ihrer Verkaufskybernetik beeindruckt.
Saxer:	Schön, das Leben wird einfach schöner, wenn man leichter, schneller und mehr verkaufen kann. Darum möchte ich Sie fragen: Was meinen Sie dazu, wenn Sie zukünftig einfacher, schneller und mehr verkaufen können?

Es funktioniert großartig, wenn Sie die Meinungsfrage direkt auf Kundennutzen stellen.

Weitere Beispiele:

- »Wie werden Sie sich fühlen, wenn Sie zukünftig leichter, schneller und mehr verkaufen können?«
- »Was bedeutet es für Sie, wenn Sie diese Einsparungen haben?«
- »Gehen Sie doch in Ihrer Vorstellung ein Jahr in die Zukunft, und Sie sind in Ihrem Haus eingezogen und es ist alles so gekommen wie Sie es sich gewünscht haben. Was und wie sehen Sie sich und Ihre Familie?«
- »Wenn Sie zukünftig schon jeden Morgen mit einer so schönen Maschine einen Kaffee machen können, der Ihnen wunderbar schmeckt, dann ist das doch Lebensqualität, was meinen Sie?«

Übrigens, wenn Sie Meinungsfragen direkt auf Kundennutzen stellen, sind Sie bereits leicht suggestiv.

Bei einer positiven Antwort können Sie direkt die Kaufbereitschaft testen, oder Sie fragen zuerst: »Gibt es noch wichtige Dinge, die wir berücksichtigen müssen?« und testen dann die Kaufbereitschaft. Wichtig ist, dass Sie das Wort »wichtig« stark betonen.

Dass eine Meinungsfrage auch ins Abseits führen kann, habe ich kürzlich bei einer Bank erlebt. Diese Bank kreierte für langjährige gute Kunden ein spezielles Konto. Das neue Konto hat für die betreffenden Kunden so große Vorteile, dass eigentlich jeder Kunde, dem das angeboten wird, dem Bankangestellten gleich um den Hals fallen müsste vor lauter Dankbarkeit. Diesen ausgesuchten Kunden schickte die Bank einen netten Brief, mit dem Hinweis, dass sie sich bei der Bank melden können zwecks Eröffnung dieses hervorragenden Kontos. Leider fiel das Echo sehr mager aus. Die Bank rief dann – was übrigens immer noch völlig ungewöhnlich ist für eine Bank – die betreffenden Kunden an. Große Gratulation an die Bank!

Und trotzdem – auch da blieb der Erfolg weitgehendst aus. Für die Bank war es zum Verzweifeln. Sie hatte ein Produkt für eine Kundengruppe geschaffen, das besser war als alles, was zur Zeit auf dem Markt war. Doch sogar ihre eigenen Kunden reagierten auf das schriftliche wie auf das telefonische Angebot sehr zurückhaltend.

Die Bank wollte das möglichst schnell ändern und gab uns darum einen Schulungsauftrag. Beim Anhören der Telefongespräche haben wir sofort gemerkt, was falsch gemacht wurde.

Mit folgendem Schema wurde telefoniert: Zuerst haben die Telefonisten der Bank gefragt, ob der Kunde die Unterlagen bekommen habe und ob er sie schon habe lesen können. Oft war mit diesem Einstieg das Pulver bereits verschossen. Viele Kunden sagten: »Ich kann mich an die Unterlagen nicht mehr erinnern.« Oder: »Ich habe die Unterlagen noch nicht gelesen.« Bei den restlichen haben die Bankangestellten dann gefragt, was Sie zu diesem Konto meinen. Diese Frage ist eine Meinungsfrage und als solche absolut richtig. Aber auch jetzt hatten die angesprochenen Kunden kaum Interesse.

Mir fiel jedoch positiv auf, dass die Bankangestellten bei ihren Kunden durchaus gut ankamen, denn die Kunden kamen gerne ins Plaudern. So dauerten die Telefongespräche relativ lange, allerdings ohne nennenswerte Resultate.

Wo würden Sie den Hebel ansetzen, damit diese Bank am Telefon einfacher und schneller Konten verkaufen kann?

An folgenden Punkten haben wir den Hebel angesetzt:

1. Es darf nicht mehr gefragt werden, ob die Kunden die Unterlagen erhalten haben oder ob die Unterlagen schon gelesen wurden, sondern das Gespräch wird mit ein bis vier unbestreitbaren Wirklichkeiten eröffnet. Zum Beispiel:
   - »Sie sind ein langjähriger Kunde bei unserer Bank.«
   - »Sie haben die letzte Woche von uns ein Schreiben mit einem speziellen Angebot für langjährige Kunden erhalten ...«
2. Dem Kunden wird der Inhalt des Schreibens noch einmal zusammengefasst. Dabei ist es wichtig, dass einfach und verständlich gesagt wird, wovon der Kunde profitieren kann und was seine Nutzen sind. Das, was gesagt wird, muss sehr leicht verständlich sein und sehr gut klingen. Der Kunde muss sich zum Angebot hingezogen fühlen, und er soll auch wissen, warum ihm dieses Angebot gemacht wird.
   Wenn Sie dem Kunden das sagen, ist es unwichtig, ob der Kunde das

Schreiben schon gelesen hat oder nicht. Wenn er es schon gelesen hat, dann ist es eine Wiederholung, die sicher nur nützt und nicht schadet. Und wenn er es noch nicht gelesen hat, dann weiß er jetzt, um was es geht, und er kennt seine Nutzen. So oder so hat man jetzt die richtige Voraussetzung für den nächsten Schritt.

3. Jetzt die Meinungsfrage stellen. Zum Beispiel: »Was meinen Sie zu diesem Angebot?« Oder: »Was sagen Sie dazu, wenn Sie zukünftig höhere Zinsen erhalten können und alle anderen Vorteile immer noch haben?«
   Wenn jetzt eine Meinungsfrage gestellt wird, dann kann der Kunde antworten, denn er weiß, um was es geht, und er kennt seine Nutzen. Bei einer positiven Antwort ist der Abschluss selbstverständlich, und bei einer negativen geht man einfach zum nächsten Punkt auf der Checkliste oder in die Kundenergründung oder aber in die Einwandbehandlung. Es ist so einfach, wenn man weiß, wie es geht!

Saxer: Ich glaube, dass Sie mit mir einig sind, dass das ursprüngliche Verhalten der Bankmitarbeiter ziemlich falsch war. Ist dieses Verhalten ein Einzelfall?

Farner: Ganz sicher nicht. Erstaunlicherweise ist dieses verkäuferische Fehlverhalten der Normalfall – und das nicht nur bei Banken, sondern bei fast allen Branchen und Verkäufern.

Saxer: Ja, dieses mangelhafte verkäuferische Verhalten findet sich in fast allen Branchen und fast bei allen Menschen! Was nützen die besten Produkte und die beste fachliche Ausbildung, wenn das Wissen und die Vorteile nicht an die Frau und an den Mann gebracht werden können? Es werden Milliarden für das Entwickeln von neuen Produkten, für Fachausbildung, für Marketing und Werbung ausgegeben. Wie man sich jedoch in entscheidenden Situationen verkäuferisch richtig verhält, wird weitgehendst dem Zufall überlassen!

Schauen Sie sich selbst an: Wie viele Tage Ihres Lebens haben Sie sich Fachwissen angeeignet, und wie viele Tage haben Sie gelernt, wie man das Fachwissen richtig an die Frau und an den Mann bringt und sich so verkäuferisch richtig verhält?

Besteht bei Ihnen auch ein völliges Missverhältnis?

Wenn ja, dann gehören Sie zu der großen Masse. Und genau da liegt für Sie und Ihre Firma die Chance. Weil das Niveau im Verkauf sehr niedrig ist, können Sie und Ihre Mitarbeiter sich relativ schnell vom Markt abheben. Beginnen Sie jetzt damit, sich Ziele zu setzen, was Sie außer dem Lesen dieses Buches noch alles unternehmen, damit Sie sich im richtigen Moment verkäuferisch richtig verhalten.

Sich in entscheidenden Situationen richtig zu verhalten, kann man lernen – wie man auch lernen kann, ein Musikinstrument zu spielen. Mit anderen Worten: Verkäuferisch richtiges Verhalten ist für jeden Menschen lernbar, sofern er das möchte und er sich nicht laufend sagt, dass er es nicht kann. Wie bei einem Musikinstrument ist der eine etwas begabter als der andere. Das heißt aber nicht, dass der weniger Begabte, wenn er viel übt und an sich arbeitet, mit der Zeit nicht besser sein wird als der Begabte!

Gönnen Sie sich doch jetzt ein paar Minuten Zeit, und nehmen Sie ein Blatt Papier. Schreiben Sie auf, was Sie alles tun werden, damit Sie sich im Verkauf vermehrt kybernetisch richtig verhalten, und bis wann Sie die einzelnen Schritte getan haben werden.

Schritt 2c: Suggestions-Methode

Mit der Suggestions-Methode suggerieren wir entweder Kundennutzen und/oder lassen uns Dinge bejahen, die uns helfen, den Abschluss einzuleiten. Wenn wir mit Schritt 1 das Vertrauen des Kunden gewonnen haben, suggerieren wir:

- »Wie ersichtlich war X?«
  »Ersichtlich« wird vorausgesetzt und suggeriert.
- »Eine wie hohe Umsatzsteigerung ist mit meinem Vorschlag nach Ihrer Meinung möglich?«
  »Umsatzsteigerung« wird vorausgesetzt und suggeriert.

- »Was sagen Sie zu unserem ausgezeichneten Angebot?«
»Ausgezeichnetes Angebot« wird vorausgesetzt und suggeriert.
- »Ich gehe davon aus, dass Ihre Nachforschungen ergeben haben, dass Sie mit uns am besten fahren. Ist das richtig?«
Drückt Selbstvertrauen und Verständnis für Ihren Gesprächspartner aus.
- »Ich nehme an, dass ich das Angebot genau in Ihrem Sinn erstellt habe. Ist das so?«
- »Bei den Unterlagen, die wir Ihnen gesandt haben, geht es darum, wie Sie ... *(einen oder mehrere Kundennutzen sagen).* Ich nehme an, Sie sind grundsätzlich daran interessiert, ist das so?«
Je mehr Sie die Kundennutzen betonen, desto mehr werden diese suggeriert.
- »Welche gefallen Ihnen besonders?«
Dass einige gefallen ist klar.
- »Ich glaube, dass Sie an den saftigen Einsparungen interessiert sein werden, die Sie mit unserem Konzept zukünftig verwirklichen können. Schätze ich Sie da richtig ein?«
- »Stellen Sie sich vor, Sie haben unser Angebot angenommen, und in zehn Jahren haben Sie genügend Geld, damit Sie alle Ihre Hobbys im Ruhestand in vollen Zügen genießen können. Wie sieht das für Sie aus?«
Dem Kunden wird die Vorstellung suggeriert, dass er das Angebot angenommen hat und im Ruhestand alle Hobbys in vollen Zügen genießen kann.
- »Ihre Außendienstmitarbeiter fahren oft Auto und sind während dieser Zeit wenig produktiv. Was meinen Sie dazu, wenn Ihre Außendienstmitarbeiter sich während dem Autofahren mit Hörbüchern fachlich weiterbilden und sie dadurch noch besser werden?«
Wenn der Kunde mir jetzt auf diese Frage positiv antwortet, hat er den Inhalt als Tatsache akzeptiert – also, dass Außendienstmitarbeiter oft Auto fahren und dabei wenig produktiv sind, dass sie sich während dem Autofahren fachlich mit Hörbücher weiterbilden können, dass sie dadurch noch besser werden.

Sie können eine oder mehrere Suggestivfragen hintereinander stellen. Testen Sie danach die Kaufbereitschaft. Denken Sie immer daran, verkaufen und kaufen ist das Natürlichste der Welt.

Beim Beispiel von Schritt 1 (Verkaufstraining) würde der Schritt 2c, die Suggestions-Methode, wie folgt klingen:

Höscheler: Ja, das hat mich sehr an Ihrer Verkaufskybernetik beeindruckt.

Saxer: Schön, das Leben wird einfach schöner, wenn man leichter, schneller und mehr verkaufen kann. Darum möchte ich Sie fragen: Wie viel einfacher, schneller und mehr können Sie verkaufen, wenn Sie diese Dinge, die Sie bei mir am kostenlosen Seminar gehört haben, wirklich beherrschen?

Schritt 2d: Ergründungs-Methode

Beim telefonischen Nachfassen ist die Kundenergründung (oder Teile von ihr), vielfach das beste Instrument für den Verkauf. Es hat sich bewährt, wenn Sie andere Kunden, bekannte Personen, Zeitschriften, TV-Sendungen etc. für Ihr Produkt sprechen lassen.

Sagen Sie zum Beispiel:

- »Andere Kunden schätzen, dass X, Y und Z *(Kundennutzen aufzählen)* mit unserem Angebot möglich sind. Schätzen Sie das auch?«
  Nach der Frage: »Schätzen Sie das auch?« können Sie mit den Fragen: »Was sonst?«, »Was ebenfalls?« und »Was auch noch?« direkt in die Kundenergründung einsteigen.
- »Wie Sie unseren Unterlagen entnehmen können, empfiehlt uns die Zeitschrift X aus folgenden Gründen weiter: ...«
  Jetzt zählen Sie die Gründe auf und fragen Ihren Gesprächspartner, ob das für ihn auch wichtige Gründe sind. Wenn ja, dann testen Sie die Kaufbereitschaft oder steigen mit Was-auch-noch-Fragen in die Kundenergründung ein.

Auch hat sich bewährt, wenn Sie mit einer einleitenden Erklärung direkt in die Kundenergründung reingehen. Zum Beispiel:

- »Sie haben eine Dokumentation unserer Produkte verlangt, und die haben Sie vor ca. einer Woche bekommen. Damit Sie von den vielen Möglichkeiten, die Sie zur Auswahl haben, das Optimale finden, möchte ich Ihnen ein paar Fragen stellen. Ist Ihnen das recht?«

Wie Sie bereits wissen, soll die nächste Frage konkret sein und zum Ziel führen. Gewöhnen Sie sich an, dass Sie zuerst offene Fragen stellen und geschlossene erst im Verlauf des Gesprächs. Wenn Sie zu früh geschlossene Fragen stellen, dann gibt der Kunde brav auf Ihre Fragen Antwort, und das, was er eigentlich möchte, bleibt oft auf der Strecke. Wenn Sie zum Beispiel fragen: »Gefällt Ihnen grün?«, wissen Sie bei einem Nein noch nicht, was ihm gefällt. Mit folgenden Fragen finden Sie heraus, welche Wünsche und Bedürfnisse der Kunde hat:

- »Worauf legen Sie bei ... Wert?«
- »Auf was achten Sie bei ...?«
- »Was erwarten Sie von ...?«
- »Wenn Sie ... machen, was müsste es Ihnen bringen?«
- »Falls Sie mit uns zusammenarbeiten würden, was wäre Ihnen dann wichtig?«

Achten Sie darauf, dass der Kunde spricht und nicht Sie. So erfahren Sie auf eine einfache Art, welche Einstellungen, Wünsche und Ziele der Kunde hat. Muntern Sie den Kunden unbedingt auf, dass er noch weitere Dinge sagt, die ihm wichtig sind. Zum Beispiel:

- »Mhmm.«
  Oft ist nicht mehr nötig, damit der Kunde weiterspricht.
- »Was wäre für Sie auch noch wichtig?«
  Schweigen und Antwort abwarten.
- »Mhmm.«
  Denken: »Ich mag dich!«
- »Was sollte sonst noch erfüllt sein?«
  Gut hinhören und Notizen machen.

- »Mhmm.«
- »Was müsste ebenfalls berücksichtigt werden?«

Während der Kundenergründung können Sie durchaus Vorschläge und Ideen einbringen. Wichtig ist, dass Ihre Aussagen mit Nutzen gespickt sind und dass Sie nach jeder Aussage eine Kontrollfrage stellen, damit Sie wissen, ob der Kunde an Ihren Ideen/Vorschlägen Gefallen findet oder nicht.

Mit den Informationen, die Sie vom Kunden erhalten, beginnen Sie, ein Puzzle zusammenzusetzen. Fragen Sie solange, bis Sie alle Details kennen und Unklarheiten beseitigt sind.

Wiederholen Sie jetzt alle seine Antworten, und fragen Sie nach dem oder den wichtigsten Punkten. Zum Beispiel:

- »Was ist Ihnen am wichtigsten?«
- »Auf welche Dinge legen Sie am meisten Wert?«

Jetzt kennen Sie die Wünsche und Bedürfnisse des Kunden, und Sie wissen auch, auf welche Dinge Ihr Kunde am meisten Wert legt. Sie haben sein Vertrauen gewonnen und können nun, gepaart mit Ihrem Fachwissen, einen konkreten Vorschlag machen und die Kaufbereitschaft testen. Zum Beispiel:

- »Anhand Ihrer Informationen ist das Produkt X aus folgenden Gründen genau das Richtige.«
  Aufzählung der Nutzen und danach direkt die Kaufbereitschaft mit einer der vielen Möglichkeiten testen, die wir durchgenommen haben – zum Beispiel: »Möchten Sie es abholen oder sollen wir es Ihnen bringen?«
- »Angenommen, ich könnte ... erfüllen, würden Sie es dann nehmen?«

Sie werden merken, dass viele Kunden jetzt kaufen, und oft werden Sie staunen, wie einfach das Verkaufen doch ist. Manchmal zögert der Kunde noch, und er möchte noch nicht kaufen; meistens steht jetzt noch etwas zwischen Ihnen und dem Abschluss. Das gilt es nun herauszufinden. Entweder Sie gehen zurück in die Kundenergründung, zum Beispiel: »Ihre Antwort sagt mir, dass es noch Dinge gibt, die Sie zögern lassen und die

Sie mir noch nicht gesagt haben. Was ist es?« Oder Sie gehen in die Einwandbehandlung. Wenn Sie mehr verkaufen möchten, dann müssen Sie herausfinden, wo der Schuh drückt. So können Sie die Druckstelle entfernen und Ihr Produkt verkaufen.

Im schlimmsten Fall finden Sie so schnell heraus, dass Sie nicht der richtige Partner sind. Das können Sie dem Kunden sagen, und Sie können zum nächsten Punkt auf Ihrer Checkliste gehen. Bleiben Sie trotzdem am Ball, bis Sie alle Punkte auf der Checkliste abgehakt haben. Ich habe schon x-mal erlebt, dass ich etwas ganz anderes verkaufen konnte und dass ich super Weiterempfehlungen etc. bekam. Anschließend können Sie den nächsten Kunden anrufen – und das Spiel beginnt von neuem.

Denken Sie immer wieder: Im Verkauf geht es nicht darum, dass Sie jedem etwas verkaufen, sondern dass Sie denen etwas verkaufen, die zu Ihnen passen, und dass Sie dies möglichst schnell und treffsicher herausfinden. So können Sie wesentlich mehr Kunden kontaktieren und haben dadurch auch automatisch viel mehr Chancen.

Tanner: Umberto, wann soll ich mit einer Nutzenaufzählung wie zum Beispiel: »Andere Kunden finden X, Y und Z *(Kundennutzen aufzählen)* wichtig. Finden Sie das auch wichtig?« in die Kundenergründung einsteigen?

Saxer: Bei Kundengruppen, bei denen immer die gleichen Antworten kommen. Wenn Sie zum Beispiel jemanden fragen, was ihm an einer Versicherung wichtig sei, dann hören Sie oft: »Günstige Prämie, gute Zahlung im Schadenfall, gute Betreuung«.
Diese Punkte kann man mit der Nutzenaufzählung vorwegnehmen. Sie können sagen: »Unsere Kunden schätzen das gute Preis-Leistungs-Verhältnis, das wir haben: dass wir im Schaden gut und schnell zahlen und dass man wirklich gut betreut wird. Sind das für Sie auch wichtige Punkte?« Die meisten werden Ja sagen – und jetzt gehen Sie in die Ergründung rein, indem Sie fragen: »Was ist Ihnen sonst/ebenfalls und auch noch wichtig?«
Die Nutzenaufzählung verwende ich auch, wenn ich dem

Gespräch ab Beginn eine Richtung geben möchte. Zum Beispiel: »Andere Kunden schätzen an diesem Nachtsichtgerät, dass es sehr klein, handlich und innerhalb von Sekunden einsetzbar ist und dass man damit in der Nacht gestochen scharf sieht. Schätzen Sie diese Punkte auch?« Das Gespräch hat jetzt eine Richtung. Wenn ich nun frage, was ihm auch noch wichtig ist, fällt meinem Kunden das Antworten leicht.
Mit der Nutzenaufzählung arbeite ich auch gerne, wenn ich sehr schnell in den Abschluss gehen möchte. Zum Beispiel (mein Kunde hat das Buch, jedoch das Hörbuch »Bei Anruf Erfolg« noch nicht):

Saxer: Meine Kunden schätzen am Hörbuch »Bei Anruf Erfolg«, dass es dieses Buch optimal unterstützt, dass man Kapitel, die einem wichtig sind, immer wieder hören kann, unter anderem beim Autofahren, entspannt auf der Polstergruppe, mit Mitarbeitern auf Sitzungen etc. Das führt dazu, dass das Wissen dieses Buches noch schneller in klingende Münzen umgesetzt werden kann. Sind das für Sie auch wichtige Punkte?

Kunde: Ja sicher.

Saxer: In dem Fall ist das Hörbuch das Richtige für Sie. Es besteht aus vier Kassetten oder vier CDs. Haben Sie lieber Kassetten oder CDs oder beides?

Kunde: Senden Sie mir beides, zu Hause kann ich dann CDs hören und im Auto Kassetten.

Saxer: Herzlichen Dank für den Auftrag. Mich würde noch interessieren, wie viele Mitarbeiter von Ihnen Kundenkontakt haben.

Kunde: Mit dem Innendienst sind es 54 Leute, die Kundenkontakt haben.

Saxer: Die Fachpresse schreibt immer wieder, dass sich Firmen in den Produkten und Dienstleistungen immer weniger unterscheiden. Große Spielräume gibt es jedoch noch im richtigen verkäuferischen Verhalten der einzelnen Mitarbeiter. Darum empfehle ich Ihnen, dass Sie für alle 54 Leute das Buch und das Hörbuch »Bei Anruf Erfolg« anschaffen. Das ist eine sehr kleine Investition, die Sie so pro Mitarbeiter tätigen, und Sie stellen fest, dass sie sehr schnell amortisiert ist und Sie noch mehr Erfolg haben werden. Was meinen Sie dazu?

Kunde: Dies leuchtet ein, es ist wirklich sehr wenig Geld, wenn man bedenkt, was Mitarbeiter kosten. Wenn meine Mitarbeiter nur einen kleinen Teil umsetzen, hat sich die Investition um das x-fache gelohnt. Senden Sie mir 60 Bücher und je 30 Hörbücher auf CD und Kassette, so habe ich noch ein paar zum Verschenken.

Beim Beispiel vom Schritt 1, Verkaufstraining, würde der Schritt 2d, die Ergründungs-Methode, wie folgt klingen:

Höscheler: Ja, das hat mich sehr an Ihrer Verkaufskybernetik beeindruckt.

Saxer: Schön, das Leben wird einfach schöner, wenn man leichter, schneller und mehr verkaufen kann. Darum möchte ich Sie fragen: Nur mal angenommen, Sie kommen zu mir an ein Verkaufsseminar, worauf würden Sie dann Wert legen?
Was auch noch?
Mhmm.
Was sonst noch?
Etc.

Die Wichtigkeit von Nachfassgesprächen in anderen Bereichen

Saxer: Nachfassgespräche sind nicht nur im Verkauf wichtig. Auch in vielen anderen Bereichen sollte man es sich zur Gewohnheit machen, Nachfassgespräche zu führen. Wo zum Beispiel?

Meier: Bei Journalisten.

Saxer: Richtig. Ein Journalist wird bombardiert mit Pressemitteilungen. Wenn Sie da nicht mittels Telefon auf sich und Ihr Produkt aufmerksam machen, dann passiert in den meisten Fällen gar nichts. Was für andere Bereiche gibt es noch?

Farner: Bei Lieferanten. Nicht alle Lieferanten sind hundertprozentig zuverlässig. Wenn etwas also wirklich dringend ist, dann rufe ich zur Sicherheit immer ein paar Tage vor dem vereinbarten Liefertermin an.

Saxer: Das machen Sie richtig. Der Auftrag könnte ja untergegangen sein. Oder ein Missverständnis beim Liefertermin. Durch dieses Nachfassgespräch gibt der Lieferant Ihrem Auftrag auch eine höhere Priorität. Ein weiterer Vorteil dieses Nachfassgespräches ist, dass Sie im schlimmsten Fall zumindest schon frühzeitig über Verspätungen informiert wären und Gegenmaßnahmen ergreifen könnten. Ich empfehle Ihnen, solche Nachfassgespräche in Ihrem Terminplan zu notieren. Nachfassgespräche sind enorm wichtig!

Kybernetisch Zusatzverkäufe holen

Die G. Bianchi AG ist das führende Feinkostgeschäft in der Schweiz. Sie beliefert sehr viele Hotels, Restaurants und Großverbraucher. Bei Bianchi geht es zu wie an einer kleinen Börse, zehn Verkäufer sind pausenlos am Telefonieren. Viele Küchenchefs wissen, um welche Zeit die Firma Bianchi anrufen wird, und daher sind sie mehrheitlich vorbereitet und wissen, was sie brauchen.

Als ich einen Schulungsauftrag bekam, kamen mir bei der Vorbereitung zuerst Zweifel, ob diese zehn Mitarbeiter überhaupt eine Verkaufsschulung brauchen. Sie waren bereits äußerst freundlich, kundenorientiert, kompetent und top motiviert. Man spürte so richtig, dass sie die Marktleader sind. – Bei meinen Vorbereitungen wurde nur ein Punkt speziell aufgedeckt: dass sie nach einer Bestellung selten etwas Zusätzliches anbieten.

Als ich Ihnen am Seminar vorschlug, mittels einer Checkliste immer etwas Zusätzliches anzubieten, haben einzelne Mitarbeiter mir zuerst fast den Kopf abgerissen und gesagt: »Herr Saxer, das geht doch nicht, meine Kunden wissen genau, was sie brauchen, da kann man nichts mehr Zusätzliches anbieten!«

Der »Vater« Bianchi war am Seminar dabei und hat mir geholfen. Er hat gesagt: »Machen wir es doch einfach mal. Wir haben große Shrimps, nehmen wird doch die als Hit morgen auf die Checkliste und bieten sie genau so an, wie uns das Herr Saxer lehrt. Wenn wir so nur ein paar Kilogramm zu 32 Franken zusätzlich verkaufen, dann hat es sich schon gelohnt.«

Am nächsten Tag ist es dann eingetroffen! Keiner hat erwartet, dass es so stark einschlagen wird, nicht einmal ich. Es wurden über 1,2 Tonnen zusätzliche Shrimps verkauft! Das entspricht einem zusätzlichen Umsatz von 36.000 Franken – und die nur an einem Tag.

Ein paar Tage später sagte der »Vater« Bianchi zu mir: »Sie haben wirklich ein hohes Honorar, aber Sie können mir glauben – es ist bereits bezahlt.«

Später hat der Betriebsleiter Herr Rudolf Bachmann zu mir gesagt: »Umberto, jetzt testen wir die Saxer-Methode mit etwas ganz Neuem. Wenn das geht, dann ist bei uns der letzte Skeptiker auch noch überzeugt. Seit es die Firma Bianchi gibt, haben wir noch nie Pilze angeboten. Wir werden jetzt mit dem gelernten Zusatzverkauf-System Pilze anbieten.«

Als ich das nächste Mal bei der Firma Bianchi vorbeikam, standen überall kistenweise Pilze. Auf meine Frage an Herrn Bachmann, ob der Pilzkrieg bei ihnen ausgebrochen sei, sagt er: »Umberto, es hat funktioniert, in einer Stunde sind diese Pilze alle unterwegs zu unseren Kunden. Wir waren dermaßen erfolgreich, dass wir in wenigen Tagen den Pilzmarkt teilweise an uns gerissen haben. Wir haben sogar eingeschriebene Briefe von Mitbewerbern bekommen, dass sie es nicht fair finden, dass wir jetzt auch noch Pilze anbieten und dass wir uns aus diesem Markt zurückziehen sollen.«

1999 erzählte ich diese Geschichte an einem Motivationstag. Während den Vorbereitungen für diesen Motivationstag habe ich Herr Bachmann angerufen und ihn nach dem Stand der Umsetzung des Gelernten gefragt.

Herr Bachmann hat mir Folgendens gesagt: »Umberto, seit dem ersten Seminar vor zwei Jahren wenden wir konsequent dein Zusatzverkauf-System mit weiterhin wachsendem Erfolg an. Unter der Woche wird jeden Tag ein Hit angeboten und am Freitag ein spezieller Hit. Neue Produkte können so unglaublich schnell bekannt und effizient zusätzlich verkauft werden. Das sind oft neue Produkte, die noch nie geführt wurden, wie vegetarische Gerichte, Ravioli etc. Am Freitag hatten wir früher den schlechtesten Tag, weil die Hotels und Kantinen an das Wochenende denken. Am Freitag konnte mit dem speziellen Hit der Umsatz dermaßen angeheizt werden, dass er jetzt vielfach der beste Tag der Woche ist. Es ist sogar so weit, dass teilweise die Kunden am Donnerstag schon fragen, was am Freitag der Hit ist.

Ganz interessant ist, dass sich unsere Kunden im Positiven daran gewöhnt haben, dass wir etwas Zusätzliches anbieten und dass Sie gespannt auf das Angebot warten oder von sich aus bereits danach fragen.

Interessant ist auch, dass neue Produkte, die so eingeführt wurden, oft von den Kunden nachbestellt werden. So kann das Sortiment erfolgreich immer breiter abgestützt werden, und die Firma Bianchi wird bei ihren Kunden immer gewichtiger als Lieferant berücksichtigt.

Umberto, deine Seminare sind einmalig, sie haben nicht nur viel, sondern äußerst viel gebracht, und mit deiner CD oder Kassette »Bei Anruf Erfolg« können wir die Verkaufskybernetik immer wieder wiederholen, so dass wir sie schließlich ganz automatisch anwenden.«

Nach diesen schönen Worten war ich gerührt. Seit Jahren bewundere ich Menschen die ehrlich gemeinte Komplimente nicht nur denken, sondern offen aussprechen.

Liebe Freunde, so wie bei der Firma Bianchi die Zusatzverkäufe brach lagen, liegen sie möglicherweise auch bei Ihnen brach. Wie oft hätten Sie in einem Lokal etwas Zusätzliches konsumiert, wenn es die Bedienung richtig gemacht hätte? Wie oft haben Sie schon etwas gekauft – und zu Hause dann gemerkt, dass die Batterien, ein Kabel, passendes Papier etc. fehlten? Haben Sie sich da auch über das Verkaufspersonal geärgert? Wie oft waren Sie schon in einem Kleidergeschäft und hätten mehr eingekauft, wenn Ihnen der Verkäufer auf eine angenehme Art mehr angeboten hätte?

Diese Aufzählung könnte man fast unendlich weiterführen. Zusatzverkäufe werden fast in jeder Branche und fast in jedem Bereich sträflich vernachlässigt. Fast alle Versicherungsgesellschaften in Europa haben das gleiche Problem – ein Großteil Ihrer Kunden sind so genannte »Ein-Policen-Kunden«! Das heißt, dass fast alle Verkäufer sich in der Vergangenheit beim Verkaufen von zusätzlichen Produkten und Dienstleistungen stümperhaft verhalten haben! Teilweise fragen Manager und Verkäufer nach dem Zusatzverkauf, aber fast alle tun das zu zaghaft. Es reicht nicht, wenn man sagt: »Wir haben auch sehr gute Kapitalanlagen« oder: »Brauchen Sie nicht noch etwas?« Solche Aussagen sind zu wenig konkret, der Kunde hört, sieht und spürt zu wenig Nutzen für sich, und er wird nicht zu einer Handlung motiviert.

Wie man zu einer Handlung motiviert wird, spürte ich ganz deutlich in Österreich in einem guten Lokal. Nach dem Essen kam der Kellner mit einem Dessertwagen, auf dem frische Kuchen, Torten, Cremes, Früchte und vieles mehr waren. Der Kellner fragte nicht mehr: »Möchten Sie Kaffee?« Kaffee war klar! Er sagte: »Zum Kaffee empfehle ich Ihnen unsere hausgemachten Torten, Kuchen und Cremes. Welche darf ich Ihnen geben?« Verkäuferisch einfach genial. Indem er sagte: »Zum Kaffee empfehle ich Ihnen unsere hausgemachten Torten, Kuchen und Cremes. Welche darf ich Ihnen geben?« hat er uns die Entscheidung, ob wir Kaffee und Dessert möchten, einfach abgenommen. Wir konnten nur noch genießen. Übrigens, zum Dessert verkaufte uns der Kellner noch feine Schnäpse. Wir wurden wie Könige verwöhnt und gaben unser Geld gerne aus.

Saxer: Liebe Freunde, wann beginnt das Zusatzgeschäft?

Farner: Ich denke, nach dem Abschluss.

Saxer: Mhmm, dann muss das Zusatzgeschäft schon längst passiert sein! Zusatzgeschäfte entstehen schon lange bevor Sie mit einem Kunden Kontakt haben. Zusatzgeschäfte entstehen zuerst in Ihrem Kopf – und danach, indem Sie ein Blatt Papier nehmen und darauf aufschreiben, was Sie alles erreichen und anbieten möchten. So entsteht eine Checkliste, und Sie brauchen nur noch etwas Mut, damit Sie die Checkliste auch einsetzen.
Sagen Sie sich laut: »Zusatzverkäufe sind für mich möglich, und ich werde zukünftig, wann immer sich die Gelegenheit bietet, meine Kunden gezielt darauf ansprechen.« Mit dieser Geisteshaltung werden Zusatzgeschäfte selbstverständlich.

Liebe Freunde und Leser, wenn Sie zukünftig mehr Zusatzverkäufe tätigen, dann bekommen Sie mehr Selbstvertrauen, mehr Selbstbewusstsein, mehr Anerkennung und mehr Freude an sich selbst. Ihre Tätigkeit als Angestellter oder Selbständiger wird sicherer, und Sie werden beruflich und geschäftlich mehr Chancen haben. Sie werden früher oder etwas später wesentlich mehr verdienen.

Mit Zusatzverkäufen wird Ihre Firma wesentlich mehr Gewinne realisieren, weil die Fixkosten bereits bezahlt sind. Die Wettbewerbsfähigkeit

Ihrer Firma wird sich dadurch verbessern, und wenn es Ihrer Firma besser geht, dann geht es auch Ihnen besser!

Mit Zusatzverkäufen bekommt Ihr Kunde einen kompetenten Eindruck von Ihnen und Ihrer Firma. Seine Wünsche und Bedürfnisse werden voll befriedigt, und Ihr Kunde fühlt sich wohl und verstanden. Er wird sich zukünftig vermehrt zu Ihnen und Ihrer Firma hingezogen fühlen – die Kundenbindung wächst.

Sie werden sehen, hören und fühlen, dass alle von Zusatzverkäufen profitieren. Also jetzt los! Sagen Sie sich jetzt: »Ich bin nicht mehr aufzuhalten, ich werde, wann immer sich die Gelegenheit bietet, Zusatzverkäufe tätigen!«

Zusatzgeschäfte werden in vier Stufen erreicht:

- Stufe 1: Wollen und Können
- Stufe 2: Ziele setzen und Checkliste erstellen
- Stufe 3: Checkliste begründen und sagen, um was es geht, und Kundennutzen sagen
- Stufe 4: Kaufbereitschaft testen

Stufe 1: Wollen und Können

Sie müssen Zusatzgeschäfte wirklich machen wollen, nur so unternehmen Sie die nächsten Schritte.

Sagen Sie sich jetzt: »Ich kann lernen, mehr Mut zu bekommen, damit ich meine Kunden, wann immer sich Gelegenheit dazu bietet, auf Zusatzgeschäfte anspreche. Ich kann lernen und lerne ab jetzt, mehr Zusatzgeschäfte zu tätigen. Ich kann das mit jedem Tag und in jeder Hinsicht immer besser, besser und besser.«

Stufe 2: Ziele setzen und Checkliste erstellen

Setzen Sie sich damit auseinander, wann, wo und in welchem Umfang Zusatzgeschäfte möglich sind. Holen Sie sich Ideen von Kunden, Arbeitskollegen und Mitbewerbern. Sie werden erstaunt sein, wie viele Möglichkeiten von Zusatzverkäufen Sie finden werden.

Setzen Sie sich täglich Ziele, wann und wo Sie welche Zusatzverkäufe anbieten werden. Zu jedem Kundengespräch gehört eine Checkliste, worauf notiert ist, was Sie alles erreichen und anbieten möchten.

Stufe 3: Checkliste begründen und sagen, um was es geht, und Kundennutzen sagen

Wenn Sie einfach darauf losfragen und einen Punkt nach dem anderen bei Ihrem Kunden abchecken, könnte er sich plötzlich ausgefragt vorkommen!

Sobald Sie einige zusätzliche Punkte abchecken möchten, empfehle ich, dass Sie zuerst Ihrem Kunden begründen, warum Sie das tun werden. Ein Beispiel:

- »Herr Kunde, Sie haben bei uns ein Konto eröffnet, und es gibt möglicherweise noch einige Dienstleistungen und Anlagemöglichkeiten, von denen Sie oder Familienmitglieder stark profitieren können. Damit diese nicht vergessen werden, haben wir eine Checkliste erstellt. Haben Sie nochmals fünf bis zehn Minuten Zeit, damit wir gemeinsam diese Checkliste am Telefon durchgehen können?«

Sie werden erstaunt sein, wie einfach das geht und wie gut Sie mit Checklisten selbst bei Ihren Kunden ankommen.

Nachdem Sie die Checkliste begründet haben, können Sie zu den einzelnen Punkte auf der Checkliste gehen. Bei Produkten bei denen sich der Kunde den Nutzen selbst denken kann, ist es ein einfaches Abchecken. Zum Beispiel: Wenn der Kunde ein Drucker gekauft hat, müssen Sie auf der Checkliste beim Punkt »Druckerkabel« nicht lange begründen, warum er ein Druckerkabel braucht. Sie können einfach sagen: »Wie sieht es aus mit dem Druckerkabel?« oder: »Wie lange soll das Druckerkabel sein?«

Wenn Sie eine Hausratversicherung verkauft haben und zum Punkt »Lebensversicherung« auf der Checkliste kommen, dann müssen Sie klar sagen, um was es geht und welche Nutzen Ihr Kunde von einer Lebensversicherung hat. Bei diesen Dingen ist es äußerst wichtig, dass Sie die Nutzen deutlich und mit einer einfachen Sprache so rüberbringen, dass

Ihr Kunde weiß, um was es geht und seine Nutzen deutlich erkennt. Er soll sich zum Inhalt Ihrer Aussage hingezogen fühlen!

Beim aktiven Telefonverkauf haben Sie in diesem Buch bereits gelernt, wie Sie ohne Beratung verkaufen können. Sie haben gelernt, wie Sie Kunden ansprechen, ihnen sagen, um was es geht, und den Kundennutzen sagen. Diese kybernetische Methode können Sie auch für Zusatzverkäufe verwenden.

Wenn Sie nach dem Ansprechen merken, dass der Kunde Beratung braucht, dann gehen Sie in die Kundenergründung.

Stufe 4: Kaufbereitschaft testen

Sie wissen bereits wie.

Tanner: Umberto, kannst du uns da ein paar Beispiele machen, wie wir zusätzliche Dinge verkaufen können?

Saxer: Mache ich gerne.

Beispiel 1

Der Kunde hat bei mir im Geschäft eine Hose gekauft. In Kleidergeschäften ist mehrheitlich eine offene Checkliste, die Sie begründen, nicht nötig.

Saxer: Herr Kunde, ich zeige Ihnen jetzt zu dieser Hose noch passende Hemden.
In diesem Fall wird angenommen, dass der Kunde noch Hemden braucht, und ich frage ihn gar nicht mehr, sondern ich zeige ihm die passenden und frage ihn dann, welche er möchte. Danach geht es mit Krawatten etc. weiter. Ich werde mich stur an meine Checkliste halten, die ich schon lange bevor der Kunde zu mir ins Geschäft kam erstellt und eingeübt habe.

Beispiel 2

Sie haben einen Fotokopierer verkauft und den Einstieg in die Checkliste begründet und kommen nun zum Punkt »Papier«.

Saxer: Herr Kunde, wir wissen, dass unsere Fotokopierer mit unserem Papier einwandfrei laufen, dass es keine Papierstaus gibt und dass die Kopierqualität einwandfrei ist. Sie können sich auf unser Papier immer verlassen. Für unsere Kunden haben wir ein Jahresabo. Wir rechnen gemeinsam aus, wie der ungefähre Jahresbedarf an Papier ist, und dann können Sie das Papier während des Jahres immer wieder in der gewünschten Menge abrufen. So müssen Sie weniger lagern, haben trotzdem immer genügend Papier, die Papierqualität stimmt immer – und vor allem ist sie immer gleich. Möchten Sie diesen Service nutzen, weniger Lager und immer eine gute und gleich bleibende Papierqualität haben?

»Möchten Sie ...« ist eine Entscheidungsfrage und so gesehen nicht erlaubt. Da sie aber klar auf Kundennutzen gestellt wurde, ist sie doch erlaubt und sehr gut in der Wirkung!

Wenn Sie es kürzer haben wollen, können Sie auch wie folgt vorgehen:

Herr Kunde, unsere Erfahrungen zeigen, dass unsere Fotokopierer mit unserem Papier einwandfrei laufen, dass es keine Papierstaus gibt und dass die Kopierqualität einwandfrei ist. Ich nehme an, dass das für Sie auch wichtige Punkte sind, wie viel Papier brauchen Sie? Oder: Wann brauchen Sie wieder Papier?

Dass er Papier braucht, ist klar. Die Frage ist nur wie viel und/oder wann.

Beispiel 3

Sie haben Papier verkauft, den Einstieg in die Checkliste begründet und kommen nun zum Punkt »Kombi-Gerät«.

Saxer: Herr Kunde, es gibt neue Laserdrucker, die besser und komfortabler kopieren können als herkömmliche Fotokopierer. Faxe kann man mit ihnen in Laserqualität empfangen, und Faxe versenden ist sehr einfach und komfortabel. Weil drei Geräte optimal in einem integriert sind, sparen Sie Kosten und Platz. Kunden von mir, die umgestellt haben und jetzt diese Dreierkombination nutzen, würden nie mehr zu den alten Geräten zurückkehren. Sie haben mir bestätigt, dass sich die Umstellung wirklich lohnt. Ab wann ist eine Umstellung für Sie ein Thema?

Der Zusatzverkauf kann summenmäßig viel höher sein als der Verkauf. Wichtig ist, dass man immer wieder neue Geschäfte anbahnt – und der Zusatzverkauf kann auch eine neue Anbahnung eines weiteren Geschäftes sein. Die Frage: »Ab wann ist das ein Thema für Sie?« *hat sich sehr bewährt.*

Beispiel 4

Sie konnten Ihre Durchflussmesser in einem Projekt integrieren und sind mit folgenden Worten in die Checkliste eingestiegen: »Herzlichen Dank für den Auftrag. Damit ich Sie optimal betreuen kann und alles zu Ihrer Zufriedenheit läuft, habe ich eine Checkliste erstellt, die ich gerne mit Ihnen durchgehen möchte, haben Sie nochmals ein paar Minuten Zeit?«

Ein Punkt auf der Checkliste betrifft zukünftige Projekte:

Saxer: Herr Kunde, damit ich Sie bei zukünftigen Projekten optimal mit Rat und Tat unterstützen kann, interessiert mich, was für Projekte offen sind.

Je selbstverständlicher Sie nach zukünftigen Projekten fragen, desto besser ist die Wirkung.

Beispiel 5

Der Kunde hat eine Fotokamera bei Ihnen bestellt, und Sie kommen nun zum Punkt »Filme« auf Ihrer Checkliste. (Es ist ein Verbrechen, wenn Sie in diesem Fall ohne Checkliste arbeiten.)

Saxer: Sie brauchen noch Filme, und wir haben qualitativ sehr gute 36er-Filme im Zehnerpack für nur 19 Euro. Diese Filme lassen sich fast unbeschränkt im Kühlschrank lagern, und so haben Sie immer genügend Filme für Ihre Kamera. Wie viele Zehnerpack möchten Sie?

Produkte in Pakete oder Einheiten zu schnüren, ist eine gute Sache.

Beispiel 6

Kunde bestellt bei Ihnen ein Handy, und Sie kommen nun zum Punkt »Freisprechen« auf Ihrer Checkliste.

Saxer: Möchten Sie während dem Autofahren sicher telefonieren können und auch so, dass Sie nicht Gefahr laufen, eine Strafe zu bekommen?

Kunde: Ja.

Saxer: Dann brauchen Sie noch den Kopfhörer mit Mikrofon und ein Ladekabel, damit Sie das Handy während dem Autofahren aufladen können. Zusammen macht das 80 Euro. So können Sie gut während dem Autofahren Anrufe entgegennehmen und sicher und straffrei telefonieren. Ist das gut so?

Die Frage »Ist das gut so?« ist auch eine Entscheidungsfrage und – wie Sie bereits wissen – als solche heikel. Darum ist es wichtig, dass Sie es so formulieren, dass es eigentlich klar ist, dass es gut ist.

Beispiel 7

Kunde kauft bei Ihnen fünf Vereinsfahnen.

Saxer: Damit nichts vergessen wird, haben wir eine Checkliste erstellt. Wie sieht es aus mit den Masten?
Sie können Zusatzprodukte, die direkt dazugehören, gut mit dieser Frageart testen. Zu dieser Frageart gehören auch noch:

- »Haben Sie an ... gedacht?«
- »Erfahrungsgemäß sind noch X, Y und Z nötig. Wie viele brauchen Sie von denen?«
- »Was brauchen Sie noch dazu?«

Etc.

Beispiel 8

Sie haben ein Auto verkauft und kommen nun zum Punkt »Zweitauto« auf Ihrer Checkliste.

Saxer: Es geht um das Auto Ihrer Frau, vermutlich wird es früher oder später auch ersetzt werden. Damit ich Ihnen ein super Angebot machen kann, würde mich interessieren: Wann ist für Ihre Frau ein neues Auto oder ein guter Gebrauchtwagen ein Thema?

Beispiel 9

Sie haben eine Privathaftpflichtversicherung verkauft, oder ein Kunde hat bei Ihnen ein Konto eröffnet. In der Schweiz gibt es die »dritte Säule« (eine steuerbegünstigte Sparform), und Banken und Versicherungsgesellschaften können diese verkaufen.

Saxer: Herr Kunde, Sie haben vermutlich auch schon von der dritten Säule gehört. Das ist eine Möglichkeit, bei der Sie als Angestellter bis 6000 Franken pro Jahr sparen können, und der Staat zahlt Ihnen bei 6000 Franken rund 2000 Franken in Form von Steuerein-

sparungen dazu. Obwohl Sie für jede Einzahlung so rund 2000 Franken vom Staat zurückerstattet bekommen, haben Sie bei der dritten Säule mehr Zins als auf einem Anlagekonto oder einer Obligation. Zum langfristigen Geldvermehren ist es etwas vom Besten, was es gibt. Ab wann ist eine dritte Säule ein Thema für Sie?
(Anmerkung: Die genannten Zahlen ändern sich alle ein bis zwei Jahre.)

Kern: Umberto, was soll ich tun, wenn der Kunde mir sagt, dass er das schon gemacht hat?

Saxer: Erstens: Gratulieren Sie ihm dazu, und dann sagen Sie: »Nur einmal angenommen, wir vergleichen das mit meinem Angebot, und Sie stellen fest, dass sich ein Wechsel lohnt, wirklich lohnt. Würden Sie dann wechseln, wenn es sich für Sie wirklich lohnen würde?«
Zweitens: Gehen Sie zum nächsten Punkt auf Ihrer Checkliste!

Sie fragen sich vielleicht: »Wie kann ich die Zusatzverkauf-Techniken in meiner Tätigkeit anwenden?« Am besten ist, wenn Sie zuerst eigene Checklisten erstellen (wenn Sie es nicht schon getan haben) und dann aufschreiben, wie Sie die einzelnen Punkte auf der Checkliste Ihrem Kunden sagen werden. Schreiben Sie sie nicht in Stichworten auf, schreiben Sie sie unbedingt in den Worten auf, wie Sie es Ihrem Kunden sagen.

Ich weiß, am Anfang ist das noch Knochenarbeit – jedoch: Je häufiger Sie solche Dinge für sich formulieren, desto leichter wird es Ihnen fallen. Weitere Beispiele für Zusatzverkauf-Gespräche finden Sie unter http://www.umberto.ch.

Wenn Sie Lust haben, können Sie sogar eigene Beispiele bei uns auf die Homepage stellen. Das ist eine echte Bereicherung, denn so können wir alle voneinander profitieren! Übrigens auch Sie selbst, denn Sie werden sich mit den Beispielen stark auseinander setzen, bevor Sie sie mir auf die Homepage stellen. Das bewirkt, dass es einen Teil von Ihnen wird – und so werden Sie immer besser, besser und noch besser.

Tanner: Umberto, wer kann mir helfen, wenn ich bei einzelnen Formulierungen Mühe habe?

Saxer: Wende dich an das Verkäuferforum. Wie du bereits weißt, findest du das Forum auf meiner Homepage. Dort kannst du uns schreiben, was du verkaufst, was die Nutzen für die Kunden sind und wo du bei den Formulierungen Mühe hattest. Deine Forum-Kollegen werden dir dann helfen, griffige Formulierungen zu schreiben. Nutze dieses Verkäuferforum auch für andere Fragen, die du in Zusammenhang mit dem Verkauf hast. Es ist eine echte, kostenlose Hilfe für dich und uns alle! Du kannst auch Fragen beantworten. Dabei wirst du besonders viel lernen, weil du dich so stark damit auseinander setzt.
Wenn du möglichst viel von diesem Buch in deine Praxis umzusetzen möchtest, nutze doch die vielen Hilfen auf meiner Homepage und motiviere dich unbedingt zum Schreiben von eigenen Verkaufsleitfäden. Es ist wirklich eine der besten Möglichkeiten, um gelesenes Wissen zu einem Teil von dir werden zu lassen.

Wenn Sie die Umgebung und das Umfeld Ihres Kunden abchecken, laufen Sie immer wieder in neue Geschäfte rein.

Thomas Frei

Kybernetisches Inkasso per Telefon

Saxer: Ein guter Bekannter von mir gründete eine Handelsfirma und legte mit dem Verkauf so richtig los. Er hatte von Beginn an sehr viel Erfolg, und trotzdem kam er in große Zahlungsschwierigkeiten. Das ist ihm nur passiert, weil er dem Inkasso zu wenig Beachtung schenkte.
Je nach Branche, in der Sie tätig sind, ist bis zu eine Million Umsatz oder noch mehr nötig, damit Sie einen Gewinn von 60.000 Euro realisieren. Ich gehe davon aus, dass Sie für ein Geschäft mit einer Million Umsatz, sehr aktiv sind, dass Sie zum Telefon greifen oder den Kunden besuchen, wenn sich dadurch die Chance erhöht, das Geschäft hereinzuholen. Ist das so?

Tanner: Umberto, für so ein Geschäft bereite ich mich auf das Telefongespräch peinlichst genau vor, und wenn nötig, finde ich blitzartig einen Termin, um den Kunden zu besuchen.

Saxer: Mhmm, eine andere Situation: Ein Kunde von Ihnen hat einen ausstehenden Betrag von 60.000 Euro, und der Betrag ist überfällig. Sind Sie jetzt genauso aktiv beim Eintreiben dieses Geldes wie beim Hereinholen eines Geschäftes, welches Ihnen einen Gewinn von 60.000 Euro bringt?

Müller: Nein, ganz und gar nicht. Bis jetzt haben wir säumige Zahler nur schriftlich erinnert, dann gemahnt und dann gerichtlich eingetrieben. Wir haben es nicht für nötig befunden, den Kunden anzurufen, damit Wege gefunden werden, um die Außenstände zu begleichen.

Saxer: Das erstaunt mich immer wieder! Ob Sie eine Million Umsatz machen, damit Sie einen Gewinn von 60.000 Euro realisieren, oder ob Sie 60.000 Euro erfolgreich eintreiben – beides hat auf Ihren Reinertrag den genau gleichen Einfluss, und trotzdem wird das Eintreiben von Geld mehrheitlich nur schriftlich bewerkstelligt. Viele Menschen haben einfach Hemmungen, Kunden anzurufen, die mit der Zahlung im Verzug sind. Darum wird es nicht oder zu spät gemacht. Ich empfehle Ihnen, dass Sie über diesen Schatten springen und dem Eintreiben von Geld die gleich hohe Aufmerksamkeit schenken wie dem Hereinholen von Aufträgen.

Als ich noch Verkaufsleiter bei einer Versicherungsgesellschaft war, bezahlte ein 42-jähriger Fahrlehrer für seine kleine Lebensversicherung, die er vor 24 Jahren abgeschlossen hatte, nicht mehr die Prämien. Nach erfolgloser Mahnung wurde einer meiner Mitarbeiter mit dem Inkasso beauftragt. Mein Mitarbeiter rief den Kunden an, und der gab ihm folgende Auskunft: »Ich habe kein Geld, um diese Versicherung zu bezahlen.« Mit dieser Information landete die Zahlungsaufforderung bei mir auf dem Schreibtisch.

Die Aussage »Ich habe kein Geld, um diese Versicherung zu bezahlen« machte mich stutzig. Mit dem Einverständnis meines Mitarbeiters rief ich den Kunden noch einmal an und fragte ihn, was er mit der Aussage »Ich habe kein Geld, um diese Versicherung zu bezahlen« gemeint habe. Der Kunde erzählte mir, dass diese kleine Lebensversicherung ihn seit Jahren ärgere, weil diese Versicherung nichts dazu beitragen würde, dass er mit 60 finanziell abgesichert in den Ruhestand treten könne. Und das sei der Grund, warum er kein Geld habe, um diese Versicherung zu bezahlen. Ich ging dann auf seinen Wunsch ein und fragte ihn, ob er Geld für eine Lösung hätte, die es ihm mit Sicherheit auf eine einfache Art und Weise ermöglichen würde, mit 60 Jahren in den wohlverdienten Ruhestand zu gehen. An dieser Lösung war er sehr interessiert, und er hatte nach der Präsentation auch genügend Geld, um die notwendigen hohen Sparversicherungen zu finanzieren.

Wenn Sie zukünftig säumige Zahler anrufen, werden Sie merken, dass vielfach gute Gründe vorhanden sind, die Ihre Kunden von der Zahlung abhalten. Beim Lösen dieser Probleme werden Sie wiederum merken, dass Ihre Kunden oft zur Zahlung oder zu Teilzahlungen bereit sind und dass neue gute Geschäfte angebahnt und abgeschlossen werden können.

Stellen Sie sich vor, einer Ihrer Kunden hat für 20.000 Euro Rechnungen zu bezahlen und nur 15.000 Euro zur Verfügung. Was wird er tun? Er wird sich rational und gefühlsmäßig überlegen, welche Rechnungen er bezahlen soll und welche nicht. Ob Ihre Rechnung dabei ist oder nicht, hängt davon ab, wie hoch er die Priorität setzt, diese zu bezahlen.

Diese Priorität kann deutlich erhöht werden, wenn Sie Ihren Kunden anrufen. Von einigen Kunden, bei denen Sie ohne vorhergehenden Telefonanruf gerichtlich vorgehen, erhalten Sie trotzdem kein Geld. Und viele Kunden, die dann doch noch bezahlen, kaufen nie mehr etwas bei Ihnen und reden schlecht über Ihre Firma. Mit einem Telefonanruf im richtigen Moment können solche Folgen oftmals vermieden werden.

Vorbereitung für Inkasso-Anrufe

1. Abklärungen

Studieren Sie die Unterlagen, und stellen Sie fest, was bereits unternommen wurde. Nehmen Sie Rücksprache mit den zuständigen Personen. Kontrollieren Sie, ob der Rückstand Gewohnheit oder ein Einzelfall ist. Prüfen Sie, ob nicht heute Zahlungen vom Kunden eingegangen sind. Sie müssen vor dem Anruf ganz sicher sein, dass der Fehler nicht auf Ihrer Seite liegt.

2. Ziele setzen

Wenn Sie nur das Ziel haben, den ganzen Betrag sofort zu bekommen, dann sind viele Anrufe zum Scheitern verurteilt. Mit dieser Alles-oder-nichts-Ausgangslage stehen Sie am Telefon unter viel zu hohem Erfolgsdruck, und Sie wissen nicht mehr weiter, wenn der Kunde nicht sofort alles bezahlen kann. Fragen Sie sich daher vor dem Anruf: Gibt es Alternativen, die sowohl für den Kunden als auch für mich und die Firma akzeptabel sind, wenn der Kunde nicht sofort alles bezahlen kann?

Wenn alle Stricke reißen, dann hat der Kunde vielleicht noch Sachwerte, die Ihnen etwas nützen oder die Sie veräußern können. Mit Sachwerten haben Sie meistens mehr in der Hand als mit einem Schuldschein. Mein Vater hat in solchen Fällen schon fast alles in Zahlung genommen. Schreiben Sie mindestens drei Zahlungsalternativen auf, und formulieren Sie daraus Minimal- und Maximalziele. Damit Sie eines dieser Ziele sicher erreichen und die Gesprächsführung behalten, schreiben Sie sich den Gesprächsablauf in Stichworten auf. So haben Sie einen roten Faden, und Sie sind sicher, dass nichts vergessen wird.

3. Einstellung

Achten Sie zwingend darauf, dass Sie beim Telefonieren keinen Groll gegenüber Ihrem Kunden haben. Groll ist ein schlechter Freund für konstruktive Gespräche. Mit Groll wurde schon viel Geschirr zerschlagen und schon viel gesagt, das einem später Leid getan hat!

Sie werden Ihre Ziele viel schneller erreichen, wenn Sie Ihren Kunden mögen und ihm Verständnis für seine Situation zeigen. Denken Sie immer wieder: »Ich mag dich.«

Gesprächsführung für Inkasso-Anrufe

1. Vertrauen aufbauen

Es ist nie eine Firma, die nicht bezahlt, es ist immer eine Person, die nicht bezahlt!

Rufen Sie die für die Bezahlung zuständige Person an, und bauen Sie Vertrauen auf, indem Sie eine bis vier unbestreitbare Wirklichkeiten äußern.

2. Sagen Sie, um was es geht, und steigen Sie in die Lösungsfindung ein

Sagen Sie nicht, dass es Ihnen peinlich ist, dass Sie jetzt anrufen. Entschuldigen Sie sich auch nicht dafür. Sagen Sie einfach, um was es geht und schweigen Sie!

Vermeiden Sie dabei unbedingt Anschuldigungen. Anschuldigungen führen blitzartig zu Gegenanschuldigungen, und ehe man sich versieht, führt es zum Streit. Streit ist das Letzte, das wir für eine gute Lösung brauchen.

Verschiedene Beispiele, wie Sie der Lösung näher kommen:

- Sagen Sie, um was es geht, und schweigen Sie – zum Beispiel:
  »Es geht um die Rechnung über 86.750 Euro, die wir Ihnen am 16. Mai gesandt haben. Von unserer Buchhaltungsabteilung bekam ich die Meldung, dass der Betrag noch offen ist.« *(Schweigen!)*
  Wenn Sie jetzt schweigen, werden Sie Ihr Ziel schneller erreichen, als wenn Sie nach dem Warum fragen. Wenn Sie schweigen, werden viele Kunden sich jetzt entschuldigen und Ihnen erzählen, warum der Betrag noch ausstehend ist. Sie werden hören, dass einige Ihnen unaufgefordert einen Lösungsvorschlag unterbreiten, wie sie den ausstehenden Betrag begleichen können.
- Manchmal ist es nötig, dass Sie noch konkreter vorgehen – zum Beispiel:
  »Es geht darum, dass ich Ihnen helfen möchte, gemeinsam eine gute Lösung zu finden. Wie Sie sicher wissen, können Sie und ich uns viel Ärger und unnötige Kosten ersparen, wenn wir heute eine gemeinsame Lösung für Ihren Zahlungsrückstand finden. Was schlagen Sie vor?«
  Hören Sie gut zu, machen Sie sich unbedingt Notizen, auf die Sie sich notfalls beziehen können.

3. Ausreden, Vorwände und Einwände behandeln

Beim Inkasso kommen immer wieder die gleichen Ausreden, Vorwände und Einwände. Schreiben Sie diese unbedingt auf, und finden Sie zu jedem Einwand mindestens drei Antworten. Wenn Sie das tun, dann können Sie viel weniger an der Nase herumgeführt werden, und Sie werden sich freuen, wenn Sie immer im richtigen Moment die passende Antwort haben.

4. Lösung finden

Sie haben Ihren Kunden sinngemäß gefragt, wann und – falls nötig – wie er den ausstehenden Betrag begleichen möchte. Unterbreiten Sie Ihre Lösungsvorschläge nur, wenn Sie von Seiten des Kunden keine akzeptablen Lösungen bekommen. Sprechen Sie mit dem Kunden darüber, was es ihm nützt und wovor er sich schützt, wenn Sie eine gemeinsame Lösung finden. Bleiben Sie ruhig, behalten Sie Ihre Ziele im Auge, und denken Sie: »Ich mag dich.«

5. Lösung bestätigen und Kontrollfrage stellen

Sobald Sie eine akzeptable Lösung gefunden haben, wiederholen Sie sie wortwörtlich, und stellen Sie danach eine Kontrollfrage. So werden Missverständnisse ausgeräumt, und die Lösung wird vom Kunden bejaht. Die Chance, dass sich Ihr Kunde an diese Lösung halten wird, wird dadurch erhöht.

Sagen Sie sinngemäß: »Wir haben folgende Lösung gemeinsam gefunden: ... *(Lösung sagen)*. Kann ich mich auf Sie verlassen, dass das so in Ordnung kommt?« *(Kontrollfrage)* Bei einem Ja bedanken Sie sich und sagen Ihrem Kunden, dass Sie ihm die Lösung noch schriftlich bestätigen werden.

Anstelle eines Ja hören Sie ab und zu vom Kunden: »Ich werde es versuchen.« Diese Aussage ist ziemlich sicher wertlos, sie ist meistens nichts anderes als ein höfliches: »Ich werde es doch nicht bezahlen.« Geben Sie sich nie mit der Aussage: »Ich werde es versuchen« zufrieden. Hinterfragen Sie diese Aussage sofort wie folgt: »Wie meinen Sie das?« oder: »Wie soll ich das verstehen?« Wenn Sie jetzt befriedigende Antworten bekommen, dann testen Sie diese wieder mit einer Kontrollfrage.

Eine Aussage, die sich in solchen Situationen auch gut bewährt hat, ist folgende: »Ich möchte nicht, dass Sie es versuchen, ich möchte die Sicherheit haben, dass Sie es tun. Tun Sie es?«

Geben Sie nicht auf, bevor Sie nicht die Zusage vom Kunden haben, dass er sich an die gemeinsame Lösung halten wird!

Die kybernetische Reklamationsbehandlung

Saxer: Liebe Freunde, mit einer Reklamation lernen Sie eine Firma kennen. Es ist wie mit den Verwandten – beim Erben lernen Sie sie richtig kennen.
Wie wurden Sie in der Vergangenheit behandelt, als Sie eine Reklamation hatten? Haben Sie auch erlebt, dass es Riesenunterschiede zwischen den einzelnen Firmen gibt?

Farner: Ich habe, nachdem ich eine Reklamation hatte, schon mehrmals bei dieser Firma nicht mehr bestellt. Nicht, weil es etwas zu reklamieren gab, sondern weil ich bei der Reklamationsbehandlung so schlecht behandelt wurde.

Saxer: Das ist typisch: Wenn Sie eine Reklamation anbringen, dann wächst das Vertrauen in diese Firma oder es sinkt. In dem Moment, in dem wir eine Reklamation haben, sind wir, von wenigen Ausnahmen abgesehen, viel empfindlicher als sonst. Wir sind in der Regel schnell verletzt – und wenn das passiert, dann haben wir eine Wut im Bauch und möchten uns rächen. Wie können sich verletzte Kunden rächen?

Tanner: Umberto, da gibt es viele Möglichkeiten:

- Sie bestellen nicht mehr.
- Sie wechseln den Lieferanten.
- Sie schreiben Briefe an die Direktion.
- Sie zahlen schlechter.
- Sie reden in ihrem Beziehungsnetz schlecht über uns.
- Sie investieren Zeit und Geld, damit andere auch nicht mehr bei uns bestellen.
- Sie streben einen Prozess an.
- Sie melden sich beim Verbraucherschutz – und vieles mehr.

Saxer: Danke! Ich glaube, wenn wir das verhindern können, dann darf uns das auch etwas kosten. Einverstanden?

Farner: Das ist die billigste Werbung für mich.

Saxer: Ein altes Sprichwort sagt: »Es braucht Jahre, um einen guten Ruf aufzubauen, jedoch nur Tage, um diesen guten Ruf zu vernichten.«
Sie können davon ausgehen, dass jeder Mensch ein Umfeld von 200 weiteren Menschen hat und indirekt diese 200 Menschen repräsentiert. Das heißt, wenn Sie einen Menschen verärgern, dann verärgern Sie indirekt 200 Menschen. Wenn Sie hingegen eine Reklamation gut behandeln, und Ihr Kunde wieder glücklich ist, dann hat dies auch einen Einfluss auf 200 Menschen. Das gibt Weiterempfehlungen und viele neue Kunden.
Welche Sünden begehen Firmen bei der Reklamationsbehandlung?

Farner: Dass sie bei der Reklamationsbehandlung sofort an die Kosten denken und dem Kunden daher nicht richtig zuhören, sondern nur daran denken, wie sie möglichst schnell Tricks finden, um den Hals aus der Schlinge ziehen zu können. Es geht in erster Linie nicht um den Kunden, sondern nur um sie!

Tanner: Umberto, ich habe die Erfahrung gemacht, dass – wenn jemand sehr schnell die Schuld von sich weisen möchte und sich wie ein schleimiger Fisch verhält – man dann erst recht zupackt.

Saxer: Mhmm, was gibt es auch noch?

Müller: Wenn sie einem nicht ernst nehmen und zum Beispiel sagen: »Das höre ich zum ersten Mal!« oder: »Was Sie nicht sagen!« Oftmals kann ich mein Anliegen gar nicht richtig anbringen, weil mir nicht zugehört wird. Es ist mir schon passiert, dass ich regelrecht angeschnauzt wurde. Was ich auch sehr schlimm finde: Wenn einfach niemand zuständig ist, und wenn ich einen Rückruf verlange, der dann nicht kommt.

Saxer: Die Liste der Sünden ist noch lang. Jeder von uns hat es selbst in der Hand, sich von dieser Liste abzuheben und Reklamationen zum Wohle des Kunden und zum Wohle der Firma zu behandeln. Alle Beteiligten gewinnen, wenn Reklamationen richtig behandelt werden.

Viele Reklamationen zeigen, dass Fehler gemacht wurden und/oder Missverständnisse herrschen. Im Gegensatz zu den Einwänden liegt bei einer Reklamation fast immer ein Tatbestand vor. Für die Behandlung von Reklamationen gelten die gleichen Grundsätze wie bei der Behandlung von Einwänden.

Beachten Sie bei Reklamationen unbedingt, dass

- Sie Ihren Kunden mögen (am einfachsten erreichen wir dies, wenn wir denken: »Ich mag dich«),
- Sie nicht über Mitarbeiter schimpfen,
- Sie nicht Partei gegen die Firma ergreifen,
- Sie keine Versprechen machen, die Ihre Kompetenzen übersteigen.

Achten Sie darauf, dass Sie zuerst herausfinden, ob die Reklamation emotioneller Art ist oder ob ein tatsächliches Versagen vorliegt.

Liebe Freunde, halten Sie sich bei der kybernetischen Reklamationsbehandlung konsequent an folgendes Vorgehen:

1. Ruhe bewahren und Fehler/Missverständnisse ergründen

Lassen Sie Ihren Kunden ausreden. Hören Sie gut zu, und machen Sie Notizen. Zeigen Sie Verständnis, und bringen Sie zum Ausdruck, dass Sie es bedauerlich finden und es Ihnen Leid tut, dass dies passiert ist. Sie müssen sich nicht entschuldigen, es reicht, wenn Sie Verständnis zeigen und zum Ausdruck bringen, dass es Ihnen Leid tut, dass dies passiert ist. Passen Sie Ihre Stimmung teilweise Ihrem Kunden an, das heißt, wenn jemand verärgert ist, dürfen Sie nicht auf gute Stimmung und Motivation machen, sondern Sie müssen Betroffenheit und Anteilnahme zum Ausdruck bringen. Seien Sie einfach Mensch, und schwingen Sie mit Ihrem Kunden und seiner Stimmungswelle mit. Erst wenn Sie auf seiner Welle sind und Sie sich gegenseitig verstehen, beginnen Sie bewusst, den Kunden auf eine motiviertere Stimmungsebene zu heben.

Bei einer Reklamation geht es darum, dass der Kunde spricht und nicht Sie. Muntern Sie Ihren Kunden wie folgt auf, weitere Bedenken und Anstände zu äußern.

Einleitende Erklärung und Aufmunterung zur Äußerung weiterer Bedenken und Anstände:

- »Damit wir eine gute Lösung finden können, würde ich gerne von Ihnen genau hören, was alles genau nicht richtig gelaufen ist.«
- »Gibt es sonst noch etwas, das nicht geklappt hat?« Und/oder:
- »Gibt es noch einen weiteren Grund, der Sie veranlasst hat, uns anzurufen?« Und/oder:
- »Gibt es außerdem noch einen weiteren Punkt, der nicht stimmt?«

Diese Fragen nehmen Emotionen und geben Vertrauen. Haben Sie keine Angst vor dem, was Sie hören werden. Erstens können Sie daraus lernen und zweitens können Sie nur behandeln, was Sie auch wissen.

Finden Sie mit folgenden Fragen heraus, warum etwas nicht stimmt:

- »Was genau?«
- »Wo genau?«
- »Wie genau?«
- »Wann genau?«
- »Womit genau?«

Schreiben Sie sich alles auf, gehen Sie nicht oder noch nicht auf einzelne Punkte ein, verteidigen oder rechtfertigen Sie sich nicht – der Kunde soll reden und erzählen. Sie hören einfach gut zu. Wenn Sie reden, dann nur, damit Sie Anteilnahme zum Ausdruck bringen und um Fragen zu stellen.

2. Bedanken und Fehler zugeben

Danken Sie dem Kunden, dass er Sie auf den Fehler oder die Missverständnisse aufmerksam gemacht hat. Sagen Sie ihm, dass Sie dank seines Hinweises die Chance haben, gleichartige Vorkommnisse zu verhindern. Wenn offensichtliche Fehler gemacht wurden, geben Sie diese zu. Sie sollen sich nicht entschuldigen, aber sagen Sie, dass Sie Verständnis haben und es Ihnen Leid tut.

3. Lösung gemeinsam finden

Fragen Sie zuerst den Kunden, wie er sich eine gute Lösung vorstellt:

- »Herr Kunde, wie stellen Sie sich eine gute Lösung vor?«
- »Was können wir für Sie tun, damit Sie zufrieden sind?«
- »Ich nehme an, dass Sie sich schon Gedanken gemacht haben, was für Sie eine akzeptable Lösung wäre. Was wäre das?«

Erfahrungsgemäß macht der Kunde einen humaneren Lösungsvorschlag, als wir machen würden. Wenn wir auf den Lösungsvorschlag eingehen können, ist die Akzeptanz des Kunden am größten. Falls wir auf seinen Vorschlag nicht eingehen können, fragen wir ihn nach alternativen Lösungen, die ihm auch zusagen könnten:

- »Herr Kunde, was wäre für Sie sonst akzeptabel?«
- »Damit ich mehrere Möglichkeiten intern besprechen kann, was wäre außer Ihrem Vorschlag auch noch akzeptabel für Sie?
- »Herr Kunde, damit ich mit meinem Chef Alternativen besprechen kann, was wäre für Sie auch noch eine Lösung?«
- »In der Regel gibt es mehr als einen Lösungsweg. Falls ich Ihren Lösungsvorschlag aus irgendwelchen Gründen nicht durchsetzen kann, was wäre für Sie auch noch eine akzeptable Möglichkeit?
- »Herr Kunde, die von Ihnen gewünschte Lösung werde ich vermutlich nicht durchsetzen können, was wäre für Sie sonst noch eine mögliche Lösung?«

Machen Sie Ihre eigenen Lösungsvorschläge nur, wenn nicht anders möglich. Wenn Sie selbst einen Lösungsvorschlag unterbreiten, achten Sie unbedingt darauf, dass Sie dem Kunden nicht sagen, was Sie nicht können, sondern nur das, was möglich ist und was Sie können. Die angestrebte Lösung muss für den Kunden sowie für Ihren Arbeitgeber gerecht sein.

4. Lösung bestätigen und bejahen lassen

Nachdem eine akzeptable Lösung gefunden wurde, wiederholen Sie sie wortwörtlich und fragen, ob diese Lösung für ihn in Ordnung ist. So werden Missverständnisse ausgeräumt, und die gefundene Lösung wird vom Kunden bejaht. Dies schafft Vertrauen.

5. Lösung einhalten

Treffen Sie Maßnahmen, damit die gefundene Lösung sicher eingehalten wird.

6. Erledigungskontrolle

Überprüfen Sie nach der Erledigung, ob der Kunde zufrieden ist. Jede gut erledigte Reklamation verstärkt das Vertrauen Ihres Kunden in die Firma und öffnet Tore für neue Geschäfte.

7. Lerneffekt

Fragen Sie sich:

- Was muss verändert werden, damit ein solcher Fall nicht wieder eintritt?
- Was können ich und die Firma daraus lernen?
- Werden Sie aktiv, damit die Veränderungen auch wirklich passieren.

Wann sollten wir das Telefon einsetzen, wann andere Mittel?

Die Auswahl der Mittel Mailing, Anzeige und Telefon (sowie alle anderen Marketinginstrumente) erfolgt am besten aufgrund einer Kosten-Nutzen-Überlegung.

Saxer: Haben Sie in der Firma schon einmal ausgerechnet, wie viel das Telefonmarketing im Vergleich zu anderen Marketingmitteln pro Kontakt kostet?

Farner: Telefonmarketing ist billiger als ein Außendienstbesuch (kostet etwa ein Zehntel bis ein Zwanzigstel). Das Telefon ist teurer als ein Mailing oder Inseratenkontakt (zwischen fünf- und zwanzigmal teurer).

Saxer: Deshalb wird das Telefonmarketing gezielt dort eingesetzt, wo es sich aufgrund einer Kosten-Nutzen-Rechnung lohnt.
Das Telefonmarketing liegt von den Kosten zwischen dem wirkungsvollen Außendienstbesuch und dem Mailing-/Inserateneinsatz.
Wichtig ist dabei: In 60 bis 90% der Telefongespräche können wir eine konkrete Antwort (Kauf oder kein Kauf, Termin oder kein Termin) erreichen, wenn wir das Gespräch richtig führen. Diese konkrete Antwort nützt uns, weil sie eine Bereinigung der Kartei bringt, weil sie weniger schwebende Geschäfte und offene Fälle bedeutet. Wir haben dadurch mehr Zeit für wirkliche Verkaufsgespräche. Und mehr Zeit für Verkaufsgespräche bedeutet mehr Verkäufe und mehr Gewinn! Ist das etwas, das Sie gerne möchten?

Müller: Ja, Herr Saxer! Sollten wir dann nicht eigentlich nur Telefonmarketing einsetzen?

Saxer: Diese Überlegung ist berechtigt. Schauen wir nun einmal unsere Erfahrungen an. Wir haben untersucht, wie Erfolgsquoten und Kombinationen von Marketingmitteln zusammenhängen. Dabei haben wir entdeckt, dass wir den Außendienstbesuch, Mailings und Inserate zusammen mit Telefonmarketing ergänzend einsetzen sollten.

Der amerikanische Marketing-Guru Jay Conrad Levinson weiß zu berichten, dass die Erfolgsquote von Direktmailing-Sendungen enorm gestiegen ist, sobald man sie mit Telefonverkaufsaktionen kombiniert hat.

Seiner Erfahrung nach haben sich Erfolgsquoten von Zeitungsanzeigen verdoppelt, verdreifacht, ja sogar vervierfacht, als sie mit Telefonverkaufsaktionen in derselben Region kombiniert wurden.

Farner: Wie kommt es, dass diese Steigerungen erreicht wurden?

Saxer: Durch die Kombination von Telefoneinsatz mit vorhergehenden Mailings verkürzen sich die Telefongespräche, weil der Kunde bereits über Informationen verfügt. Das Telefonmarketing wird günstiger.

Gleichzeitig wird durch das telefonische Nachfassen das Potential der Mailings voll ausgeschöpft, weil alle Unentschlossenen, die das Mailing »nur nochmals weggelegt« haben, zu einer Entscheidung gebracht werden können. Bei so einer Nachfassaktion sammeln Sie haufenweise Bestellungen ein, die vom Kunden her schon bereit waren, aber einfach liegen geblieben sind. Sie können beim Kunden noch letzte Momente des Zögerns ausräumen und den Kunden so zum Abschluss führen.

Müller: Haben Sie selbst diese Erfahrung schon gemacht?

Saxer: Ja, und zwar sehr eindrücklich. Wir führten kürzlich dreitägige Werbetrainings durch. Diese Trainings haben wir unseren Kunden mit einem Mailing angekündigt. Direkt dadurch sind schon einige Anmeldungen gekommen. Sobald wir dann telefonisch nachfassten, kamen viele weitere Buchungen. Diese Buchungen bekamen wir oft ganz einfach, ohne großes Verkaufsgespräch.

Die Buchungen lagen schon bereit. Oft mussten wir nur noch ein kleines Zögern des Kunden ausräumen.

Müller: In Deutschland und Österreich dürfen wir nur unter gewissen Umständen »kalt« anrufen. Außerdem möchten wir eigentlich manchmal auch keine Anrufe bei kalten Adressen machen, weil unsere Telefonmitarbeiter dadurch leicht demotiviert werden.
Denn Kunden, bei denen wir noch keine Reaktion hatten, haben häufig auch objektiv gesehen keinen Bedarf. Wie sollten wir Ihrer Erfahrung nach vorgehen?

Saxer: Bewährt hat es sich in vielen Fällen, wenn Sie Mailings und Anzeigenaktionen machen, bei denen Kunden und mögliche Kunden von Ihnen Unterlagen anfordern.
Aufgrund der angeforderten Unterlagen können Sie nun auf einen entsprechenden Bedarf schließen und telefonisch nachfassen. Da Sie nur Adressen nachfassen, deren Reaktion auf einen gewissen Bedarf schließen lässt, steigt Ihre Erfolgsquote. Und die Motivation der Mitarbeiter, die am Telefon nachfassen, steigt ebenfalls beträchtlich.
Wenn Sie noch mehr Rücklauf erhalten wollen, können Sie bei den Adressen nachfassen, von denen Sie bisher keine Reaktion erhalten haben. (Beachten Sie die diesbezüglichen Bestimmungen in Deutschland und Österreich.)

Farner: Diese Mailing- und Anzeigenaktionen waren früher für uns nicht sehr erfolgreich, wie können wir da unseren Erfolg verbessern?

Saxer: Wie man solche Direct-Response-Mailings und -Anzeigen erfolgreich gestaltet, erfahren Sie in Büchern, in Kursen oder auch im Hörbuch »Werbung, die sich auszahlt« von Dr. Werner Meffert. Sie können dieses Hörbuch im Buchhandel oder auf meiner Homepage bestellen.

Müller: Herr Saxer, wir machen verschiedene Werbeaktionen und geben unseren Kunden und möglichen Kunden verschiedene

Möglichkeiten, wie sie uns antworten können. Welchen Stellenwert hat das Telefon im Verhältnis zu den anderen Antwortmöglichkeiten?

Saxer: Welche Antwortmöglichkeiten auf Ihre Werbeaktionen bieten Sie den Kunden auf Ihre Werbeaktionen üblicherweise an?

Müller: In unseren Werbeaktionen bieten wir unseren Kunden je nach Zielgruppe vier Möglichkeiten zur Antwort an:

1. eine Postanschrift mit einem Coupon, einer Postkarte oder einem Antwortumschlag,
2. eine Faxnummer mit einem Coupon oder einem Fax-Antwortformular,
3. eine Telefonnummer zum Anrufen,
4. eine E-Mail-Adresse.

Saxer: Das finde ich sehr gut. Dazu möchte ich Folgendes sagen:
Die Antwort Ihres Kunden mit der Post braucht Zeit. Positiv dabei ist, dass es für viele Kunden der leichteste Weg ist, das heißt, die Kunden haben nicht gleich das Gefühl, etwas kaufen zu müssen – und darum melden sich die Kunden leichter. Sie bekommen so mehr Antworten.
Ähnlich gut ist das beim Fax. Dazu kommt, dass der Fax als Antwortmöglichkeit gerade im geschäftlichen Bereich nicht mehr wegzudenken ist: ein Fax ist schnell und einfach. Ich selbst antworte am liebsten per Fax auf eine interessante Werbeaktion. Das Gleiche gilt für E-Mail.
Das Fax, das E-Mail und die briefliche Reaktion bieten dem Kunden aber kaum Gelegenheit, nochmals nachzufragen, wenn er noch Fragen hat.
Was bedeutet es für Sie, wenn sich der Kunde telefonisch auf Ihre Werbeaktion meldet?

Farner: Diese Kunden haben Fragen und sicher ein großes Kaufinteresse.

Saxer: Genau – eine telefonische Antwort bedeutet für uns, dass der Kunde auf dem Weg zum Kauf schon sehr weit gekommen ist.

Sie haben das sicher schon selbst erlebt: Sie möchten eigentlich etwas anfordern – nur haben Sie noch eine kleine Frage.
In so einem Fall nützt Ihnen das Faxformular nichts mehr. Also greifen Sie zum Telefon und hoffen, dass Ihnen jemand diese Frage beantworten kann, damit Sie Ihren Wunsch erfüllt bekommen können.
Darum müssen telefonische Reaktionen mit höchster Dringlichkeit bearbeitet werden, denn diese Kunden haben es erfahrungsgemäß sehr eilig und sind bereits sehr kaufmotiviert, sonst hätten sie nicht den Aufwand betrieben und zum Telefon gegriffen.
Sorgen Sie dafür, dass der kybernetische Telefoneinsatz wirklich professionell klappt. Machen Sie sich klar, dass Sie damit die Wünsche Ihrer Kunden erfüllen.
Ich möchte hier noch einen anderen Aspekt erläutern. Viele Manager verbringen viel Arbeitszeit in Sitzungen. Befragungen bei Managern ergeben immer wieder, dass ein großer Teil dieser Zeit unproduktiv ist. In vielen Fällen wäre ein intensives Telefongespräch/Konferenzgespräch sinnvoller, und vielleicht spart man sich die Fahrzeit oder den Flug nach London.

Müller: Das sehe ich auch so. Ich sehe noch einen weiteren Vorteil von Telefongesprächen. Es ist viel einfacher, ein Telefongespräch kurz zu halten als ein persönliches Gespräch. Bei manchen Gesprächspartnern ist es nämlich sehr schwierig, wieder aus dem Sitzungszimmer rauszukommen. Bei einem Telefongespräch finde ich einfacher einen Weg, das Gespräch kurz zu halten bzw. zu beenden.

Saxer: Ich bin vollkommen Ihrer Meinung. Ich versuche selbst auch, möglichst viele Dinge über das Telefon zu besprechen. In den meisten Fällen ist ein persönliches Gespräch auch nicht notwendig. Ein Telefongespräch genügt oftmals. Vielleicht in Kombination mit dem Fax. Oder man kann gewisse Unterlagen vorab per Post senden. Pro Tag kann ich zwischen zehn und 40 wirklich wichtige Telefongespräche führen, aber kaum mehr als vier bis zehn wirklich wichtige Termine wahrnehmen – oder je nach Distanz auch nur einen Termin pro Tag. Mit dem Telefon kann ich also viel mehr erreichen, wenn ich es sinnvoll einsetze. Bevor Sie sich das nächste Mal ins Auto setzen und 400 Kilometer fahren, sollten Sie sich also überlegen, ob dieser Termin wirklich sinnvoll ist.

Farner: Was ich an einem Termin gut finde, ist, dass sich mein Gesprächspartner Zeit nimmt. Wenn ich längere Gespräche am Telefon führen möchte, sind manchmal meine Gesprächspartner recht gestresst und hektisch.

Saxer: Ja, das ist schnell möglich. Darum ist es vielfach sinnvoll, dass Sie – nachdem Sie gesagt haben, worum es geht – Ihren Kunden fragen, ob er kurz Zeit hat. Anstelle von »kurz« können Sie auch die konkrete Zeit angeben, die in etwa das Gespräch dauern wird. Wenn der Kunde sagt, dass er Zeit hat, dann ist er auch nicht mehr gestresst. Falls er keine Zeit hat, dann können Sie auch einen telefonischen Termin vereinbaren. Ja, einen Telefon-Gesprächstermin!

Auf diese Weise können sich beide Gesprächspartner einerseits auf das Gespräch vorbereiten und andererseits die Zeit reservieren. Es sieht auch sehr professionell aus, wenn Sie einen Telefon-Gesprächstermin vereinbaren. Wichtig ist einfach, dass Sie diesen telefonischen Termin wie einen normalen Termin in Ihren Terminplan schreiben und sich daran halten. Wenn Sie mit Ihren Kunden einen Telefon-Gesprächstermin vereinbaren möchten, kommt manchmal der Einwand, dass das nicht möglich sei, weil eine oder mehrere zusätzliche Personen bei der Besprechung dabei sein müssten. In solchen Fällen können Sie auch ein Telefon-Konferenzgespräch vorschlagen, bei welchen Sie mit mehreren Gesprächspartnern gleichzeitig sprechen können.

Ihre Telekom kann Ihnen da weitere Auskünfte geben.

Erreichbarkeit, Auftragsdienste etc.

Saxer: Ist Ihnen auch schon aufgefallen, dass Sie bei manchen Firmen etwas anfordern oder bestellen wollten und niemanden an den Apparat bekommen haben?

Müller: *(lacht)* Das ist mir auch schon passiert, obwohl es eigentlich eine Selbstverständlichkeit sein sollte, dass eine Firma zu den normalen Bürozeiten zu erreichen ist.

Saxer: Nur müssen Sie noch wissen, was in dieser Branche und in diesem Land die üblichen Bürozeiten sind. Wenn wir das von Ihrer Seite als Geschäftsmann aus betrachten: Wie wichtig ist es für Sie, dass Ihre Kunden Sie erreichen können?

Müller: Das ist natürlich für mich sehr wichtig! Ich glaube, keine Firma kann es sich heute noch leisten, eine Bestellung zu verpassen, weil der Kunde niemanden hat erreichen können.

Saxer: Und doch werden in dem Bereich »Erreichbarkeit« noch die größten Böcke geschossen. Ich erzähle Ihnen ein Beispiel, das ich selbst erlebt habe:
Ich habe in der »Sonntags-Zeitung« eine ganzseitige Anzeige gesehen. In dieser Anzeige hat eine bekannte PC-Firma ein gutes Angebot für einen sehr gut ausgerüsteten PC gemacht. Ich habe zum Telefon gegriffen, die gebührenfreie Telefonnummer aus der Anzeige gewählt und war bereit, einen PC im Wert von etwa 3100 Euro für meine Kinder zu bestellen. Dann hat mich der Anrufbeantworter darüber informiert, dass die Bürozeiten montags bis freitags von 8 bis 12 Uhr und von 14 bis 17 Uhr sind.

Farner: Haben Sie Ihren PC dann nicht einfach am Montag bei dieser Firma bestellt?

Saxer: Nein, wie es der Zufall so will, sah ich am Montag ein Angebot unseres lokalen PC-Händlers. Ich bin dann mit meinem Sohn zu ihm gegangen und habe dort einen gleichwertigen PC bestellt. Sie wollen doch sicher nicht, dass Ihre Kunden etwas Ähnliches bei Ihnen tun?

Müller: Natürlich nicht. Doch was kann ich machen, wenn ich nicht immer im Büro sein kann?

Saxer: Eine Möglichkeit ist der altbewährte Telefonbeantworter. Wichtig ist, dass Sie ihn auch immer wieder abhören und zurückrufen. Zusätzlich sehen Sie auf einem ISDN-Telefon, wer sonst noch alles angerufen und nicht auf den Telefonbeantworter gesprochen hat. Auch diese Anrufer können Sie zurückrufen. Ich empfehle Ihnen, dass Sie vorher im elektronischen Telefonbuch prüfen, wem diese Telefonnummern gehören. Dazu habe ich noch zwei Anmerkungen:

1. Telefonanrufe können unterdrückt sein, und somit wissen Sie nicht, wer angerufen hat. Wobei zu sagen ist, dass eher die unseriösen Firmen ihre Telefonnummer unterdrücken.
2. Nicht alle Telefonnummern sind im elektronischen Telefonbuch aufgezeichnet. Vor allem handelt es sich dabei um interne und Zweitnummern.

Eine andere Möglichkeit, um die Erreichbarkeit zu verbessern, ist ein Auftragsdienst oder ein Call-Center. Der Kunde merkt nicht einmal, dass er gar nicht direkt in der Firma anruft. Die Anrufe werden einfach umgeleitet.
Das Schöne ist, Sie können die Erreichbarkeit schnell Ihren aktuellen Bedürfnissen anpassen. Gerade bei Werbeaktionen und auch bei Serviceangeboten ist das natürlich sehr angenehm. Für gewisse Firmen ist es wichtig, dass man rund um die Uhr für die Kunden erreichbar ist. Auch kleine Firma können dies mit einem Call-Center einfach erreichen. Es gibt einiges, das auch bei Ihnen für ein Call-Center sprechen kann.
Achtung! Bevor Sie mit einem Auftragsdienst oder Call-Center zusammenarbeiten, testen Sie es unbedingt!

Es ist sehr einfach, Leute einzustellen, die das Telefon abnehmen, freundlich sind und Auskunft geben. Es ist aber um Welten anspruchsvoller, Personal zu finden, das zusätzlich noch Bedarf abklärt, Einwände behandelt, Kaufbereitschaft testet und Zusatzverkäufe tätigt – ganz einfach die Dinge, die wir in diesem Buch gelernt haben. Leider ist es so, dass die wenigsten Call-Center Geld und Zeit investieren, damit Sie gut Leute haben, die auch verkaufen können.
Wenn ein Call-Center eine große Referenzliste von bekannten Firmen vorweist, heißt das noch lange nicht, dass es seinen Job auch richtig macht. Gerade große Firmen leiden an der Seuche, dass sie bei eingehenden Anrufen das Potential nicht erkennen und ausnutzen. Wie Sie bereits wissen, werden Millionen ausgegeben, dass Kunden anrufen oder vorbeikommen. Wenn sie dann da sind, wird es dem Zufall überlassen, ob gerade mal jemand am Telefon oder im Geschäft ist, der die Kundenwünsche erkennt, das Potential abcheckt und verkaufen kann.
Weil diese Problematik in ihrer vollen Tragweise selten erkannt wird, wird auch von großen Firmen bei der Auswahl der Call-Center viel zu wenig auf diese Dinge geachtet.
In einem Punkt ähneln sich viele Call-Center und Firmen. Sie investieren viel mehr in Werbung und Marketing als in das verkäuferische Flair ihrer Mitarbeiter und/oder von sich selbst! Jedoch gerade das verkäuferische Flair macht es aus, ob der Kunde sich wohl fühlt und gerne kauft.
Machen Sie sich bewusst: Richtiges Umgehen mit Kunden und Verkaufen ist lernbar! Jeder kann ein enormes Verkaufsflair entwickeln, sofern er das möchte, daran arbeitet und übt/trainiert. Es ist wie beim Lernen eines Musikinstruments – man muss sich die Zeit dafür nehmen und einfach üben, üben und üben.
Wenn Sie Mitarbeiter oder einen Auftragsdienst bzw. ein Call-Center mit wirklichem verkäuferischen Flair haben, dann ist das Gold wert, und diese Mitarbeiter verdienen auch Ihre volle

Wertschätzung und den dementsprechenden Lohn. Es lohnt sich für Sie, wenn Sie Mitarbeitern, die gut verkaufen können, auch gute Löhne bezahlen. Das kostet viel weniger, als laufend Neue einzustellen und auszubilden.

Tanner: Umberto, wie kann ich bei einem Call-Center testen, ob es das Potential bei eingehenden Anrufen ausnutzt?

Saxer: Du kannst Referenzen verlangen und fragen, wofür und wann genau das Call-Center die Telefone für die betreffenden Firmen abnimmt. Bei diesen Firmen machst du fünf bis zehn Testanrufe. So erkennst du die Qualität des Call-Centers sehr schnell.

Bürki: Sie haben mich auf eine Idee gebracht: Ich werde testen, wie bei uns in der Firma das Telefon abgenommen wird. Ich bin gespannt darauf, wie es gemacht wird.

Saxer: Eine gewisse Eigenkontrolle ist immer gut. Achten Sie daher auch gezielt darauf, wie Sie selbst das Telefon abnehmen und wie Sie erreichbar sind.

Farner: Es gibt aber schon wieder Verkäufer/Manager, die sich über den »Erreichbarkeitswahn« aufregen. Was meinen Sie dazu?

Saxer: Nicht jeder muss immer erreichbar sein, aber Ihre Kunden sollten einen kompetenten Gesprächspartner erreichen können, wenn es zu erwarten ist. Eine gute Idee ist es, dafür zu sorgen, dass Sie immer etwas besser zu erreichen sind, als Ihre Kunden das erwarten.

Damit Sie die Erwartungen Ihrer Kunden kennen lernen, empfehle ich Ihnen eine Kundenbefragung. Diese Kundenbefragung können Sie schriftlich oder telefonisch durchführen – und Sie können die Kundenbefragung gleich mit einem Angebot oder einer Bedarfsabklärung kombinieren.

Wie geht es weiter?

Sie sind am Ende diese Buches und am Anfang von noch mehr Erfolg, mehr Spaß, Freizeit, Geld, Großzügigkeit und Wohlbefinden. Setzen Sie dafür die vielen wertvollen Anregungen, Tipps und das Know-how aus diesem Buch immer mehr, mehr und mehr in Ihre Praxis um. Setzen Sie sich diesbezüglich Ziele und füllen Sie die eigens dafür geschaffenen Blätter, die Sie vor dem Stichwortverzeichnis finden, aus.

Eine einfache Möglichkeit, die Ihnen hilft das Gelernte umzusetzen, ist mein Hörbuch. Das Buch »Bei Anruf Erfolg« ist im Rusch Verlag auch als Hörbuch auf Kassetten und CDs erschienen. Sie können das Hörbuch als Ergänzung zu Ihrer Buch-Ausgabe von »Bei Anruf Erfolg« nutzen und bequem und leicht Ihr Wissen vertiefen. Das Hörbuch können Sie in jeder Buchhandlung oder auf meiner Homepage, per Fax, per E-Mail, sowie telefonisch bei uns bestellen.

Vielleicht haben Sie auch Lust bekommen, einmal ein Umberto Saxer Training zu besuchen. Wenn ja, dann fragen Sie sich vermutlich: »Welches Seminar ist das Richtige für mich?« Auf meiner Homepage http://www.umberto.ch können Sie einen Check machen, der Ihnen hilft, das richtige Seminar auszuwählen. Hier finden Sie die aktuellen Kursdaten, ausführliche Seminarbeschreibungen und Preise. Auch können Sie sich auf meiner Homepage bequem für eines meiner Seminare anmelden, unseren Newsletter abonnieren und Kassetten/Bücher bestellen.

Wenn Sie Fragen haben, erreichen Sie uns unter folgender Adresse:

Umberto Saxer Training
Wasserfurristrasse 22
CH-8355 Aadorf/Schweiz
Telefon: 0041/52/365 26 24
Fax: 0041/52/365 13 89
Internet/Homepage: http://www.umberto.ch
E-Mail: info@umberto.ch

Ihre Weiterbildung sollte auf jeden Fall fortgesetzt werden. Ich empfehle Ihnen, Ihr Wissen konstant zu erweitern und zu pflegen. Lesen Sie gute Bücher, hören Sie gute, interessante Hörbücher, und besuchen Sie Seminare und Trainings. Denken Sie daran: Fußballer trainieren mehrmals pro Woche. Auch Spitzensportler eignen sich Wissen an, unter anderem aus Büchern. Ein Läufer weiß, wie seine Ernährung sein sollte; der Sprinter kennt die Technik, wie er 100 Meter unter zehn Sekunden laufen könnte. Jedoch – dieses Wissen allein hat noch keinen zu Rekorden geführt.

Das Training, das Üben ist unverzichtbar, um eines Tages Sieger zu sein und ganz oben zu stehen – das weiß jeder Spitzensportler.

Auf den folgenden Seiten erhalten Sie einen Überblick über unsere Trainings. Nähere Informationen dazu finden Sie auch auf meiner Homepage http://www.umberto.ch. Spaß macht auch der interaktive Check – damit können Sie feststellen, welches Seminar für Sie das Richtige ist.

Verkaufs-Kybernetik: Zum Practitioner-Verkäufer mit der Möglichkeit zur Diplomprüfung

Das A und O für jeden Verkäufer ist die Verkaufs-Kybernetik. Es ist das meistbesuchte Verkaufstraining. In diesem sechstägigen Seminar lernen Sie alles, was notwendig ist, um im Verkauf und auch am Telefon noch besser zu werden. Das im Buch gelernte Wissen wird stark vertieft und so trainiert, dass Sie es leicht und locker anwenden können. Was meine Kursteilnehmer noch schätzen: Sie lernen, dieses Wissen optimal am Telefon und vor Ort beim Kunden einzusetzen. Auch staunen sie immer wieder, wie stark das Wissen der Verkaufs-Kybernetik verinnerlicht und zu einem Teil von einem selbst wird, und zwar auf eine Art, die zu einem passt.

Profis wie Neulinge profitieren von diesem Seminar gleichermaßen. Ich habe immer wieder absolute Topstars, die zu mir kommen – und auch diese sagen mir, dass sie von der ersten bis zur letzten Minute von diesem Seminar profitieren und dass sie mit jeden Tag immer noch besser, besser und besser werden. Das Gleiche gilt für Neulinge und solche, die noch keine Topstars sind. Was mir auch immer wieder auffällt ist die gute Kommunikation zwischen den Kursteilnehmern. Die Kursteilnehmer sagen oft zu mir: »Umberto, die Zeit vergeht wie im Flug und das Trainieren macht richtig Spaß.«

Trainingsinhalte

Wie Sie neue Kunden gewinnen und Ihren Umsatz steigern: die umfassende Verkaufsausbildung, von der alle profitieren – vom Anfänger bis zum Verkaufsprofi. Über drei bis sechs Monate trainieren Sie aktiv mit allen Sinnen, bis es sitzt.

Welche Trainingsinhalte interessieren Sie besonders? Lesen Sie durch, was im Trainingskurs durchgenommen wird, und kennzeichnen Sie die Inhalte nach Ihrer persönlichen Wichtigkeit:

	besonders wichtig	wichtig	weniger wichtig
Wie Sie mit dem kybernetischen Kreislauf einfacher Kunden gewinnen	❑	❑	❑
Nutzen richtig formulieren: die für den Verkauf wichtigen Bedürfnisse	❑	❑	❑
Sich selbst motivieren und Ziele setzten	❑	❑	❑
Neue Kunden gewinnen und bestehende Kunden aktivieren	❑	❑	❑
Hemmungen überwinden und mutiger werden	❑	❑	❑
Neue Horizonte erreichen mit Gesprächsvorbereitung und Checkliste	❑	❑	❑
Gesprächseröffnung: die Kunden in Ihren Bann ziehen	❑	❑	❑
Vertrauen aufbauen und saubere Bedarfsabklärung (= die Kundenergründung)	❑	❑	❑
Wie sich mit der richtigen Präsentation Kunden selbst überzeugen	❑	❑	❑

	besonders wichtig	wichtig	weniger wichtig
Kaufbereitschaft testen	❏	❏	❏
Zwölf Möglichkeiten, wie Sie Kaufabschlüsse sicher herbeiführen	❏	❏	❏
Zusatzverkäufe mit Checklisten um das Mehrfache steigern	❏	❏	❏
Wie Sie Weiterempfehlungen erhalten, und zwar bei jedem Kundenkontakt	❏	❏	❏
Knackpunkt Organisation und Kundenbetreuung	❏	❏	❏
Vorwände enttarnen, Einwände von Vorwänden unterscheiden	❏	❏	❏
18 Variationen, wie Sie mit Einwänden einfacher und schneller Ziele erreichen	❏	❏	❏
Das große Einmaleins bei eingehenden Anrufen	❏	❏	❏
Reklamationen als Chance nutzen	❏	❏	❏
Wünsche wecken und/oder provozieren	❏	❏	❏
Zehn Möglichkeiten, wie Sie leichter zu guten Terminen kommen	❏	❏	❏
Wie man Sie seltener aus der Bahn wirft und Sie Ihre Ziele im Auge behalten	❏	❏	❏
Wie Sie mit Misserfolgen umgehen, Stress abbauen und mehr Spaß haben	❏	❏	❏
Vier Methoden, damit Sie Angebote so nachfassen, dass es einfach Verkäufe gibt	❏	❏	❏

Gehen Sie mit Ihren Gedanken in die Zukunft und erleben Sie Ihre wichtigen Punkte als erreicht. Fragen Sie sich nun:

- Welchen Nutzen habe ich, wenn diese Punkte zu meiner Zufriedenheit erfüllt sind?
- Möchte ich das?

Wenn ja, können Sie auf meiner Homepage nachschauen, welches Seminar vom Termin für Sie am besten passt.

Kybernetik-NLP im Verkauf: Zum Master-Verkäufer mit der Möglichkeit zur Diplomprüfung

Für Verkaufsprofis, die idealerweise die Verkaufs-Kybernetik bereits besucht haben. Hier bekommen Ihre Verkaufstechniken in sechs Tagen den letzten Schliff!

	besonders wichtig	wichtig	weniger wichtig
Schneller, besser und genauer erkennen können, wie sich verschieden Kunden in ihrem Denken und Verhalten unterscheiden	❑	❑	❑
Flexibler auf verschiedene Kundenwünsche eingehen können und damit mehr Abschlüsse erreichen	❑	❑	❑
Zustimmung und Ablehnung schon an kleinen verbalen und nonverbalen Signalen erkennen und entsprechend reagieren können	❑	❑	❑
Widerständen und Einwänden mit mehr Schlagfertigkeit begegnen	❑	❑	❑
Techniken lernen und anwenden, um entspannt und leicht zu verkaufen	❑	❑	❑
Eine gesunde Balance zwischen Verkauf, Freizeit und Familie finden und dadurch mehr Energiepotential nutzen und negative Energien abbauen	❑	❑	❑

	besonders wichtig	wichtig	weniger wichtig
Die Muster erfolgreichen Verkaufens kennen und nutzen	❏	❏	❏
Gezielter auf andere eingehen können, um zu wissen, wo im Verkauf der Hebel angesetzt werden kann	❏	❏	❏
Das Unterbewusste als Verbündeten nutzen, statt davon sabotiert zu werden	❏	❏	❏
Sich das Verkaufen einfacher zu machen, so dass man dadurch mehr verkaufen kann und es mehr Spaß macht	❏	❏	❏

Gehen Sie mit Ihren Gedanken in die Zukunft, und stellen Sie sich dieselben Fragen wie vorher bei der Verkaufs-Kybernetik. So können Sie feststellen, ob und wann dieses Seminar für Sie das Richtige ist.

Zusatzgeschäfte: Der Garant für mehr Umsatz

In diesem Training erfahren Sie, wie Sie die enormen Umsatzpotentiale nutzen, die Zusatzverkäufe bieten. In nur einem Tag erlernen Sie Techniken, um sofort einfacher und noch mehr zu verkaufen. Dieses Seminar ist für alle geeignet, die Kundenkontakt und Chancen für Zusatzverkäufe haben – vom Mechaniker bis zum Generaldirektor.

	besonders wichtig	wichtig	weniger wichtig
Mit Zusatzverkäufen Umsatz-Chancen ausschöpfen, die bisher nicht genutzt wurden	❏	❏	❏
Welche typischen Situationen sich besonders für die Anbahnung eines Zusatzgeschäftes eignen	❏	❏	❏

	besonders wichtig	wichtig	weniger wichtig
Kunden ansprechen, ohne aufdringlich zu sein	❑	❑	❑
Welche Einstellung Ihnen hilft, die Zusatzgeschäfte zu erkennen	❑	❑	❑
Typische Einwände der Kunden leichter überwinden	❑	❑	❑
Wie Sie Kundenwünsche und neue Bedürfnisse wecken	❑	❑	❑
Formulierungs-Tipps und Argumentations-Beispiele: So sprechen Sie Ihre Kunden in der Praxis auf Zusatzverkäufe an	❑	❑	❑
Auf sechs Stufen Schritt für Schritt zum Zusatzgeschäft	❑	❑	❑

Jeder kann Zusatzverkäufe machen. Für wen kommt dieses Training in Frage? Es ist für alle geeignet, die Kundenkontakt haben!

Messe-Training: Ab jetzt bringt Ihnen jede Messe Profit!

Für Messen wird viel ausgegeben. Mit dem eintägigen Messe-Training holen Sie das Geld wieder herein und verdienen darüber hinaus noch eine Stange.

Auf meiner Homepage http://www.umberto.ch finden Sie eine kostenlose Checkliste für jede erfolgreiche Messe.

	besonders wichtig	wichtig	weniger wichtig
Verbessertes, selbständiges und zielgerichtetes Arbeiten auf der Messe	❑	❑	❑

	besonders wichtig	wichtig	weniger wichtig
In nur zwei Minuten testen, ob der Kunde käufig ist	❑	❑	❑
Motiviert und fit im Messe-Stress	❑	❑	❑
Die Gesprächsführung durch geschicktes Fragen übernehmen und dadurch die Bedürfnisse und Wünsche der Kunden richtig und in kurzer Zeit wecken	❑	❑	❑
Die Messe-Besucher erfolgreich auf zusätzliche Produkte ansprechen	❑	❑	❑
Wie Sie massenweise gute Adressen holen und verkaufen, wo es geht	❑	❑	❑
Den Messe-Verkauf mit Spaß erleben	❑	❑	❑

Es ist wirklich schade – wenn nicht geradezu unklug –, eine Messe ohne Messe-Training durchzuführen. Planen Sie Ihr Messe-Training frühzeitig! Mehr Infos finden Sie auf meiner Homepage http://www.umberto.ch.

Terminier-Training: Ab jetzt einfacher mehr Termine!

Mit mehr Terminen kommen Sie zu mehr Umsatz, mehr Gewinn, mehr Freizeit und Spaß am Leben. Sie werden Ihre beruflichen Ziele schneller und sicherer erreichen. Dieses eintägige Training ist der Schlüssel für mehr Termine für Verkäufer, Sekretärinnen und Telefonisten.

	besonders wichtig	wichtig	weniger wichtig
Mit der richtigen Einstellung einfacher und häufiger am Telefon terminieren	❑	❑	❑
Gespräche so führen, dass anstelle von vielen »Nein« mehr »Ja« kommen	❑	❑	❑

	besonders wichtig	wichtig	weniger wichtig
Die Gesprächspartner richtig am Telefon begrüßen	❑	❑	❑
Vom ersten Moment an Vertrauen aufbauen	❑	❑	❑
Wie Sie das Gespräch eröffnen, um in Ihren Kunden den Wunsch nach einem Termin zu wecken	❑	❑	❑
Eine bessere Kommunikation am Telefon	❑	❑	❑
Trotz oder dank Kundeneinwänden zu Ihren Terminen kommen	❑	❑	❑
Mit wenig Aufwand mehr Kunden gewinnen und Termine abschließen	❑	❑	❑
Steigerung des Selbstvertrauens und des Selbstwertgefühls	❑	❑	❑

Packen Sie die Gelegenheit beim Schopf und fragen Sie sich: Möchte ich beim Terminieren noch besser werden? Wenn ja, können Sie die Daten für ein Training auf meiner Homepage http://www.umberto.ch nachschauen und sich gleich anmelden.

Firmeninterne Trainings: An Ihre Wünsche angepasst!

Ein maßgeschneidertes Kybernetik-Firmentraining bringt ganz spezifische Lösungen für genau Ihre Firma. Die gelernte Theorie ist sofort in der Praxis Ihrer Firma einsetzbar. Und Ihre Mitarbeiter werden durch eine maßgeschneiderte Lösung motiviert – und zwar langfristig.

	besonders wichtig	wichtig	weniger wichtig
Bei Anruf Erfolg: Das umfangreiche Telefontraining von A bis Z auf Ihre Firma zugeschnitten	❏	❏	❏
Verkaufs-Kybernetik: Das umfangreiche Practitioner-Verkaufstraining von A bis Z auf Ihre Firma zugeschnitten	❏	❏	❏
Kybernetik-NLP-Training im Verkauf: Das umfangreiche Master-Verkaufstraining für Ihre Firma maßgeschneidert	❏	❏	❏
Train the Trainer für Führungskräfte	❏	❏	❏
Erfolgreich Mitarbeiter rekrutieren und sicher zu überdurchschnittlichem Erfolg führen	❏	❏	❏
Wie Sie die Fluktuation halbieren	❏	❏	❏
Wie Sie mit einem Verkaufsteam Höchstleistungen erreichen	❏	❏	❏
Sitzungen und Konferenzen lebendig, interessant und mit hohem Lerneffekt führen	❏	❏	❏
Die freie Rede: Wie Sie mitreißende Reden halten	❏	❏	❏
Präsentationen/Zusatzverkäufe/Termine vereinbaren / Mehr Profit bei Messen etc.	❏	❏	❏
Ausstehende Angebot nachfassen/Weiterempfehlung holen etc.	❏	❏	❏
Telefontraining für den Innendienst	❏	❏	❏
Reklamationsbehandlung und ausstehendes Geld eintreiben	❏	❏	❏
Die richtige Einstellung zum Beruf und ...	❏	❏	❏

Telefonleitfäden und Checklisten selbst erstellen können	❑	❑	❑
Mentaltraining/Stressbewältigung/Entspannungstechniken	❑	❑	❑
Welche Themen und Wünsche sind Ihnen sonst noch wichtig?			
...	❑	❑	❑
...	❑	❑	❑

Unsere Spezialität ist, dass wir Firmentrainings auf Ihre Wünsche zuschneiden. Auf meiner Homepage können Sie die Tagessätze nachschauen und prüfen, ob ein Firmentraining oder eines meiner öffentlichen Trainings für Sie besser ist. Wenn Sie ein firmeninternes Training möchten, faxen oder mailen Sie uns, was Sie und Ihre Mitarbeiter mit dem Training verbessern möchten. Wir geben Ihnen gerne rasch Antwort.

Gratis: Umberto Saxer live erleben!

In zweieinhalb Stunden lernen Sie bereits Techniken, wie Sie einfacher und noch mehr verkaufen. Dies bringt für Sie mehr Freizeit, mehr Geld und mehr Spaß am Verkaufen. Erleben Sie selbst, wie die Verkaufs-Kybernetik Sie noch erfolgreicher macht.

	besonders wichtig	wichtig	weniger wichtig
Wie Sie mit einer Checkliste das Verkaufspotential verdoppeln können ...	❑	❑	❑
... und Zusatzverkäufe im großen Stil möglich sind	❑	❑	❑
Dank Einwänden einfacher und schneller Ziele erreichen	❑	❑	❑

	besonders wichtig	wichtig	weniger wichtig
Wie Sie mit weniger Angeboten mehr verkaufen	❑	❑	❑
Kaufbereitschaft testen und noch mehr abschließen	❑	❑	❑
Endlich mehr Weiterempfehlungen	❑	❑	❑
Hemmungen abbauen und mutiger werden	❑	❑	❑

Für viele ist das kostenlose Gratistraining der erste Schritt zu mehr Erfolg, mehr Spaß, mehr Freizeit und mehr Geld. Sie können Kollegen und Mitarbeiter zum Seminar mitbringen und sich bequem auf meiner Homepage gleich anmelden. Oder per Telefon unter 0041/52/365 26 24. Wir geben Ihnen umgehend Bescheid, ob noch Plätze frei sind.

Mehr als halbtägiges Intensiv-Verkaufstraining!

Sie verkaufen erfolgreicher, einfacher und mehr – und Ihr Umsatz und Gewinn steigt. All das rückt jetzt mit dem mehr als halbtägigen Intensiv-Verkaufstraining in greifbare Nähe. Die bewährten Techniken können Sie sofort in der Praxis einsetzen. In diesem mehr als halben Tag bekommen Sie das Wichtigste mit, um sofort einfacher und noch mehr zu verkaufen.

	besonders wichtig	wichtig	weniger wichtig
Wie Sie über den Nutzen verkaufen	❑	❑	❑
So übernehmen Sie die Gesprächführung und verkaufen aktiv	❑	❑	❑
Lernen Sie, innerhalb Sekunden Vertrauen aufzubauen	❑	❑	❑

	besonders wichtig	wichtig	weniger wichtig
Wie Sie die Wünsche Ihrer Kunden ergründen und wecken	❑	❑	❑
Wie Sie das Geschäft erfolgreich abschließen	❑	❑	❑
Steigern Sie Ihren Umsatz bereits am Telefon	❑	❑	❑
Gewinnen Sie mehr Neukunden	❑	❑	❑
Machen Sie mehr Zusatzgeschäfte und setzten Sie Checklisten ein	❑	❑	❑

Dieses Intensivseminar ist sowohl für meine ehemaligen Kursteilnehmer als »Refresher« geeignet als auch für alle, die einfach einen sehr intensiven Impuls im Verkauf haben möchten. Speziell wurde dieses Intensivtraining auch für diejenigen geschaffen, für die die Anreise zum kostenlosen Gratistraining zu lang ist. Aus diesem Grund ist der Preis sehr sehr tief. – Daten und Preise können Sie auf meiner Homepage http://www.umberto.ch nachsehen und sich und Ihre Kollegen gleich anmelden. Oder per Telefon unter 0041/52/365 26 24.

Ganz herzlich bedanke ich mich bei Ihnen für das Lesen meines Buches. Und noch mehr freue ich mich, wenn Sie das Gelesene und Gelernte in die Praxis umsetzen. Die folgenden beiden Seiten helfen Ihnen dabei. Ich wünsche Ihnen alles Gute und viel Spaß im Leben und im Verkauf.

Ihr Umberto Saxer

Wie Sie das erworbene Wissen schneller anwenden können

Wissen haben ist das eine, Wissen anwenden das andere. Viele Menschen denken, dass Wissen alleine ausreicht, um leichter durch das Leben zu kommen. Weit gefehlt, Wissen als solches nützt Ihnen nichts, wenn Sie es nicht anwenden. Darum empfehle ich Ihnen, dass Sie sich jetzt eine Stunde Zeit nehmen und sich Folgendes überlegen:

Was setze ich aus dem Buch in meine Praxis um? Was sind meine Ziele?

1. ______________________________

2. ______________________________

3. ______________________________

4. ______________________________

5. ______________________________

6. ______________________________

Wissen nützt nicht viel, wenn es nicht eingesetzt wird. Nicht eingesetztes Wissen wird schnell vergessen.

Wie Sie Ihre Ziele sicherer erreichen

Große Ziele werden erreicht, indem man viele kleine Dinge umsetzt. Während dem Umsetzen der kleinen Dinge ist man manchmal noch weit vom Ziel entfernt. Daher besteht die Gefahr, dass Sie plötzlich frustriert aufgeben, ohne dass Sie gemerkt haben, dass Sie auf gutem Weg sind. Wenn Sie die folgende Liste richtig ausfüllen, wird Ihnen das nicht mehr passieren. Sie werden Ihre Ziele noch sicherer erreichen.

An welchen (kleinen) Merkmalen erkenne ich, dass die Umsetzung zu greifen beginnt?

1. ____

2. ____

3. ____

4. ____

5. ____

6. ____

Wenn ich weiß, wie ich es anpacken soll und es tue, bin ich auf dem Weg zum Erfolg.

Stichwortverzeichnis

S

T

U

V

Verkaufs-Kybernetik®-Training (6 Tage)

Das 6 Tages Verkaufs-Kybernetik®-Training

Das meistbesuchte Verkaufstraining!

Das **meist besuchte und beliebteste Training** bei Umberto Saxer Training ist die **Verkaufskybernetik®**. In diesem 6-tägigen Seminar (3 x 2 Tage aufgeteilt über mehrere Monate in der Schweiz oder 6 Tage am Stück im Mittelmeerraum) lernst Du alles, was nötig ist, um im persönlichen Verkauf und auch am Telefon noch besser zu werden. Das gelernte Wissen wird so trainiert, dass Du es leicht und locker anwenden und direkt in der Praxis umsetzen kannst. Das Verkaufs-Kybernetik®-Training macht im Verkauf 80 % des Erfolges aus. Alle anderen Seminare von uns sind nur noch Ergänzungen oder Verfeinerungen.

Was die Kursteilnehmer auch noch schätzen, ist:

Sie lernen dieses Wissen optimal vor Ort, von Angesicht zu Angesicht und auch am Telefon beim Kunden einzusetzen. Auch staunen sie immer wieder, wie stark das Wissen der Verkaufskybernetik® verinnerlicht wird, und zwar auf eine Art, die zu einem passt.

Profis, wie auch Neulinge profitieren von diesem Seminar in gleichen Maßen.

Wir haben immer wieder absolute Top-Stars, die zu uns kommen - und auch die sagen, dass sie von der ersten bis zur letzten Minute von diesem Seminar profitieren konnten und dass sie mit jedem Tag immer noch besser, besser und besser wurden.

Das gleiche gilt auch für Neulinge und solche, die noch keine Top-Stars sind.

Was uns immer wieder auffällt, ist die gute Kommunikation und der Gedankenaustausch innerhalb der Kursteilnehmer. Oft hören wir von den Teilnehmern: "Das Trainieren macht richtig Spaß und die Zeit vergeht wie im Flug."

Dem schließen wir uns an und wünschen Dir zukünftig viel Spaß beim noch einfacher und "mehr" Verkaufen

Umberto Saxer und Thomas Frei

Inhalt Verkaufs-Kybernetik®-Training (6 Tage):

✔ Wie Du mit dem kybernetischen Kreislauf einfacher Kunden gewinnst ✔ Nutzen richtig formulieren: die für den Verkauf wichtigen Bedürfnisse ✔ Sich selber motivieren und Ziele setzen ✔ Neue Kunden gewinnen und bestehende Kunden aktivieren ✔ Hemmungen überwinden und mutiger werden ✔ Neue Horizonte erreichen mit Gesprächsvorbereitung und Checkliste ✔ Gesprächseröffnung: Die Kunden in Deinen Bann ziehen ✔ Vertrauen aufbauen und saubere Bedarfsabklärung = die Kundenergründung ✔ Wie sich Kunden selber überzeugen bei der richtigen Präsentation ✔ Kaufbereitschaft testen ✔ 12 Möglichkeiten, wie Du Kaufabschlüsse sicher herbeiführst ✔ Wie Du mit Misserfolg umgehst, Stress abbaust und mehr Spass hast	✔ Zusatzverkäufe um das Mehrfache steigern ✔ Wie Du Weiterempfehlungen bekommst und dies bei jedem Kundenkontakt ✔ Knackpunkt Organisation und Kundenbetreuung: wie Du mit System verkaufst ✔ Vorwände enttarnen. Einwände von Vorwänden unterscheiden ✔ 21 Varianten, wie Du Einwände einfacher und schneller behandelst ✔ Die Reklamationen als Chance ✔ Wünsche wecken und/oder provozieren ✔ 10 Möglichkeiten, wie Du leichter zu guten Terminen kommst ✔ Wie Du weniger aus der Bahn geworfen wirst und Du Deine Ziele im Auge behälst ✔ 4 Methoden, damit Du Angebote so nachfassen kannst, dass es einfach Verkäufe gibt ✔ Jeder Teilnehmer erhält ein Zertifikat, anschließend hast Du die Möglichkeit zur Diplomprüfung

Die Daten, Preise und Seminarorte findest Du auf der Homepage www.umberto.ch. Wenn Dich die Inhalte ansprechen, kannst Du Dich gleich via Homepage anmelden.

Umberto Saxer Training • Wasserfurristr. 22 • CH-8355 Aadorf
Tel. 0041 (0)52 365 26 24 • Fax 0041 (0)52 365 13 89
E-mail: info@umberto.ch • http://www.umberto.ch

Kybernetik-NLP im Verkauf (6 Tage)

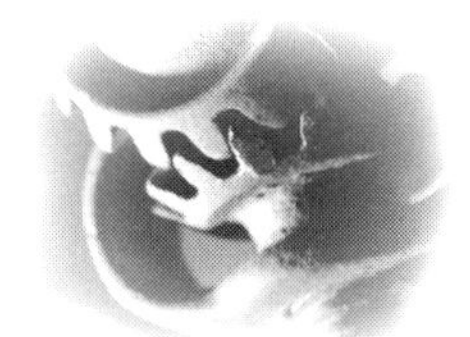

Dein kybernetisches Wissen wird in diesem Training vertieft. Hinzu kommen viele spezielle Techniken, damit Deine Persönlichkeit und Dein Verkaufsflair wächst und die Erfolgserlebnisse noch häufiger werden.

Du gehst dem Erfolg auf den Grund. Finde heraus, wie Du Stolper-Steine aus dem Weg räumst, Deine und die des Kunden. Dieses Training (2 x 3 Tage) ist die Meisterschmiede im Verkauft und bringt Dich in neue Dimensionen. Nachdem Du die Verkaufskybernetik® besucht hast, kannst Du im Kybernetik-NLP-Training das Fine-Tuning für den Verkauf holen.

Zusatzverkäufe-Training (1 Tag)

Es ist höchste Zeit, dass Du die verborgenen Umsatz-Chancen, die brach liegen, packst!
(...und Deine Mitarbeiter, nutzen sie das brachliegende Potential aus?)

Viele Umsatzchancen werden nicht ausgenützt und liegen brach herum. Mit diesem Ein-Tages-Verkaufstraining lernst Du die verborgenen Chancen auszunützen. Und wenn Du mehr Zusatzverkäufe tätigst, bekommst Du mehr Selbstvertrauen, mehr Anerkennung und mehr Umsatz/Gewinn und damit mehr Verdienst.

Zudem bekommt der Kunde einen kompetenten Eindruck von Dir und Deiner Firma. Lerne die Kunden richtig anzusprechen, ohne aufdringlich zu sein.
6 Stufen: Die richtige Einstellung, Augen/Ohren offen halten, Checkliste einsetzen, Kunde richtig ansprechen, Widerstände überwinden und Abschlüsse herbeiführen.

Firmentraining

Alle Themen können wir Dir maßgeschneidert auf Dein Unternehmen in einem firmeninternen Seminar anbieten. Ab ca. 15 Personen beginnen sich firmeninterne Seminare zu rechnen. Weitere Informationen findest Du auf www.umberto.ch

Messe-Training (1 Tag)

Wenn Du an **Messen** teilnimmst, ist dieses Training ein **MUSS!**
(auch für Deine Kollegen/Mitarbeiter)

Durch die Verkaufstechniken aus dem Messe-Training (1 Tag) erreichst Du mehr Abschlüsse direkt an der Messe und mehr Kontakte mit potentiellen Kunden, bei denen sich die Nachbearbeitung wirklich lohnt. Lerne, wie Du die vorbeigehenden Leute in Deinen Stand hineinbringst und wie Du die Kaufbereitschaft innerhalb von zwei Minuten testen kannst. Du findest schnell heraus, ob der Gesprächspartner ein potentieller Kunde ist.

Dieses Training ist ideal für jeden Mitarbeiter am Messestand. Durch mehr Abschlüsse und gute Kontakte machen Dir die anstrengenden Tage an der Messe mehr Spaß. Das bringt Dir und Deinen Mitarbeitern mehr Motivation und Energie, was sich wiederum auf die Zahlen auswirkt.

Terminieren-Training (1 Tag)

Endlich keine Angst mehr vor Kalt-Anrufen!

So kommst Du einfacher zu qualitativ guten Terminen.

Viele Verkäufer terminieren nicht besonders gerne und erfolgreich. Bei diesem Terminieren-Training (1 Tag) lernst Du mit der richtigen Einstellung einfacher und mit mehr Spaß erfolgreich Termine zu vereinbaren.

Du erhälst 7 Techniken um Termine zu vereinbaren. Du lernst das Gespräch so zu führen, dass weniger Widerstände kommen. Wenn doch, lernst Du damit umzugehen und den Termin zu erreichen (sofern es für alle Beteiligten gut ist). Du lernst, wie Du Dich selber motivieren kannst und vermehrt zum Hörer greifst. Vor allem bekommst Du gute Werkzeuge, wie Du eigene Telefon- und Einwandscripts erstellen kannst.

Umberto Saxer Training • Wasserfurristr. 22 • CH-8355 Aadorf
Tel. 0041 (0)52 365 26 24 • Fax 0041 (0)52 365 13 89
E-mail: info@umberto.ch • http://www.umberto.ch

Das Gelernte vom Buch einfach vertiefen!

Jetzt können Sie sich - nebenbei - im Verkauf mühelos weiterbilden und so werden Sie besser und besser ...

Die optimale Ergänzung zum Buch. Mühelose und bequeme Weiterbildung.

"Bei Anruf Erfolg"
4 Kassetten oder 4 CDs
erhältlich in jeder Buchhandlung
(Verlag: Rusch Verlag)

Bestellen: Über die Homepage: http://www.umberto.ch • E-mail: info@umberto.ch
oder Tel. ++41 (0)52 365 26 24 • Fax ++41 (0)52 365 13 89

Der Interaktive-Check: Mit dem interaktiven Check können Sie feststellen, welches Seminar für Sie das Richtige ist.

Impuls CD-Programm: Eigenproduktionen zu spezifischen Themen. Regelmässig produziert Umberto Saxer eine CD zu einem aktuellen, brennenden Thema. Die Themen finden Sie auf http://www.umberto.ch

Bücher-Shop: Die Vielzahl an Büchern und Hörbüchern, die es auf dem Markt gibt, erleichtern nicht gerade die Entscheidung, welches das Richtige ist. Im Bücher-Shop stellt Ihnen Umberto Saxer seine Favoriten vor und Sie erfahren gleichzeitig, welche Bücher und Hörbücher für Sie den grössten Nutzen bringen.

Verkäufer-Forum und Newsletter: Abonnieren Sie doch einfach den Newsletter und Sie erhalten kostenlos Informationen und Tipps rund um das Verkaufen. Mit Hilfe des Verkäufer-Forums meistern Sie Hürden im Verkauf, selber können Sie auch Mitmenschen unterstützen.

Umberto Saxer Training • Wasserfurristr. 22 • CH-8355 Aadorf
Tel. ++41 (0)52 365 26 24 • Fax ++41 (0)52 365 13 89
E-mail: info@umberto.ch • http://www.umberto.ch